A Study on Courtroom Speech

法庭言语研究

余素青 著

北京大学出版社
PEKING UNIVERSITY PRESS

图书在版编目(CIP)数据

法庭言语研究/余素青著. —北京:北京大学出版社,2010.12
ISBN 978-7-301-17840-9

Ⅰ.①法… Ⅱ.①余… Ⅲ.①法律语言学-研究
Ⅳ.①D90-055

中国版本图书馆 CIP 数据核字(2010)第 189194 号

书　　　名:法庭言语研究
著作责任者:余素青　著
责 任 编 辑:姚文海　王业龙
标 准 书 号:ISBN 978-7-301-17840-9/D·2698
出 版 发 行:北京大学出版社
地　　　址:北京市海淀区成府路 205 号　100871
网　　　址:http://www.pup.cn
电　　　话:邮购部 62752015　发行部 62750672　编辑部 62752027
　　　　　　出版部 62754962
电 子 邮 箱:law@pup.pku.edu.cn
印　刷　者:三河市博文印刷有限公司
经　销　者:新华书店
　　　　　　965 毫米×1300 毫米　16 开本　16.75 印张　233 千字
　　　　　　2010 年 12 月第 1 版　2015 年 5 月第 2 次印刷
定　　　价:36.00 元

本书受上海市教委一般项目资助，同时还得到
上海市教委专项学科建设经费项目
——“法律语言学”的资助

摘　　要

法庭审判是最重要的法律活动之一,也是法律实践最重要的形式之一,因此,法庭言语研究具有重要的理论意义和应用价值。

Austin 和 Searle 的言语行为理论主张说话即做事,即人们往往通过说话直接或间接地完成一定的行为。法庭审判是一个大言语行为,由言语行为序列组成。法庭言语活动中的言语行为功能主要有指令、表述行为(如宣告)、获取信息、确认、陈述事实或意见、请求、劝诫、指称等。法庭话语属严肃性基调,具有客观地陈述事实、不表明主观评价和意向、话语正规等特点。而从法庭言语活动的功能看,其主要方式有问答、陈述、说明、辩论、宣告等。

根据我国诉讼法的相关程序规则,法庭审判中的宣布开庭阶段宣布庭审的案由,也即提出了法庭话语的主题,预示了法庭话语展开的方向;法庭调查阶段的言语目的是查明案件事实,因此其言语功能是对案件事实相关的证据进行举证和质证,所有话语围绕事实展开;法庭辩论阶段是以法律为准绳对查明的案件事实进行法律适用辩论;最后意见/陈述阶段是在举证和辩论之后法官对诉讼双方最后意见的确认;宣告判决是法庭言语活动得出的结论,标志着言语目的的完成。因此,法庭话语语篇也被相应地划分成五个语段,每个法庭话语语段又由多个回合组组成。比如在法庭调查阶段,针对每一个证据的举证产生的话语就是一个回合组。回合组由回合组成,回合则由话轮组成。

社会文化语境因素在法庭言语活动中起着重要作用,另外,法庭的物理场景、言语角色、话题、时间等语境因素都具有制度性的特征。语境因素的制度性特征是法庭言语制度性特征的一个重要方面。在法庭的言语活动中,只有各言语角色对法庭言语的制度性语境因素有一个充分的认知,才能达到良好的言语效果。语境因素影响着语言的使用,并形成了使用语言的特点。根据法庭言语活动的语境因素可以总结出部分法庭言语特征。结合法庭言语的一些其他因素,相较日常言语,法庭言语主要有以下特征:制度性言语特征(包括任务指向性、严格限制性、推理独特性等)、法律专业话语特征、严肃性话语基调、即兴口语特征和口头书卷语体特征等。

法庭言语具有比较典型的制度性特征。法庭言语角色之间的权势不对等引起了他们之间的权势层级性。权势的层级性、对法律知识的掌握、司法经验以及对庭审案件的了解情况等都影响着各言语角色之间话语权的大小。其中法官的权势最大,公诉人或律师次之,证人及刑事案件中的被告人处于权势的最底层。法庭活动中的言语使用者之间是一种交叉互动关系,即法庭上一方言语角色在说话时其他多方角色根据自己的不同目的作出反应。因此,这种法庭上说话者和听话者之间的交叉互动是在一对一的互动基础上的交叉互动。在法庭言语的互动中,一个言语角色在发言时,必须考虑与其他言语角色之间的关系并对对方可能作出的反应进行预测,因此,他说话的目的必须明确。一个言语角色所说的话语可能是多方角色作用下的结果。在法庭所有的互动中,最终的话语接受者是法官。

在法庭言语各因素的作用下,法庭言语各角色的言语也有各自的特征,如法官的言语特征是使用提问、给话题、打断等强式言语方式;律师言语特征是使用法律专业性话语、话语目的明确、话语具有策略性等;公诉人的言语特征是“明知故问”;原告、被告的言语特征是话语法律专业性不强、法庭言语目的性不强等;证人处于权势的底层,话语权很少,他们的言语特征是一般只能答话,不能提问,答话的内容也常受律师的影响和限制,不能凭自己的意愿偏离或转换话题。

在违法事件发生后,权利受到侵犯的一方或公诉人会提起诉讼,要求对方对所造成的损失或所犯的罪行作出赔偿或受到法律制裁。审判就是从被侵犯人或公诉人对事件的叙事开始的(诉讼请求)。由于诉讼双方因为有极大的利益冲突关系,对所发生事件的叙述版本可能完全相反;法官在庭审的过程中,通过双方的论证和法理框架的使用,也会形成自己的一个叙事版本(判决)。可见,法庭审判中的叙事有它结构上的、形式上的以及语境上的等独特性和制约性，对法庭话语的叙事分析也有其特殊的意义和价值。

为了达到最佳言语效果，各言语角色都会自觉或不自觉地使用各种论辩策略，以达到把握诉讼节奏的目的。语言策略有语音策略、词汇策略、句法策略等；言语策略有修辞策略、主题/话题策略、提问策略、语境策略、话轮策略等。以上的语言和言语论辩策略并不是孤立的，有些策略之间可以成为互为攻守的对策。在更高层面上，法庭论辩策略还可以在论据的充分性、叙事的完整性、法理的关联性、谋篇的策略性及论据的情理性等方面进行。

询问可以说是一门“斗争”艺术，所以司法人员会根据具体案情和诉讼参加人的不同特点，如性别、年龄、心理素质、职业、文化程度、个性、智商、反应灵敏度、经历等，确定讯问策略与技巧。因此本书还分析了职业、性别、年龄、文化程度、弱势群体等这些会影响到法庭言语效果的因素。

本书运用外国语言学及应用语言学的理论对具有制度性特征的法庭言语的各个方面进行了分析，并总结了法庭言语中的一些法律语言学的特征和规律。

Abstract

As one form of legal implementation, courtroom trials are the most important legal activities, for the results of courtroom trials, namely, adjudications or decisions, will involve the stakes of the life of the accused, the properties and reputations of the plaintiff and the defendant; hence the theoretical and practical significance of the research on courtroom speech.

Austin and Searle claim in their speech act theories that to speak is to act; that is, people tend to perform certain acts, directly or indirectly, through the utterance of their speech. The courtroom trial, in the current essay, is viewed as a macro-speech act under which speech act sequences are grouped together to serve the speech act functions of, mainly, demanding, declaring, information securing, confirming, fact or opinion stating, requesting, persuading, referring, etc. In general, courtroom discourse is a formal discourse type featured by its objectivity in the statement of facts and the avoidance of subjective bias in language uses, mainly of questioning, statements, debates, declarations, and clarifications.

As stipulated in the procedural law in China, a courtroom trial is procedurally initiated by the declaration of the subject matter, which, serving as the topic of courtroom discourse, reveals what the case is about; seconded by the courtroom examinations that aim to identify legal facts, with all the discourse at this stage centering around the investigating and examining of related evidential facts; followed by the courtroom debates where the applicability of specific laws to the identified legal facts; which leads to a stage of final arguments for judges to confirm, after evidencing and debating, the final opinions of both the plaintiff and the defendant in a civil case and those of the prosecutor, the advocate and the accused in a criminal case; and concluded by the declaration of the court decision, signaling the completion of an institutionalized instance of courtroom discourse. Furthermore, each of the above transactions also consists of two or more exchange sequences. For example, the discourse or speech organized around the examination of each testimony is in fact one such sequence made of several exchanges, which in turn are further specified into turns.

Social-cultural contexts are of importance in the courtroom speech event, and more important, contextual factors, such as the physical settings of the courtroom, discourse roles, topics, and time in the courtroom speech event, are highly institutionalized to characterize the courtroom speech as an institutional discourse. In courtroom speech activities, communication can be successfully enacted only when with the sufficient knowledge of various components of the institutional context of courtroom speech activities on the part of each party involved. Such contextual elements will shape the particular features of speech performance in the courtroom environment, which, as distinguished from those of ordinary discourse in daily communication, include: the institutional features of the courtroom discourse (such as task oriented-ness, constraints on contributions, the special character of inference), the features of professional discourse of law, the features of improvised oral discourse, and the features of oral formal discourse, as pointed out in this research.

The courtroom speech is a typical institutional discourse. The disparity of power among the participants in the courtroom speech setting is in fact the result of their different positions in the power hierarchy, the extents of their legal knowledge, their different legal experience, and their knowledge of the case under issue. This means each party in a courtroom case will enjoy different levels of discourse power, with the judges most powerful, the plaintiff or the defendant, the prosecutor and the counsel less powerful, and the witnesses and the accused in a criminal case the least powerful. In such an institutional context, the language users in a courtroom case will have to interact with each other, in that various parties in a courtroom setting will respond in view of their different purposes to one speaking party. As a result, the speaker-listener interaction is a cross interaction modeled on the one-to-one interaction, where a speaker must take into account his power relation with other participants, who appear in a courtroom, and predict their potential responses, which means that the discourse of a speaker is possibly shaped by multiple participants in the courtroom, with the judge as the final receiver.

A lawsuit typically begins after a series of events has caused something wrong or illegal to happen to someone, who then seeks a remedy. And the court trial begins with the plaintiff's or the prosecutor's narrative (in their opening statement). Since the decision of the lawsuit has vital relevance to the gain or lose of the individual or group's interests, reputation, even their lives, both sides will possibly present total different versions of narrative on one event, and the judge forms his narrative (in his decision) by combining the two narratives and applying the law. Compared with the ordinary narrative, narrative in the courtroom has its own structural, formal, or contextual characteristics and limitations; hence the special meaning and value of the study on narrative in the courtroom.

The speech of each courtroom participant reflects the various contextual factors in his unique features of speech: the judge tends to use such strong and powerful discourse means as questioning, topic-designating, interrupting, all in a serious and formal tone; the lawyer often has his speech strongly tinted by the professional discourse of law, clear discourse purposes and strategies; the prosecutor will ask questions "with answers in their own minds"; the defendant and the plaintiff most often speak in a legal layman way, the opposite of the lawyer; while the witness, the least powerful at the courtroom hierarchy of power, can only answer questions in a way that is very restrictive in topic, as controlled by lawyers.

Each participant will employ, consciously or unconsciously, various language and speech strategies, for the purpose of the best discourse effects, mainly that of control. Such language strategies might include phonological, lexical, and syntactical strategies, while speech strategies include rhetoric, topic, questioning, contextual, turn-taking strategies, interrelated to form a larger unit. At a higher level, the participants can orient their courtroom debate to the opposite side's arguments, narrative coherence, legal relevance, discourse frame, and they can even take advantage of the emotion of the judge and the jurors.

Courtroom examination in a criminal case is kind of fighting. The judge and the prosecutors will choose different examining tactics according to the details of a case or the characteristics of the accused, such as gender, age, psychological diathesis, profession, personality, IQ, reaction sensitivity, experiences and so on. In the analysis, we consider the factors that influence the efficiency of speech: profession, gender, age, schooling, and other factors.

The present thesis is an attempt of analysis of the various aspects of the courtroom speech as an institutional discourse in terms of linguistic theories in order to reveal the forensic linguistic features of the courtroom interactions. The research will also have its practical significance in creating norms for speech performance of legal professionals in the courtroom so as to make the courtroom trial more linguistically efficient.

目　　录

第1章

法庭言语研究回顾

由于诉讼等法律事务关涉到个人或群体的财产得失、毁誉荣辱甚至生命予夺,因此对该领域语言的运用是超时空的、永恒的。[①] 法庭言语的研究起源于古希腊,与修辞学紧密联系,而古希腊的修辞学又是与演说密切相关的。在20世纪70年代以前,英美学者对法律语言的研究主要是对立法语言、法律文本的研究,着眼点是法律语言的用词、句子结构、标点符号及法律语言的特征。那时的研究目的和动机是如何能使法律语言为法官和律师之外的平民百姓所理解,而且是把法律语言作为客体来研究的,不考虑话语生成和话语参与者的理解过程。[②]

20世纪六七十年代之后,法律言语研究在英美等国家进入了一个新阶段,主要有以下三个方面的原因:[③]

首先,在语言学界,学术研究逐渐超越语音学、形态学、句法学等这些传统的核心主题,转向了更加复杂的语义领域并进入了语用领域。语言学研究领域逐步扩大,其结果是人们逐步认识到语言研究不仅是一种抽象的、理想化了的、只用做最严格的形式分析的研究。越来越多的语言学家逐渐开始研究语言作为工具的作用,即人们在现实的生活场景中使用语言对互相关心的话题进行交流。这样,对语言结

---

① 参见潘庆云:《跨世纪的中国法律语言》,华东理工大学出版社1997年版,第2页。

② 参见廖美珍:《法庭问答及其互动研究》,法律出版社2003年版,第4页。

③ See Levi, Judith N. & Anne Graffam Walker, ed., *Language in the Judicial Process*, New York: Plenum Press, 1990.

构和功能的研究就转向了以人为中心的研究。该转变是语言学研究走向语言与法律研究的主要原因之一。

其次,心理语言学和社会语言学继续发展。这两个语言学分支本身都是研究语言在使用的过程中因为一些心理的和社会的因素而产生的变异现象,而这些变异在法律活动的语境中对完全处于动态的语言的理解起着很重要的作用。目前很多语言学家对语言与法律的大部分研究都来自于这两个领域,比如心理语言学的研究有影响证人证言言语的因素分析(如 Loftus, *Eyewitness Testimony*, 1979)、陪审团法律要点说明的理解(如 Charrow & Charrow, *Making Legal Language Understandable: A Psycholinguistic Study of Jury Instructions*, 1979; Elwork, Sales & Alfini, *Toward Understandable Jury Instructions*, 1982)等;社会心理语言学的研究有法庭证言的社会心理研究(如 Lind & O'Barr, *Language and Social Psychology*, 1979);司法程序中的少数民族语言问题研究(Berk-Seligson, *The Courtroom Manager*, 1988; Gumperz, *Language and Social Identity*, 1982; Pousada, *Language in Public Life*, 1979)等。

最后,几个语言学重要理论的发展,有利于法律言语的进一步研究。这些理论主要有:

言语行为理论:言语行为理论在司法中的应用主要有对言语冒犯的研究,包括诽谤(如 Tiersma, *The Language of Defamation*, 1987);对总统的生命威胁的认定(如 Danet, Hoffman & Kermish, *Language Use and the Uses of Language*, 1980);分析教唆谋杀(如 Shuy, *Analyzing Discourse: Text and Talk*, 1981)等。

话语分析:话语分析理论早就已经被用于法庭提问序列研究(如 Pomerantz & Atkinson, *Ethnomethodology, Conversation Analysis, and the Study of Courtroom Interaction*, 1984)等。

交际能力研究:交际能力理论可以帮助我们理解在法庭审判过程中使用语言时既微妙又复杂的社会文化限制,这对于未受过法律培训的公民而言,是很有价值的(如 Walker, *Discourse Rights of Witnesses: Their Circumscription in Trial*, 1982; Walker, *Linguistic Manipulation, Power, and the Legal Setting*, 1987)。

以上研究对象的变化是基于这样一个假设:当今语言研究的首要对象已转向口语。而在司法系统中,口语是首要的语言表达方式。因此,很多语言学家和社会学家都逐渐对“法律言语”产生了兴趣,而不同社会科学对这一新领域的研究有助于我们理解司法程序中语言所起的作用。法庭审判是司法程序中很重要的一个部分,因此自20世纪70年代以来,法庭言语研究成果相当瞩目。

1.1 英美国家的研究

1.1.1 理论研究

1. 法庭言语的社会学研究

从20世纪70年代起,社会语言学家们开始把社会因素引入法庭言语的研究中,试图通过分析法庭言语与权势、文化、性别等各种社会因素之间的关系来为法庭言语的区别性特征提供可能的解释。

Atkinson 和 Drew(1979)①的 *Order in Court* 一书就是用社会学和民俗方法学对法庭言语进行分析的,其内容包括会话和质证的话轮组织比较;法庭诉讼中话语的组织;交叉质证中证人的理由和借口;法庭言语研究的数据库和相关分析因素等。William M. O'Barr (1982)认为司法体系中证人、律师的语言和交际有很多技巧。②

(1) 权势:John M. Conley & William M. O'Barr (1998)③通过论述法律的政治性来揭示法律权力(power)是怎样在日常的法律场景中运作的。如在强奸案的审判中,妇女在受到男子的施暴后,在法庭上又被另一个男子用语言支配,这种对女子的“再强暴”的机制便是语

---

① See Maxwell, Atkinson J. and Paul Drew, *Order in Court: The Organization of Verbal Interaction in Judicial Settings*, Basingstoke, Hampshire: Macmillian Academic and Professional Ltd., 1979.

② See O'Barr, William M., *Linguistic Evidence: Language, Power, and Strategy in the Courtroom*, San Diego: Academic Press, 1982.

③ See O'Barr, William M. & John M. Conley, *Just Words: Law, Language, and Power*, Chicago: The University of Chicago Press, 1998.

言的。

(2) 法庭言语中的文化差异研究：Diana Eades (1995)[①]在 Cross Examination of Aboriginal Children 一文中列举了土著人在交叉询问过程中使用的“不必要的合作”(gratuitous concurrence)、“沉默”及“对视”等行为，而这些行为因为文化差异在交叉询问过程中使土著人处于不利地位。“不必要的合作”是指土著人不管是否同意对方所说的话或有没有理解对方的提问都用“yes”回答所有问题(或用“no”回答否定问句)的倾向。这一点很容易被交叉询问的律师利用而使土著人处于劣势。在土著英语中，回答问题之前的沉默是可接受的，但在法庭上，从一个律师在交叉询问中的一句话“We have to take your silence as ‘no’, don’t we?”可见不同文化对沉默的理解。另外，土著文化认为在说话时直视一个比自己年长的听话者是不礼貌和不敬的，而在交叉询问中，对方律师认为土著人是觉得自己在撒谎而不敢直视他。

(3) 弱势言语角色话语分析：Ceil Lucas (2003)[②]在 *Language and the Law in Deaf Communities* 中，论述了聋哑人在庭审中必须在手语译员的帮助下才能进行诉讼的尴尬及问题。Janet Cotterill (2007)[③]主编的论文集 *The Language of Sexual Crime* 论述了庭审中的儿童证人问题、在强奸案的审判过程中妇女作为受害者的状况等。

2. 法庭言语的会话分析研究

Van Dijk 主编的 *Handbook of Discourse Analysis* 卷一、三、四中所收的论文主要是 Danet、Paul Drew、Ruth Wodak 等社会语言学家之作，它们主要是对法庭上的控告和辩护过程中互动言语现象的研究。另外，Shuy(1982)[④]通过分析作为一个指控谋杀的案例中的证据之一的录音

---

① See Eades, Diana, Cross Examination of Aboriginal Children—The Pinkenba Case, *Aboriginal Law Bulletin*, 1995, Vol. 3, No. 75.

② See Lucas, Ceil, *Language and the Law in Deaf Communities*, Gallaudet University Press, 2003.

③ See Cotterill, Janet, ed., *The Language of Sexual Crime*, Antony Rowe Ltd., Chippenham and Eastbourne, 2007.

④ See Shuy, Roger, Topic as the Unit of Analysis in a Criminal Law Case, D. Tannen, ed., *Aualyzing Discourse: Text and Talk*, 1982, pp. 215—234.

带中控方和辩方引入话题的多少(控方在对话中引入29个话题而辩方只有9个),来说明控方为了控制谈话内容所做的要比辩方多得多。而辩方对控方引入的话题很少回答,并用“uh”和“well”作出反应,这明显是对引入话题的一种抵制。

3. 法庭言语的心理学研究

“心理学和法律”的研究于20世纪70年代发源于北美和英国,之后蓬勃发展并在欧洲盛行。其中早期著作有 Elizabeth F. Loftus (1979)[①]的 *Eyewitness Testimony* 及 M. Saks & R. Hastie(1978)[②]的 *Social Psychology in Court* 等。在英美国家,法律专业的学生必须学习语言学知识,因此一些大学的教授们自己编写教材并进行相关的研究,如 Norbert L. Kerr 和 Robert M. Bray (1982)[③]的 *The Psychology of the Courtroom* 一书就是从基础的法庭审判程序及法庭主要参与者的介绍开始,讨论法庭程序中的问题、陪审员的挑选的原则问题、被告和受害人的个人特征对审判结果的影响、证人的可靠性问题等,最后论述了法庭的心理学研究并总结了刑事司法体系的过去和问题,还对将来的研究进行了展望。Andreas Kapardis (1997)[④]的 *Psychology and Law: A Critical Introduction* 也是一本针对法律专业学生的语言教材,它对嫌犯、律师、法官、陪审团、证人等的“法律心理”研究,旨在针对不同的主题(如证人方面有:关键问题和事件特征、儿童证人、作为专家证人的心理学家等)给法律专业的学生们一个总的观点。其中不乏法官、律师、陪审员们的经验之谈,如陪审团审判不宜事项、起诉秘诀、有效直接询问法、律师结案陈词指南、法庭交际可信度和说服力影响之因素等。

---

① See Loftus, E. F., *Eyewitness Testimony*, Cambridge, MA: Harvard University Press, 1979.

② See Sacks, Harvey, Emanuel A. Schegloff, Gail Jefferson, A Simplest Systematics for the Organization of Turn-taking for Conversation, *Language*, 1974, Vol. 50, No. 4, pp. 696—735.

③ See Kerr, Norbert L. & Robert M. Bray, ed., *The Psychology of the Courtroom*, San Diego: Academic Press, 1982.

④ See Kapardis, Andreas, *Psychology and Law: A Critical Introduction*, Cambridge: Cambridge University Press, 1997.

4. 法庭言语的人类学方法研究

Philips(1998)[①]的 *Ideology in the Language of Judges: How Judges Practice Law, Politics, and Courtroom Control* 从语言人类学的角度,论述了法官在意识形态上是有法律的"政治感",因此在判案时法官们会尽量控制法庭;他们在解释合法诉讼程序时会尽力进行意识形态的控制等。在讨论了理解法律话语结构时意识形态的控制后,作者还进一步论述了权势关系是怎样影响言语的。

5. 法庭言语的语用学研究

法庭言语的语用研究主要有预设、意图和语用策略的研究等。其中预设也可以被看做语用策略的一种。John Gibbons (2003)[②]的 *Forensic Linguistics: An Introduction to Language in the Justice System* 把语用策略主要归结为:针对个人的策略,如攻击证人的人格而非证言、在不同的情况下对同一个证人使用不同的称呼、控制话轮、利用陪审团的文化和民族倾向等;针对观点的策略,如择语、避免使用模糊词句、重复提问、重述、预设、打断、控制言语节奏和步调、沉默等。

6. 法庭言语的制度性话语特征研究

就法庭言语的制度性话语特征而言,Jurgen Habermas (1984)[③]在 *Thoery of Communicative Action* 中指出,制度性会话是策略性话语的典型。策略性话语是"充满权势的"并且是具有"目标指向的";交际话语与策略性话语相对,研究的是双方是如何权势均等地进行交流以达到互相理解的。

Paul Drew 和 John Heritage(1992)[④]在论文集 *Talk at Work: Interaction in Institutional Settings* 的引论中,认为会话分析研究中的传统观点是"一般话语是社会生活中最主要的互动形式,制度性互动则是一

---

① See Philips, Susan U., *Ideology in the Language of Judges: How Judges Practice Law, Politics, and Courtroom Control*, Oxford: Oxford University Press, 1998.

② See Gibbons, John, *Forensic Linguistics: An Introduction to Language in the Justice System*, Oxford: Blackwell Publishing, 2003.

③ See Thornborrow, J., *Power Talk: Language and Interaction in Institutional Discourse*, Harlow, England: Pearson Education, 2002.

④ See Drew, Paul & John Heritage, *Talk at Work: Interaction in Institutional Settings*, Cambridge: Cambridge University Press, 1992.

般会话的言语活动及其设计的一些系统的变体和限制”。这些变体和限制包括：言者的话语是指向某一特殊任务或目标的，对一方或双方话语角色针对进行的话题该说什么内容也有专门的限制。

很多人曾尝试对制度性话语与日常话语进行区分，但是事实上两者之间很难明确地划分。Steven Levinson (1992)①在 Activity Types and Language 一文中认为“我们的目的只是想指出制度性话语中的一些家族相似性特征，如任务指向性、严格限制性和推论特殊性等”。

J. Thornborrow(2002)②的 *Power Talk: Language and Interaction in Institutional Discourse* 从制度性话语和一般话语的分析着手，认为仅从上述方面分析还不够，制度性话语的另一个很重要的方面是在“权势”作用下言语角色之间话语权的极不对称性，由此，她又引入了一个参照因素——权势。根据这一观点，制度性话语又具有以下几个特征：权势充斥性、话语的不对称性、策略性、言语角色及关系的语境决定性等。

法庭言语作为一种典型的制度性话语，上述特征都能得到很好的印证。

1.1.2　理论运用

如果说以上各理论都把法庭言语作为它们的研究对象的话，还有一些理论在法庭言语研究中的应用也值得重视，如 Alec McHoul & Mark Rapley (2003)③在 *How to Analyse Talk in Institutional Settings* 一书中认为，制度性话语研究方法主要有话语分析理论应用、批评语篇分析和话语心理学。法庭言语作为典型的制度性话语之一，除了话语分析研究方法之外，批评语篇分析理论和话语心理学理论也都有一些对法庭言语的研究，如 Gail Stygall (2001)④的 A Different Class of Wit-

---

① See Drew, Paul & John Heritage, *Talk at Work: Interaction in Institutional Settings*, Cambridge: Cambridge University Press, 1992.

② See Thornborrow, J., *Power Talk: Language and Interaction in Institutional Discourse*, Harlow, England: Pearson Education, 2002.

③ See McHoul, Alec & Mark Rapley, ed., *How to Analyse Talk in Institutional Settings*, MPG Books Ltd., Bodmin, Cornwell, 2001.

④ See Stygall, Gail, A Different Class of Witnesses: Experts in the Courtroom, *Discourse Studies*, 2001, Vol.3, No.3, pp.327—349.

nesses: Experts in the Courtroom 一文就运用了批评语篇分析理论框架;Philips(1998)在 *Ideology in the Language of Judges: How Judges Practice Law, Politics, and Courtroom Control* 一书中就运用了话语心理学理论。此外,语料库语言学理论在法庭言语研究中也有应用,如 Chris Heffer (2005)[①]的 *The Language of Jury trial: A Corpus-Aided Analysis of Legal-Lay Discourse* 及 Hotta, Fujita, Nakamura 等在2009年国际法律语言学会议上宣读的论文 A Corpus Analysis of Linguistic Communication between Lay and Professional Judge in Japan 等都使用了语料库语言学理论研究方法。

1.1.3 法庭言语方式及策略分析

1. 叙事/叙述

针对法庭言语叙述的特殊性,国外的研究主要有以下几个方面:(1) 法哲学的逻辑实证主义的研究和规范三段论(normative syllogism),但就像语义学中的实证主义一样碰到了所指的问题。[②] (2) 符号/社会语言学的叙述模式研究,如 Jerome Frank 所著的 *Courts on Trial: Myth and Reality of American Justice* 中的第12章 Criticism of Trial-court—the Gestalt 运用的是格式塔理论[③]; Bernard S. Jackson (1991) 所著的 *Law, Fact and Narrative Coherence* 一书的第3章 The Narrative Model of Fact Construction in the Trial: Semiotics and Social Psychology,也对法庭审判叙述模式进行了探讨并提出了修正意见。(3) 叙事结构研究,如 Sandra Harris (2001)[④]的 Fragmented Narratives and Multiple Tellers: Witness and Defendant Accounts in Trial 就是基于拉波夫的叙事结构——点题、指向、进展、评议、结局、回应等来探讨法

---

① See Heffer, Chris, *The Language of Jury Trial: A Corpus-Aided Analysis of Legal-Lay Discourse*, Antony Rowe Ltd., Chippenham and Eastbourne, 2005.

② See Bernard S. Jackson, *Law, Fact and Narrative Coherence*, Deborah Charles Publications, 1991.

③ Ibid.

④ See Harris, Sandra, Fragmented Narratives and Multiple Tellers: Witness and Defendant Accounts in Trials, *Discourse Studies*, 2001, Vol. 3, No. 1, pp. 53—74.

庭叙事的结构特征的。(4) 法庭事实重建的研究,如 W. Lance Bennett (1981)①等所著的 *Reconstructing Reality in the Courtroom: Justice and Judgment in American Culture* (*Crime, Law, & Deviance Series*),以及 Jerome Brunner (2002)②的 *Making Stories: Law, Literature, Life* 都讨论了事件本身的事实与法庭上构建的事实之间的关系,而对事实的构建离不开叙述。(5) 法庭叙述技巧,如 Sandra Harris (2008)③在 Telling Stories and Giving Evidence: The Hybridization of Narrative and Non-narrative Modes of Discourse in a Sexual Assault Trial 中认为法庭叙述技巧应该是叙述和非叙述的组合,一味地叙述或者相反都不是有效的法庭话语。Sandra Harris (2001)④的 Fragmented Narratives and Multiple Tellers: Witness and Defendant Accounts in Trials 探讨了叙事结构与叙事成分之间的关系,以及律师在直接询问和交叉询问中的叙事话语策略。

2. 同时说话

Atkinson 和 Drew (1979) 的 *Order in Court* 从会话分析的角度提出有序的话轮组织(不同时说话)是在多言语角色的交际语境中组织话语的最基本要义,因为如果没有有序的话轮组织,听者就不可能集中思想并理解正在论辩的问题。A. Walker (1980)⑤在 Patterns and Implications of Co-speech in a Legal Setting 中则注重司法过程中言语角色之间权势关系的各个方面,对话轮的控制通常被看做是更有权势或是对有权势一方的挑战。O'Barr 的研究则表明,同时说话有可能会惹麻

---

① See Bennett, W. Lance & Martha S. Feldman, *Reconstructing Reality in the Courtroom: Justice and Judgment in American Culture* (*Crime, Law, & Deviance Series*), Rutgers University Press, 1981.

② See Brunner, Jerome, *Making Stories: Law, Literature, Life*, Harvard University Press, 2002.

③ See Harris, Sandra, Telling Stories and Giving Evidence: The Hybridization of Narrative and Non-narrative Modes of Discourse in a Sexual Assault Trial, in *The Sociolinguistics of Narrative*, Thornborrow & Coates, ed., J. Benjamins Pub. Co., 2005.

④ See Harris, Sandra, Questions as a Mode of Control in Magistrates' Court, *International Journal of the Sociology of Language*, Vol. 1984, No. 49, pp. 5—27.

⑤ See Walker, A., Patterns and Implications of Co-speech in a Legal Setting, in *Linguistics and the Professions*, Robert Di Pietro, ed., Ablex, Norwood, NJ, 1980.

烦,他实验中的受测试者认为同时说话与非同时说话相比更可能显示出律师的控制力不够,是不公平或不明智的做法。

3. 提问与回答

由于法庭言语角色之间有明显的权势关系,因此提问和回答就成了法庭言语角色之间争夺话语权的一个重要策略。Augusto Gnisci (1997)①等的 The Organization of Questions and Answers in the Thematic Phrases of Hostile Examination: Turn-by-turn Manipulation of Meaning, June Luchjenbroers (1997)②等的"In your own words...": Questions and Answers in a Supreme Court Trial, Richard W. Janney (2002)③的 Context as Context: Vague Answers in Court, 以及 Sandra Harris (2003)④的 Questions as a Mode of Control in Magistrates' Court 等探讨的都是律师在向对方当事人或证人的交叉询问过程中的问答话轮的基本特征、法律职业人员和证人之间是怎样使用不同的策略来加强自己的论点的。

4. 重述

可以说,法庭言语的两个最基本的功能是"获取信息"和"确认事实",重述作为"确认"的重要手段和策略之一,很值得研究,相关的研究成果也很多,如 Guiomar E. Ciapuscio (2003)⑤的 Formulation and Reformulation Procedures in Verbal Interactions between Experts and (Semi-)laypersons, Silvia Cavalieri (2009)⑥的 Reformulation and Con-

---

① See Gnisci, Augusto, The Organization of Questions and Answers in the Thematic Phrases of Hostile Examination: Turn-by-turn Manipulation of Meaning, *Journal of Pragmatics*, 2004, Vol. 36, pp. 965—995.

② See Luchjenbroers, June, "In your own words...": Questions and Answers in a Supreme Court Trial, *Journal of Pragmatics*, 1997, Vol. 27, pp. 477—503.

③ See Janney, Richard W., Context as Context: Vague Answers in Court, *Language & Communication*, 2002, Vol. 22, pp. 457—475.

④ See Harris, Sandra, Questions as a Mode of Control in Magistrates' Court, *International Journal of the Sociology of Language*, Vol. 1984, No. 49, pp. 5—27.

⑤ See Ciapuscio, Guiomar E., Formulation and Reformulation Procedures in Verbal Interactions between Experts and (Semi-) laypersons, *Discourse Studies*, 2003, Vol. 5, pp. 207—233.

⑥ See Cavalieri, Silvia, Reformulation and Conflict in the Witness Examination: The Case of Public Inquiries, *International Journal for the Semiotics of Law*, 2009, Vol. 22, pp. 209—221.

flict in the Witness Examination：The Case of Public Inquiries 等讨论的都是针对非法律专业人员的证人使用重述策略的情况分析；Maria Jocep Cuenca（2007）[①]等的 Contrasting the Form and Use of Reformulation Markers 和（2003）[②]Two Ways of Reformulation：A Contrastive Analysis of Reformulation Markers、Silvia Murrillo（2004）[③]的 A Relevant Reassessment of Reformulation Markers 等研究的是重述的标识，如 that is、in other words、namely、viz 等，以及它们在法庭言语交际中的作用等。

1.1.4　法庭各言语角色话语特征分析

1. 针对陪审团的言语策略

在实行抗辩制审判制度的国家，当辩论结束之后，先由陪审团决定被告有没有罪，然后才由法官具体量刑，因此，在法庭上，陪审团的成员虽然只是听众，不发表意见，但他们的作用很大。陪审团成员大多是由不懂法律的人员组成的，因此在法庭审判的各个阶段，法庭参与者的言语内容和方式都会对他们产生很大的影响。Gail Stygall（1994）[④]的 *Trial Language：Differential Discourse Processing and Discursive Formation* 一书就论述了怎样在庭审各阶段组织话语以影响陪审团的决定。Chris Heffer（2005）[⑤]的 *The Language of Jury Trial：A Corpus-Aided Analysis of Legal-Lay Discourse* 尽管着重研究的是律师与证人之间的言语互动，但探讨的主要是法官和律师在刑事审判中的"单向交际"语言，尤其是他们是怎样把话说给陪审团听的。

---

① See Cuenca, Maria Jocep, Contrasting the Form and Use of Reformulation Markers, *Discourse Studies*, 2007, Vol. 9, No. 2, pp. 149—175.

② See Cuenca, Maria Jocep, Two Ways of Reformulation: A Contrastive Analysis of Reformulation Markers, *Journal of Pragmatics*, 2003, Vol. 35, No. 7, pp. 1069—1093.

③ See Murrillo, Silvia, A Relevance Reassessment of Reformulation Markers, *Journal of Pragmatics*, 2004, Vol. 36, pp. 2059—2068.

④ See Stygall, Gail, *Trial Language: Differential Discourse Processing and Discursive Formation*, Amsterdam/Philadelphia: J. Benjamins Pub. Co., 1994.

⑤ See Heffer, Chris, *The Language of Jury Trial: A Corpus-Aided Analysis of Legal-Lay Discourse*, Chippenham and Eastbourne, 2005.

2. 法官言语

Lawrence M. Solan (1993)①的 *The Language of Judges* 专门研究法官的语言,作者主要运用乔姆斯基的转换生成语言学的理论来论述法官的语言,尤其是法官对立法的解释。Philips(1998)的 *Ideology in the Language of Judges: How Judges Practice Law, Politics, and Courtroom Control* 是对法律话语中意识形态多样性的分析,探讨意识是怎样在话语结构的组织过程中被建构的,而这些分析是通过对法官"司法行为"的研究来达到的:当审视法官的法庭行为时,我们可以看到法官构建了非常复杂的法律的和非法律的事实。

3. 律师言语

Alfred Philips (2002)②的 *Lawyer's Language: How and Why Legal Language is Different* 探讨的是律师语言在非平民化、修辞术、逻辑、法律法规阐释等方面与一般言语的区别。对于律师言语的研究更多见的是对其言语策略性或者说律师怎样有效利用证人证言的研究,如 Janet Cotterill (2004)③的 Collocation, Connotation, and Courtroom Semantics: Lawyers' Control of Witness Testimony through Lexical Negotiation、Pamela Hobbs (2002)④的 Tipping the Scales of Justice: Deconstructing an Expert's Testimony on Cross-examination 等。

4. 证人证言

律师言语策略性很强,主要是针对被告人尤其是证人,因此对证人证言的研究一方面是从律师对证人的控制角度进行的,另一方面则从证人怎样反控制进行研究。J. Cotterill (2006)⑤的 *Witness Examina-*

---

① See Solan, Lawrence M., *The Language of Judges*, Chicago: The University of Chicago Press, 1993.

② See Philips, Alfred, *Lawyer's Language: How and Why Legal Language is Different*, London: Routledge, 2002.

③ See Cotterill, Janet, Collocation, Connotation, and Courtroom Semantics: Lawyers' Control of Witness Testimony through Lexical Negotiation, *Applied Linguistics*, 2004, Vol. 25, No. 4, pp. 513—537.

④ See Hobbs, Pamela, Tipping the Scales of Justice: Deconstructing an Expert's Testimony on Cross-examination, *International Journal for the Semiotics of Law*, 2002, Vol. 15, No. 4, pp. 411—424.

⑤ See Cotterill, J., *Witness Examination*, Elsevier Ltd., 2006.

*tion*论述了直接询问和交叉询问中双方的陈述、通过质证获取证据的过程中律师与证人之间的权势不对称、交叉询问中提问的策略、质证过程中的词汇选择等问题。近年来,国外的专家证人出庭作证的趋势不容忽视,因此也出现了很多相关研究,如 Gall Stygall（2001）的 A Different Class of Witnesses：Experts in the Courtroom、Don Winiecki（2008）①的 The Expert Witness and Courtroom Discourse 等。

1.1.5　法庭口译研究

法庭口译是用另一种语言对法庭言语角色的话语进行的转换,是法庭言语的一种特殊形式。Susan Berk-Seligson（1990）②在 *The Bilingual Courtroom：Court Interpreters in the Judicial Process* 中论述了法庭审判的话语是怎样由译者转换的,以及这些转换是怎样影响整个审判程序的。Elena M. de Jongh（1992）③的 *An Introduction to Court Interpreting：Theory & Practice* 论述了美国译员在各种诉讼过程中的作用及法庭口译作为一种新型职业的相关问题,其研究方法涉及双语、语言的地域变体、口译程序及法律问题等。Sandra Beatriz Hale（2004）④的 *The Discourse of Court Interpreting：Discourse Practices of the Law，the Witness and the Interpreter* 首先是对法庭上的西班牙译员的译文进行微观语言学分析,同时利用一些社会和职业的问题来解释译员的行为;其次,它还探讨在程式化及受限制的法庭语境中口译的复杂过程;最后,它还分析了法庭口译译员在口译过程中选择不同的语言表达形式的原因。

从以上介绍可以看出,国外的法庭言语研究呈百花齐放的态势,

---

① See Winiecki, Don, The Expert Witness and Courtroom Discourse: Applying Micro and Macro Forms of Discourse Analysis to Study Process and the 'doings of doings' for Individuals and for Society, *Discourse and Society*, 2008, Vol. 19, No. 6, pp. 765—781.

② See Berk-Seligson, Susan, *The Bilingual Courtroom: Court Interpreters in the Judicial Process*, Chicago: The University of Chicago Press, 1990.

③ See de Jongh, Elena M., *An Introduction to Court Interpreting: Theory & Practice*, University Press of America, 1992.

④ See Hale, Sandra Beatriz, *The Discourse of Court Interpreting: Discourse Practices of the Law, the Witness and the Interpreter*, John Benjamins Publlishing Company, 2004.

各个不同的学科运用了不同的方法对法庭言语进行了越来越深入的分析，也取得了令人瞩目的成果。

1.2 国内研究

从法庭言语研究的角度、规模、成果等各方面看，国内的研究与国外的研究相比，只能说还处于起步阶段。潘庆云(1997)①认为，虽然我国堪称世界辩论艺术的发祥地之一，早在春秋、战国时期，诸子百家就纵横捭阖，盛况空前，但是，在中国古代却始终没有发展起如古希腊、古罗马那样的法庭论辩，究其原因，这与中华文化始终坚持“君君臣臣父父子子”的森严等级制度以及中华法系重刑轻民的法律传统等因素有关。因此，尽管在周代就有“誓”、“诰”、“命”等比较规范的法律文书，西周就已有一套较为完备的诉讼、审理制度，但是直到清末才有有关“司法文书制作和语言”方面较为成熟的论著，如王又槐的《办案要略》和李渔的《资治新书》等。

1997年《刑事诉讼法》施行之后，越来越多的人对法庭言语的研究产生了兴趣，并且从语用学、修辞学等多个角度进行研究。

1.2.1 法庭言语的法律语言研究

20世纪80年代初“法律语言”一词才在我国广泛使用。随着我国法治进程的不断深化，语言在法律事务处理中的作用也越来越重要。1988年，何勤华教授将“法律语言学”正式收入《法学新学科手册》。② 不过，我国20世纪90年代才有关于法庭言语研究的论著，但其关注点主要还是起诉书、公诉词和判决书、代理词等法律文书，有关法庭演讲词和法庭辩论的内容散见于法律语言的论著中。

1. 法庭言语的修辞研究

刘愫贞的《法律语言：立法与司法的艺术》(1990)③认为“司法语

① 参见潘庆云：《跨世纪的中国法律语言》，华东理工大学出版社1997年版。

② 同上。

③ 参见刘愫贞主编：《法律语言：立法与司法的艺术》，陕西人民教育出版社1990年版。

言的特征是:法律性、适体性、准确性、简练性和庄重性”。由于法庭言语是司法语言研究内容之一,因此其中列举了很多审判用语的例子。李振宇的《法律语言学初探》(1998)[①]中提到了法庭辩论中书面语到口语的转换。

孙懿华、周广然的《法律语言学》(1997)[②]“根据传统语言学的研究体系,在语音、文字、词汇、语法、修辞五项基本内容的基础上稍作改动,从而使本书形成‘用字—用词—用句—表达手段综合运用’这样一种起于文字止于语言综合运用的逻辑体系”,因而也是从修辞学角度著述的。在该书最后一章“司法语言的表达技巧”中,作者分析了根据案件性质、诉讼阶段、提问对象和目的的差异所采取的不同修辞表达方法和特点。

王洁的《法律语言学教程》(1997)[③]论述了司法口语的语境制约因素和司法口语的影响功能、审判人员的审问方法、司法演讲等。她还从修辞学的角度对法庭辩论的语言特点、修辞艺术、辩护语言修辞、答辩语言修辞、诡辩等内容进行论述。另外,她的《法律语言研究》(1999)[④]也是从语言艺术这个角度出发进行研究的,如(法庭)辩论的语言艺术、询问的艺术、辩论式审判与律师的辩护艺术、交叉询问的语言艺术等。

2. 法庭言语作为交际话语的研究

潘庆云的《跨世纪的中国法律语言》(1997)[⑤]从“自叙型”法律语言交际及“对话型”法律语言交际的角度论述了法庭话语中的陈述、描摹、论说等及法庭话语中的问和答等,强调在陈述、描摹、论说和问答时考虑受话人的因素,只有这样才能使法庭言语更有目的性和针对性,从而达到更好的交际效果。值得一提的是,作者在书中还指出,“由于数千年来封建残余思想和中华法律文化消极面等种种因素的束缚,再加上现行法律特别是诉讼程序上存在的不尽完善之处,与社会

① 参见李振宇:《法律语言学初探》,法律出版社1998年版。
② 参见孙懿华、周广然编著:《法律语言学》,中国政法大学出版社1997年版。
③ 参见王洁主编:《法律语言学教程》,法律出版社1997年版。
④ 参见王洁:《法律语言研究》,广东教育出版社1999年版。
⑤ 参见潘庆云:《跨世纪的中国法律语言》,华东理工大学出版社1997年版。

主义民主与法制的要求相比，我国的法庭论辩无论在理论上还是技术上，都还处于初级阶段。由于法庭论辩即法庭语言是法律语言中最受人关注也是最核心的部分，法庭论辩发展的缓慢必然制约和阻挠法律语言整体的发展”。这里所说的“法庭辩论”和“法庭语言”也就是法庭言语活动和法庭话语。

3. 法庭辩论技巧的研究

陈炯的《法律语言学概论》(1997)[①]探讨了公诉词和辩护词的语言技巧、法庭辩论的特色及技巧、口头告状的策略等，其中一些策略是有关语言修辞的，如“语言委婉、融情动心”；一些是有关辩论技巧的，如“据理力争、辩驳结合”；一些是心理上的，如“心理相融、耐心催问”；还有的是战术上的，如“善于回避、堕其锐气”等。

1.2.2 从演讲和辩论角度对法庭话语的静态研究

李兴友、王运声编著的《公诉人·辩护人·被害人·被告人刑事法庭演讲词》(1991)[②]一书中的刑事法庭演讲词包括了刑事法庭的陈述词和辩论词两个方面，作者分别论述了公诉人、辩护人、被害人及被告人的言语特征、行文的要求、表达方式、结构、内容等。王洁的《演讲与辩论的艺术》(1992)也是从修辞的角度对法庭上的陈述和辩论进行的分析。

1.2.3 法律语言学论著中关于法庭言语的研究

法律语言学专著中的有关法庭言语研究的论述各有侧重，如吴伟平的《法律语言——司法领越的语言学研究》(2002)[③]从法庭口语的角度分别总结了一些美国法庭中的法官判案、给陪审团的指示、证人作证等用语的特征和限制；刘蔚铭在《法律语言学研究》(2003)[④]一书

---

① 参见陈炯:《法律语言学概论》,陕西人民教育出版社 1998 年版。

② 参见李兴友、王运声编著:《公诉人·辩护人·被害人·被告人刑事法庭演讲词》,中国政法大学出版社 1991 年版。

③ 参见吴伟平:《语言与法律:司法领域的语言学研究》,上海外语教育出版社 2002 年版。

④ 参见刘蔚铭:《法律语言学研究》,中国经济出版社 2003 年版。

中提到了司法程序中会话分析应注意的问题主要是话题分析和响应分析、文化因素和语境等，认为会话分析涉及语义层面、语体层面、语音层面和语用层面，它们应互为补充、相辅相成、相得益彰。

杜金榜的《法律语言学》(2004)[①]比较全面地论述了法律语言学的研究方法、内容、理论及应用等方面的内容。该书介绍了国外很多关于法庭言语研究的内容，有一定的理论高度。

1.2.4　法庭言语研究论著

廖美珍的《法庭问答及其互动研究》(2003)[②]采用了国外语言学理论系统地研究法庭话语的问答互动，运用统计数据来说明法庭问答的一些形式特征。该书主要侧重于法庭问答这一形式的研究，运用 Grice 理论等来分析法庭问答模式，并在强调法庭问答形式时，总结法庭言语的一些规律。

王振华的《交叉质询双方的语言优势》(2003)[③]发展并建立了一套情态理论系统来分析英美法系中的交叉询问，目的是想通过语言实证来研究交叉询问双方的言语优势。李海涛的《交叉询问简析》(2003)[④]认为英美法系一贯强调"程序优先"原则，当程序与实体发生矛盾时，优先选择服从程序，而交叉询问制度就是英美法系保障程序公正的重要制度之一，其目的一是暴露对方证人证言的矛盾、错误或不实之处，以降低其证据的价值，或者证明这个证人的不可靠；二是使对方证人承认某些有利本方的事实。作者还认为英美法系交叉询问的繁盛，除了传统方面的因素外，语言学在法律领域的不断发展也是十分重要的原因。我国由于制度上的原因，在引入交叉询问制度时还有很多问题需要解决。在我国已经加入世贸组织的情况下，如果律师们不能熟练地掌握和运用交叉询问的技巧，就很能在其他国家的法庭

---

① 参见杜金榜：《法律语言学》，上海外语教育出版社 2004 年版。

② 参见廖美珍：《法庭问答及其互动研究》，法律出版社 2003 年版。

③ 参见王振华：《交叉质询双方的语言优势》，载周庆生、王洁、苏金智主编：《语言与法律研究的新视野》，法律出版社 2003 年版，第 225—238 页。

④ 参见李海涛：《交叉询问简析》，载周庆生、王洁、苏金智主编：《语言与法律研究的新视野》，法律出版社 2003 年版，第 239—251 页。

上为我国的利益而斗争。

现在,已经有越来越多的人注意到法庭言语这一领域的研究。2005 年 7 月在复旦大学召开的"第九届全国语用学研讨会"上,专门有一个法律语言学研究讨论小组,讨论的论文中有十几篇是有关法庭言语研究的,如《法庭审判言语行为研究》(蔡璨)、《直接询问与间接询问的语言特征》(陈燕琴)、《从言语行为视角分析当前我国民事判决书的语类结构》(董敏)、《庭审中权力控制的元语用意识的语言标记》(胡海媚)、《法庭互动话语中的 formulation 现象研究》(廖美珍)、《预设在法庭询问中的语用分析》(陆少兵)、《法庭问答中的模糊限制语引发的语用冲突及其对法庭审判的启示》(毛凤凡)、《起诉书的权利意志分析》(陶君)、《法庭互动中的权利话语分析》(吴鹏、张璘)、《法庭应答语信息过量的语用研究》(徐章宏、李冰)、《法庭话语的衔接与连贯》(张睿)等。目前,中国法律语言研究会的正式会员已经达到二百多人,其中有很多人都对法庭言语进行研究,可见这一研究势头之猛。

2006 年 12 月"中国法律语言学研究会第四届年会"在华东政法大学召开,与会人数达到八十多人,收到论文四十多篇,研究的内容主要包括法律语言学理论研究、法律语言学应用研究、法律翻译和法律外语教学等。

吴伟平(2002)[①]认为,从 20 世纪 80 年代到 20 世纪末,我国的研究主要关注立法语言和书面语,司法语言方面的研究则很少,而专门研究、探讨法庭言语的更少;即使讲到司法语言,侧重点也在语言本身的艺术性和语言本身特点方面。进入 21 世纪之后,法律语言学专著的相继出版标志着法律语言学学科已经逐步形成,随着国外的法庭言语研究成果不断地被传入中国,国内学者们也逐步地把现代语言学的相关理论应用于法庭言语的分析研究之中。

① 参见吴伟平:《语言与法律:司法领域的语言学研究》,上海外语教育出版社 2002 年版。

1.3　法庭言语研究的现状分析和本书的预期目标

1.3.1　法庭言语研究的现状

从上面的回顾中可以看出,目前国外的法庭言语研究无论在广度上还是在深度上都已经达到了相当高的水平,社会语言学、心理语言学、人类学、会话分析、语用学等都运用各自的理论对法庭言语进行了分析研究,并取得了很大的成果,对法庭审判有很大的帮助,具有指导意义。国内现代意义上的法庭言语研究可以说还处于起始阶段,目前应用于法庭言语的研究从原来的修辞学和语用学发展到现在的系统功能语言学、认知语言学和语料库语言学等。结合国内外的研究,法庭言语研究的现状主要表现在以下方面:

(1) 对法庭言语缺乏总体分析,各语言理论研究的侧重点不同,法庭言语的有些方面很少涉及,因此还不全面。英美国家的研究着重于交叉询问和直接询问、律师和证人言语的研究。国内的研究大多是采用传统的语文学或修辞学的方法或角度,着眼于法律语言的用词特征、语体风格等。涉及的法庭互动研究主要是从辩论技巧,而非言语策略着手的。

(2) 研究者从自己研究的各个领域出发(如修辞学、社会语言学、人类学、心理学、话语分析和语用学等)结合法庭言语的内容对法庭言语的某些方面进行分析,得出的是他们各自研究领域的结论。这些研究对于揭示法庭言语的某些方面的特征是有益的,也有把这些理论在法庭言语中进行验证的因素,真正意义上的法律语言学的分析研究比较少。

(3) 目前从法律语言学角度对法庭言语的特点等进行总体论述的不多,比如法庭言语的功能和特征是什么、法庭言语的语境因素有哪些、法庭审判中的叙事是怎样区别于一般叙事的、法庭言语角色及其言语特征是怎样的、法庭论辩有哪些语言的和言语的策略等。因此,我们需要从总体出发对法庭言语进行综合的法律语言学意义上的研究,以发掘法庭言语的法律语言学的特征和本质等。所用的语料都必须是对法庭审判的真实自然的法庭话语。

1.3.2 本书的预期目标

法律语言学是一门新兴学科。现在很多人都从各个不同的方面对法律语言学这一交叉学科进行不同角度的研究,取得了很多的成果。法庭言语的研究是法律语言学很重要的研究内容之一,对法律语言学的发展有一定的理论意义。因此,本书一方面运用各种国外语言学和应用语言学理论,从各个不同的角度对法庭言语进行深入的分析研究,以揭示法庭言语不同方面的特征;另一方面,试图从法律语言学的角度对法庭言语的功能和语篇结构、法庭言语的语境制约因素和法庭言语特征、法庭言语角色及其言语特征、法庭论辩的语言策略和言语策略等进行总体的分析研究。法庭言语研究中的言语,包括法庭言语建构、法庭言语理解、法庭言语活动的结果——法庭话语及法庭话语语篇等几个方面的内容。针对这些内容的研究有的是静态描述,有的是动态的互动研究,以发掘法庭言语的法律语言学的特征、本质、互动规律及其制度性特征等。对法庭言语的研究结果也将是对语言学相关理论本身的一种深化。

由于我国内地、港澳地区和台湾地区实行的审判制度各不相同,本书只对我国内地法庭审判的言语进行研究。

1.4 本书的语料和研究方法

1.4.1 本书的语料

1. 语料收集和语料类别

法庭是不允许录音的,所以进行法庭言语研究的最大困难是语料的收集。现在很多学者只能通过各种渠道找到经书记员转写的笔录进行法庭言语研究,但是它们已不是真实自然的法庭话语。

本书的语料主要来自于中央电视台12频道转播的"庭审现场"节目中播出的庭审实况,还有一部分是笔者在上海某人民法院旁听的笔记。

语料的类别主要分刑事案件和民事案件。其中民事案件涉及名誉权纠纷、未成年人人身伤害纠纷、侵犯录音制作者权纠纷、医疗纠纷、人身损害赔偿纠纷、相邻关系纠纷、夫妻财产纠纷、撤销监护人资格纠纷、遗产纠纷等案件。刑事案件包括贩毒罪、编造虚假恐怖信息罪、故意杀人罪、诈骗罪、故意伤害罪自诉等案件。

2. 语料的标注

语料的标注方式主要有：

① 停顿时间：用“n's”标示，如“3's”表示“停顿三秒”；

② 说话拖音：用“～”；

③ 同时说话：用“‖”；

④ 说话修正：用“△”；

⑤ 说话被打断：用“▲”；

⑥ 打断：用“▼”；

⑦ 重述结构中的重述或重复部分又带上升语调的句子标点：用“?”；

⑧ 强调部分或需要特别指出之处：用下划线“______”；

⑨ 审判长或独任审判员：审

审判员 1：审 1

审判员 2：审 2

公诉人：公

辩护人：辩

原告：原

被告或被告人：被

原告代理人：原代

原告代理人 1：原代 1

原告 1 代理人：原 1 代

被告代理人：被代

自诉人：自

自诉人代理人：自代

证人:证

证人1:证1

需要说明的是,本书所收集的语料只为本研究所用,其中涉及的当事人的名字都已被隐去,只留下姓,名字一律都用“某”或“某某”来代替。

1.4.2 本书的研究方法

首先,确定研究方向。法庭言语研究是法律语言学的重要内容之一。法律语言学研究的内容主要包括立法语言研究和司法语言研究。其中司法语言研究又有公安讯问/询问、庭审和监狱等语言研究和言语活动研究等。因此,法庭言语研究是法律语言学中司法语言研究的一个重要方面。法庭言语研究中的言语,包括法庭言语建构、法庭言语理解、法庭言语活动的结果——法庭话语以及法庭话语语篇等几个方面的内容。本书主要研究法庭言语中的基本角色及其相互之间的关系。法庭言语的基本角色是:法官;刑事案件中的公诉人、辩护人、被告人;民事案件中的原被告、原被告代理人;证人等。

其次,收集一定数量的语料。确定了研究方向之后,接下来的任务是收集语料的工作。为了熟悉法庭庭审程序,笔者到上海某人民法院旁听了三个月。

再次,阅读有关民事诉讼法、刑事诉讼法、宪法、法理学等法律书籍,了解相关法律理论和原则。

最后,结合所学的外国语言学及应用语言学相关理论知识,对所收集语料进行分析研究,得出结论。本书所使用语言学理论包括语言哲学、普通语言学、社会语言学、语用学、篇章语言学、法律语言学等。

第2章

法庭言语

2.1 法庭言语研究的意义

诉权即当事人请求法院行使审判权，以保护其财产权和人身权的权利。审判是法的适用中由法院代表国家行使审判权的过程。

在我国，一般而言，法院在接受案件之后，会择期开庭审理。开庭审理是指法院在当事人和所有诉讼参与人的参加下，全面审查认定案件事实，并依法作出裁决或调解的活动，其任务是：充分调动诉讼参与人的积极性，揭露并查明案件事实，正确适用法律，用具有特殊强制力的法律文书确认当事人的权利与义务关系，制裁违法犯罪行为，保护当事人的合法权益，教育社会成员自觉遵守法律，维护社会秩序、经济秩序，保障社会主义建设事业顺利进行。

法庭审判既是法院行使国家审判权的重要阶段，又是当事人行使诉权的重要阶段，也是诉讼参与人行使诉讼权利、履行诉讼义务最集中的场合。它是最重要的法律活动之一，也是最重要的法律实践形式之一。整个审判过程都是以口头的语言形式进行，因此各当事人在法庭这一特殊的场景下对语言的使用要有一定的技巧和策略。在实行抗辩制的英美法系国家，法庭上言语的策略所起的作用更大。因此，Tiersma 教授说："没有多少职业像法律那样离不开语言"，"法律就是言语的法律"；William M. O'Barr 也说："从日常的和现实的意义上说，无论是在书面上还是在口头上,法律就是语言”。[①]

我国 1997 年开始实行司法改革,其中民事审判方式的改革有三个内容:强化庭审功能、强化当事人的举证责任和强化合议庭(包括独任审判员)责任。其中,强化庭审功能是改革的核心。这就意味着我国的民事庭审制度将更加重视抗辩的作用,法庭审判过程中各种论辩策略的使用将有可能直接影响审判的结果。因此,越来越多的人注意到了法庭言语这一特殊领域的研究,并表现出极大的兴趣。研究法庭言语具有重要的理论意义和应用价值,其研究成果将有助于提高法官、检察官和律师出庭能力及法庭审判的质量。

2.2 法庭话语、法庭话语语篇及法庭言语

言语是对语言的使用(见图 2-1),它包括“言语活动”及其结果——“话语”。

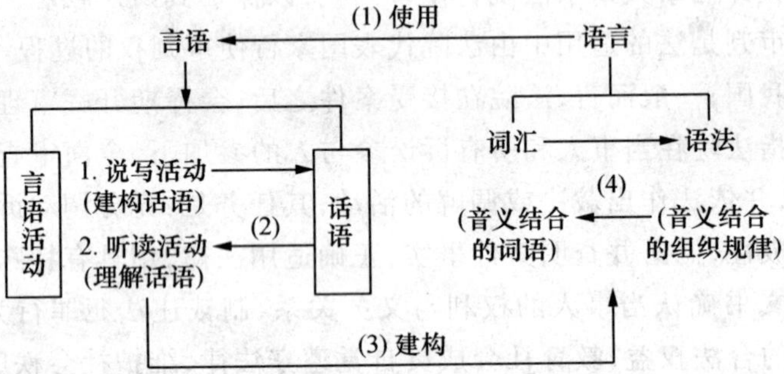

图 2-1[②]

语言是人类最重要的交际工具,是音义结合的词汇和语法的体系。而言语是在特定的环境中为完成特定的交际任务对语言的使用。言语交际包括两个过程:建构话语,即说写过程;理解话语,即听读过程。也就是说,人们在“说写”言语过程中产生话语,在“听读”言语活动中理解话语。

---

① 参见廖美珍:《法庭问答及其互动研究》,法律出版社 2003 年版。

② 参见王德春:《语言学通论》,江苏教育出版社 1990 年版。

与"话语"相对应的有"utterance"、"text"和"discourse"三个英语词语。其中,"utterance"是与"sentence"相对而言的,是句子进入语境后的形式,强调语境的作用;"discourse"最早由美国结构主义语言学家 Z. S. Harris 提出,在他发表于 1952 年美国《语言》(*Language*)杂志中第 28 卷的一篇题为"话语分析"的文章中首次使用;而"text"这一术语则是由德国语言学家 H. Weinrich 于 1967 年首先使用的。有观点认为"话语"主要是指口语,而"篇章"主要用来指书面语;但也有人把"discourse"既用于指口语也用于指书面语。在我国,一般把"discourse"译为"话语","text"译为"篇章",也有人习惯于把二者综合起来称作"语篇"。①

本书区分法庭言语和法庭话语。法庭言语(courtroom speech)是指法庭言语各角色在庭审过程中为完成审判的交际任务而对语言的使用,包括言语活动过程和言语活动结果——法庭话语(courtroom discourse)。因此,本书的法庭言语研究中的"言语",包括法庭言语建构、法庭言语理解、法庭话语及法庭话语语篇等几个方面的内容。

值得一提的是,西方学界对"discourse"的研究其实已经进入了言语层面,而非仅仅是对言语的结果形式——"话语"的静态研究。因此他们讨论的很多话语现象或特征实际上考虑了很多言语因素。

2.3 法庭言语与日常言语

Herbert H. Clark 在 *Using Language*(1996)②中把各种语言的使用比做是音乐中的主旋律与其各种变体之间的关系。面对面的交谈是主旋律,其他则为变体。面对面以外的语言使用都有可能走样或被歪曲。他进而确定了面对面交谈作为基本交际形式的一些特征:① 交际者同现(co-presence);② 可视性(visibility);③ 能听度(audibility);

① 参见郑庆君:《汉语话语研究新探》,湖南教育出版社 2003 年版。

② See Heffer, Chris, *The Language of Jury Trial: A Corpus-Aided Analysis of Legal-Lay Discourse*, Antony Rowe Ltd., Chippenham and Eastbourne, 2005.

④ 瞬时性(instantaneity);⑤ 即逝性(evanescence);⑥ 不可复制性(recordelessness);⑦ 同步性(simultaneity);⑧ 即席性(extemporaneity);⑨ 自决性(self-determination);⑩ 自我表达性(self-expression)等。依次用以上每个特征进行分析,可以看出法庭言语交际的复杂性。

Chris Heffer (2005)[①]在此基础上对法庭言语进行了分析:既然法庭上的主要言语角色都在同一个法庭的物理场景中,从广义上说他们是"都在场"的(①)而且互相看得见(②)也听得见(③)。但是,在法庭上,这种面对面的交际的直接性在很大程度上被弱化了。首先,尽管都在场,但各言语角色之间的距离被拉大了,比如,陪审员们很可能看不清证人的面部表情、法官要不断提醒证人要说得大声点;法庭上对弱势证人采用的闭路电视及越来越多地使用视频,把视觉上的直接性也减弱了;其次,有些证人不能到庭,他的被转写过的证言只能在法庭上宣读,在被告人不在场时,他在警署的问话内容也经常由公诉人在法庭上展示。总之,法庭各言语角色都能马上觉察相互之间的行动(④),然而法庭言语环境的复杂性就意味着很多事情的发生并不能真的都能被尽收眼底,例如陪审员们要同时观察的有控辩双方律师、证人、法官及被告,这恐怕是有难度的。

语音媒介通常决定了说出的话语会稍纵即逝(⑤)并不留任何痕迹(⑥)。然而,法庭上的很多证据是录音形式,这就意味着证人不能像在面对面的交际中一样对如点头、摇头、话语导向的提示等作出反应。另外,在法庭上呈现的几乎所有正式话语,都是为录音而录音的,而不能呈现当时的全部,审判过程中使用的录音通常要说明的是A但是到后来会变成B(尤其是直接询问中的证人证言往往被交叉询问的律师改造)。这造成的一个景象是,在法庭这一特殊语境下,对于一个不懂法律的言语角色来说,他说出的每一句话都可能比其他语境下所说的话都重要。而且,不像一般的话语,在法庭上当一方在说话时,任何人都不允许插话、同时说话或表示言语态度(⑦,如"哦"、

---

① See Heffer, Chris, *The Language of Jury Trial: A Corpus-Aided Analysis of Legal-Lay Discourse*, Antony Rowe Ltd., Chippenham and Eastbourne, 2005.

"嗯"之类)。这导致了话语相当的正式性并产生言语角色之间的距离。

最后,也是最重要的是,不像其他谈话中的言语角色,在法庭上的言语角色(尤其是非法律职业人员)对自己的言语没有主动权。证人当时该说什么或做什么都是被限制的(⑧),他们对说什么、做什么、什么时候说、什么时候做都不由自己控制(⑨):他们被传唤时才能上证人席,然后必须回答律师的提问,不准偏离话题,问什么就必须答什么。他们不能想说什么就说什么(⑩),一是受证据规则限制,二是因为他们的回答受限于律师的提问(比起直接询问,交叉询问更是如此),三是因为他们通常都是为某一方当事人说话的,因此所说的内容必须与当事人的意向相一致。

从以上对比分析中可以看出,法庭言语相对于面对面交谈而言,发生了很大的变异。

2.4 法庭言语的表征分析

Chris Heffer 从言语的基本要素出发对法庭言语与一般言语进行了比较分析,总结了法庭言语在十个方面的变异情况。事实上,法庭言语还有很多很明显的区别于一般言语的表征。

2.4.1 程式性

英美国家的法庭言语活动的程式性主要表现在三个方面:一是法官进入法庭时,全体必须起立,等法官坐下之后示意大家坐下,全体人员才能入座。法庭审判结束时,全体起立,等法官走出法庭之后方可离开;二是法官、公诉人及律师都必须穿戴特殊的服饰,如法袍、假发等;三是整个审判的过程是按照一定的程序进行的,这些程序由法官主持,如法官宣布开庭、原告陈述诉讼理由、被告陈述答辩理由(之后双方可以就一些细节问题进行询问)、法庭辩论(先由原告方提出答辩意见再由被告方进行答辩,这也是一个举证质证的过程)、最后陈述、案件评议、宣告判决,其间每一个阶段的过渡都由法官发布口令,各个程序之间的顺序不可颠倒。因此,法庭上的言语角色、言语内容、言语顺序、话轮等都不是随意的。

2.4.2 严肃性

我国一般的法庭场景的布置为:在法庭的正上方悬挂着庄严的国徽;国徽下法庭的正前方是审判台;紧贴审判台的正前面是书记员席,它略低于审判台;在审判台的左侧设原告及其代理人席或者刑事审判中的公诉人席,右侧是被告及其代理人席或者刑事审判中的辩护人席;在原被告席、书记员的正下方,是刑事审判中的被告人席;原告席一侧的下方坐着身着警服的法警;证人席一般在被告席的一侧;审判台对面刑事被告人后面是旁听席,与法庭审判区之间通常会用栅栏隔开。审判长和审判员身穿黑色法袍,法袍左胸上别着国徽,神情严肃。审判台上审判长台前放着法锤,当审判人员宣布开庭、维持旁听人员秩序或制止旁听人员插话、休庭、审判结束等时使用。

在进行法庭审判时,除了庄严肃穆的法庭物理场景外,还有严格的程序和纪律约束、严肃性话语主题等。

笔者曾旁听过澳大利亚和英国的庭审,在进入法庭之前,法庭工作人员都会再三告诫,一定要对法官表示充分的尊敬,如果需要中途离开法庭,必须向法官鞠躬,并面向法官退出法庭。

法庭的物理场景及法庭纪律等决定了法庭审判言语基调的严肃性,法庭的严肃性特征时刻都在提醒人们要认真对待进行中的审判,审判的结果也有其强制性。

2.4.3 目的性

在我国,仲裁、调解和诉讼是解决争议的三种传统有效方式。仲裁是解决争议的重要方式,它是指争议双方在争议发生之前,或者在争议发生之后达成协议,将争议自愿地交给第三者作出裁决,双方有义务自觉履行的一种解决争议的方式。仲裁裁决尽管不是国家裁判行为,但是同法院的终审判决一样有效。调解是指在有关组织、机关、机构、个人或法院的主持下，对当事人之间的纠纷进行裁决的活动。一般对民事纠纷、经济纠纷适用。分为诉讼外调解和法院调解（诉讼中调解），调解书具有执行力。和解一般发生在民事诉讼中，其特征有：只有双方当事人自己参加；是当事人在诉讼中对自己诉讼权利和实体权利的处分；当事人在诉讼中和解的，应由原告申请撤诉，经法院裁定撤诉后结束诉讼；和解协议不具有执行力。

在美国，还有辩诉交易制度（plea bargaining），它是20世纪以来在美国发展起来的一种新的刑事诉讼模式。辩诉交易又译作“答辩交易”，主要是为英美法国家所适用的一项刑事司法制度。根据美国较为权威的《布莱克法律辞典》的解释，“辩诉交易是指在刑事被告人就较轻的罪名或者数项指控中的一项或几项作出有罪答辩以换取检察官的某种让步，通常是获得较轻的判决或者撤销其他指控的情况下，检察官和被告人之间经过协商达成的协议”。据说美国现在通过辩诉交易解决的刑事案件已经高达90%甚至更多。

可见在诉讼程序之前，其实还有其他的解决方式，如调解、仲裁、和解甚至辩诉交易等。但是，当诉讼开始后，当事人的目标很明确——就是要一个最终的解决方案。因此，法庭言语的目的非常明确，就是根据原告提出的事由进行审理，最后作出判决。

2.4.4　对抗性

从法庭言语的目的性分析中可以看出，原被告之间冲突的程度在几乎到了不可调和的地步时才向法院提起诉讼，以达到一个强制的解决方案。这是法庭审判言语的对抗性表现之一。

另一方面，在违法犯罪事件发生后，权利受到侵犯的一方或公诉人会向法庭提起诉讼，要求对方对所造成的损失或所犯的罪行作出赔偿或受到制裁。审判是从被侵犯人或公诉人提起诉讼开始的。由于诉讼中原被告双方因为有不同的利益关系，因此，双方对所发生的事件的叙述版本可能完全相反（如图2-2所示）。

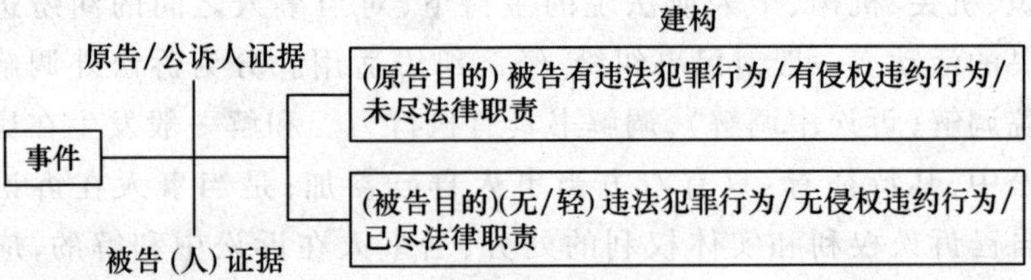

图 2-2

原被告之间利益的冲突导致了立场的对立,立场的对立又导致了言语的对抗,因此,法庭言语的对抗性主要是针对原被告双方而言的。法官的职责是解决争端,因此他的言语主要是起到调节功能。

2.4.5 职业性

法庭言语具有法律职业性特征。法庭上的法律专业人员,主要是法官、公诉人和律师等,在诉讼及庭审时,对非法律专业人员的话语进行转换因而使法庭话语具有法律专业特征。这种转换表现在词汇上一是大量使用法律术语,二是使用一些书卷体词汇。

① 话语正式

下面是审判人员在法庭上宣读的对一个九岁儿童单某某的问话笔录中的一段,审判人员在其中使用了"是否"、"何处"、"有无"等书卷体词语。

> 问:单某某,你是否记得在何处触电?
>
> 答:在一排铁盖中间触电的,铁盖是可以打开的。
>
> 问:你进去时有无看见铁盖上有字?
>
> 答:我当时没有看到字。

可以想象法官当时对九岁儿童单某某的询问不可能是以上这种形式,其中审判员用书卷体词汇"是否"、"何处"等对原来的话语进行了转写,句式也因此更显紧凑。

② 大量使用法律术语

如"事发当天是星期六,原告应呆在家中处在父母的看护之下。因此原告人身损害结果完全是其父母不履行监护职责引起的"中的

“原告”、“人身损害结果”、“不履行监护职责”等都是法律术语。

③ 句子结构紧凑、意思表达相对完整、精确

在上面所举的例子中可以看出,法庭言语除了大量使用法律术语和一些书卷体词汇之外,在句子结构上也显得紧凑,表达的意思相对完整、精确。如上例中的一组对话中,九岁儿童单某某的回答:

问:你进去时有无看见铁盖上有字?

答:我当时没有看到字。

上例中的答话部分是九岁儿童单某某的原话还是更像审判员转写的结果?显然后者的可能性更大。因此法庭言语中法律职业人员的话语具有法律职业特征。

2.4.6　制度性

Paul Drew 和 John Heritage(1992)①认为会话分析研究中的传统观点是:“一般话语是社会生活中最主要的互动形式,制度性互动则是与一般会话相对而言的言语活动及其设计的一些系统的变体和限制。”这些变体和限制包括:言者的话语是指向某一特殊任务或目标的,对一方或双方话语角色针对所进行的话题该说什么内容也有专门的限制。因此,就任务指向性、严格限制性和推论特殊性等制度性话语特征而言,法庭言语具有典型的制度性特征。在引入“权势”因素进行分析之后,法庭言语还具有法庭言语过程的权势充斥性、法庭言语角色之间话语权的不对称性、法庭言语的策略性及法庭言语角色的身份及制度性角色与关系的语境决定性等特征。②

2.4.7　交叉互动性

我们用 Chris Heffer(2005)③的图例(见图 2-3),来说明在证人质

---

① See Drew, Paul & John Heritage, *Talk at Work: Interaction in Institutional Settings*. Cambridge: Cambridge University Press, 1992.

② 参见余素青:《法庭辩论过程中的言语策略研究》,载杜金榜主编:《中国法律语言学展望》,对外经济贸易大学出版社 2007 年版,第 94—105 页。

③ See Heffer, Chris, *The Language of Jury Trial: A Corpus-Aided Analysis of Legal-Lay Discourse*, Antony Rowe Ltd., Chippenham and Eastbourne, 2005.

证过程中复杂的交叉互动关系：

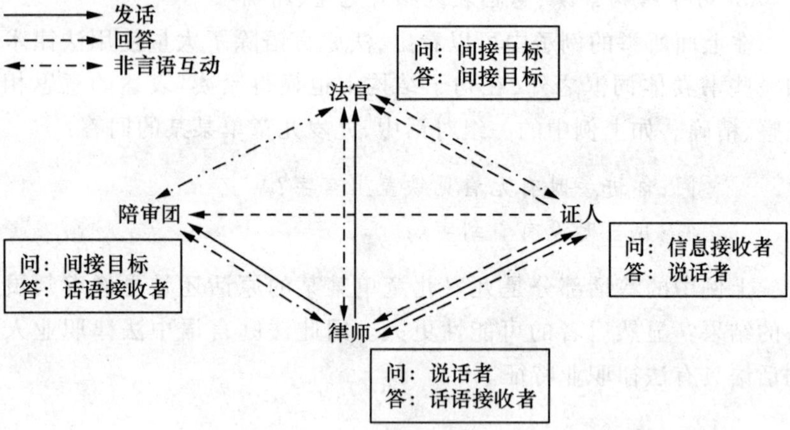

图 2-3

（问：表示提问中的言语角色；答：表示答话中的言语角色）

法庭言语的互动特殊性主要体现在它的多角色交叉互动上。在一般的诉讼中，法庭言语角色至少有三个——原告、被告和法官；法庭审判中的言语互动与一般言语互动的区别还在于原被告之间的互动的真正听众是法官。

图 2-3 以律师对证人的提问为例：律师对证人提问的目的一是希望证人就所提问内容作出回答，二是通过证人回答，向陪审员和法官确认相关事实。因此，证人的回答也就不仅仅是对律师提问作出回应，他的听众还有陪审员和法官。可见，律师对证人的提问至少涉及四个言语角色，尽管这些角色的话语权和参与的程度不一样：质证律师提出问题，证人必须作出回答；法官倾听，随时可以打断；陪审员只能听但不能插话，尽管他们可以以写纸条的形式间接向法官提问；反方律师有权打断，但这会显得很突兀，在某种程度上，反方律师一般会等到辩护阶段时才发表意见。在整个过程中，图 2-3 中显示的四个言语角色会有各种非言语形式的交际，如注视、手势、脸部表情等。

2.5　结　　论

Chris Heffer 从交际者同现、可视性、能听度、瞬时性、即逝性、不可复制性、同步性、即席性、自决性和自我表达性等日常言语基本特征依次对法庭言语进行了分析。这种分析是很有益的，把法庭言语与日常言语进行了区分：法庭言语是日常的面对面的交际的一种变体，有其相似性，但法庭言语较之日常言语更具有复杂性。

在此基础上，本书分析了法庭言语的程式性、严肃性、目的性、对抗性、职业性、制度性及交叉互动性等的表征，更凸现了法庭言语的特征，法庭言语较之日常言语的复杂性也更显具体。

第3章

法庭言语的功能和言语方式分析

3.1　法庭言语的功能

在分析法庭言语功能之前，首先要了解相关法庭审判程序，因为法庭审判必须根据诉讼法的相关程序规则进行。下面简单介绍我国民事案件和刑事案件一审程序，二审及再审程序稍有不同。

民事案件一审程序

1. 宣布开庭

首先，由书记员查明原告、被告、诉讼代理人、证人等是否到庭，并将结果报告合议庭。同时向全体诉讼参与人和旁听群众宣布法庭纪律。

其次，由审判长宣布审判人员、书记员名单，宣布案由并核对当事人。核对完毕后告知当事人应享有的诉讼权利和应履行的义务，询问当事人是否申请回避。若有人申请回避，则按法定程序办理。

最后，审查诉讼代理人资格和代理权限。律师担任诉讼代理人时，仅审查其代理权限。

2. 法庭调查

在宣布开庭的程序结束之后，法官宣布法庭调查开始，具体的程序如下：

① 当事人陈述：包括原告、被告陈述。

② 证人作证；出示书证、物证和视听资料；宣读鉴定结论；宣读勘

验笔录。

3. 法庭辩论

法庭辩论的内容有诉讼程序的辩论和适用实体法律的辩论。其顺序为:

① 原告及其诉讼代理人发言。

② 被告及其诉讼代理人答辩。

③ 相互辩论。

4. 最后意见/最后陈述

法庭辩论终结时,由审判长按原告、被告的顺序依次征询他们的最后意见。

5. 宣告判决

法庭判决通常由两部分组成,一是经合议庭评议确认的案件事实和相关法律适用情况,二是判决本身。①

刑事案件一审程序

1. 开庭

宣布开庭是法庭审理的开始。根据《刑事诉讼法》第 154 条和其他有关规定,这一阶段的具体活动内容有:

① 由审判长宣布开庭,并传唤当事人到庭,问明当事人的姓名、年龄、职业、籍贯、住址等。

② 审判长宣布案由。

③ 审判长宣布合议庭的组成人员、书记员、公诉人、辩护人、诉讼代理人、鉴定人和翻译人员的名单。

④ 告知当事人、法定代理人有权对合议庭的组成人员、书记员、公诉人、鉴定人和翻译人员申请回避。

⑤ 告知被告人享有辩护等诉讼权利。

⑥ 对于不公开审理的案件,应当庭宣布不公开审理的理由。

2. 法庭调查

刑事诉讼一审程序中的法庭调查是法庭在开庭阶段结束后,通过

---

① 参见常怡主编:《民事诉讼法学》,中国政法大学出版社 1994 年版。

公诉人举证、辩护人质证以及辩护人提出证据、公诉人进行质证等方式、方法，当庭全面审查证据和查明案件事实情节的活动。法庭调查的内容一般包括：

① 宣读起诉书。

② 询问被告人。

③ 询问证人。

④ 询问鉴定人。

⑤ 出示物证。

⑥ 宣读作为证据的文书。

3. 法庭辩论

经过法庭调查阶段询问证人、出示物证等活动，案件事实和证据已经查清，控、辩双方对证据和案件事实方面的意见也已充分发表后，审判长应当宣布法庭辩论开始。

法庭辩论阶段，应当先由公诉人、被害人及其诉讼代理人发言，然后再由被告人发言和辩护人发表辩护意见，双方可以互相进行辩论。

4. 被告人最后陈述

审判长宣布法庭辩论终结后，被告人有最后陈述的权利。让被告人作最后的陈述，这是在合议庭评议、判决前再给被告人一次行使辩护权的机会。被告人可以利用这个机会陈述他对全案的意见和看法，包括自己是否有罪、罪行轻重，自己犯罪的原因，对犯罪的认识，以及对量刑方面有什么要求等。

5. 宣判

宣判，即宣告判决，是人民法院向当事人及其他诉讼参与人等公开宣布判决内容的诉讼活动。[①]

3.1.1 法庭言语的总体功能和言语序列功能

Van Dijk (1997)[②]认为，行动(actions)归属于可观察到的行事

---

① 参见王国枢主编：《刑事诉讼法学》，北京大学出版社 1999 年版。

② See Van Dijk, T. A., *Discourse as Structure and Process*, London: Sage Publications, 1997.

(doings),正像意义归属于话语(utterances)一样。一些行动和其他行动相结合就形成了复杂的行动或行动序列(sequences of actions),最后,行动就被组织成为更高一级的单位和结构。更具体地说就是,不管是在计划还是在解读过程中,各个行事序列(sequences of doings)都可以归结到一个宏观组织之内的不同层级的行动结构(hierarchical action structure)中。

为了保证这个复杂的行动序列得以实现,我们需要一系列的“行动计划”。这些行动计划由行动序列总体组织中的各个层级结构组成。在行动计划的总体控制之下,个人的行动才得以选择或得以实行。因此可以说,计划就是行动的宏观结构,因为计划决定了哪些行动序列可以归于一起、这些序列是怎样关联的及这些序列怎样才能被归到一个大行动(macro-action)中。而大行动决定具体的行动序列,它是与总目的(macro-purpose)相联系的。

他进一步指出,这些行动的宏观结构是由一些具体的宏观范畴或功能组织而成的。这些范畴具有具体的认知或/和社会功能,它们不只是控制单一的行动,而且也当然地控制了行动的子序列。禁令的违反、惩罚或服从也可能是由很复杂的行动组成的。行动的宏观范畴至少有两个:一是认知和行动理论的范畴;二是互动或社会范畴,它决定一个行动与其他相关行动的功能。

与行动一样,言语行为序列也需要总体计划和解读。也就是说,各种言语行为的序列是计算好的、能被理解的,并因此在社会功能上起一个言语行为的作用。这个由一系列的言语行为的完成才得以实现的高层次的言语行为被称为“总体言语行为”(global speech-act)或“大言语行为”(macro-speech act)。Van Dijk 认为,一个会话中的言语行为序列被归结到一个大言语行为的操作步骤是:删去不相干的信息并把几个单位联结成一个更高一级的或更普遍的单位。对于一般意义上的行动或言语行为来说,就是指删除那些开场的或辅助的言语行为(如电话录音中的开头、结尾等),以及一些构成言语行为的成分——这些成分归结到一起能对最终大言语行为的基本成分起作用。

1. 法庭言语的总体功能

我国《刑事诉讼法》第12条规定:“未经人民法院依法判决,对任何人都不得确定有罪。”而人民法院的依法判决必须经过开庭审理才能实现。开庭审理即人民法院在当事人和所有诉讼参与人的参加下,全面审查认定案件事实,并依法作出裁判或调解的活动。因此,从总体看,审判是一个以言行事的“大言语行为”,其目的是“全面审查认定案件事实”、“适用法律”、“作出判决”。

2. 法庭言语序列功能

在具体的庭审过程中,根据庭审程序,我们研究的主要言语角色在庭审中要达到的言语功能具体有以下几点:

第一,在宣布开庭阶段,由审判长宣布审判人员、书记员名单,宣布案由,并核对当事人。其中宣布审判人员、书记员名单、核对当事人等是庭审程序的必需事项,而“宣布案由”就提出了主题,预示了之后话语展开的方向。因此这一阶段的言语功能一部分是程序功能,另外还有确立话语主题的功能。

第二,在庭审调查阶段,应全面审查认定案件事实。具体言语行为序列的功能在此表现为双方当事人对每一份证据进行举证与质证。

第三,法庭辩论阶段,对庭审调查中已经认定的案件事实应该适用哪些法律条文进行辩论,整个辩论以法律为准绳,以证明被告行为是否构成违法犯罪或原告的权益应当予以保护等。这个阶段的法庭言语也由几个言语序列组成,每个言语序列的功能都是对其中一个辩论焦点进行论辩,发表自己的观点。

第四,最后陈述/意见阶段,因为法庭审判最终要达到的目标是“依法作出裁判或调解”,所以,最后陈述/意见是法官在庭审后应予确认的双方的最后意见。这个阶段的言语行为序列功能是当事人就案件发表最后意见,如被告方是否还坚持认为自己无罪或罪轻、双方是否接受调解等。

第五,宣告判决。判决是法庭言语活动的结果,也是法庭言语的总目的。宣判的言语行为序列有法律适用情况说明、判决结果及是否提出上诉等。

审判的言语总功能是由法庭审判必不可少的五个程序阶段的言语行为序列功能实现的，它们是开庭功能、举证功能、辩论功能、最后确认及宣判功能；同时，控辩双方以激烈的矛盾冲突开始，到最后接受法官作出的裁判，使矛盾得以化解，因此可以说审判还有调解功能。每一个阶段实现的言语行为功能又是由多个低一层次的言语行为序列构成的，如举证功能是由对证据 1～n 的举证序列功能实现的；法庭审判中的每一个言语行为都有其不同的功能。

3.1.2 法庭言语的言语行为功能

如前所述，审判的目的是全面审查认定案件事实、适用法律、作出判决。法庭审判的过程是在法官的主持下进行的，因此法官的言语行为功能主要是指令性的。另外，他们在庭审进入每一个阶段时的宣告及最后的宣判则具有表述行为(performative act)功能。

在庭审的每一个阶段，法官都会宣告并按照庭审程序对其他各言语角色发出指令。在举证阶段，为了查明案件事实，法官、公诉人及原被告双方都会向某一当事人或证人提问，以获取信息或者让对方确认他们在法庭上所举的证据是否属实。因此，他们的言语行为功能主要是获取信息或确认事实。而被提问的当事人或证人则必须对所提问题的相关内容进行陈述。法官和公诉人在指定下一说话人时，往往用“原告”、“被告”、“被告人某某某”等进行指称。如果一方当事人或证人在回答问题时不合作，法官或公诉人会对他们进行劝诫。控辩双方在论辩过程中会使用各种论辩策略达到说服法官或使对方的回答有利于自己等目的，这时，对方往往会请求法庭予以阻止。综合以上分析，法庭言语活动中的言语行为功能主要有：① 指令功能；② 表述行为功能；③ 获取信息功能；④ 确认功能；⑤ 陈述事实/意见功能；⑥ 请求功能；⑦ 劝诫功能；⑧ 指称功能。

以下通过实例来说明上述各言语行为功能：

审 1：本庭现对起诉书中两被告人的起诉分别进行调查(——表述行为功能)，传被告人康某到庭(——指令功能)。被告人康某可以坐下来回答问题(——指令功能)。

审2:下面公诉人可以向被告人康某进行询问(——指令功能)。

公:被告人康某(——指称功能)。

被:嗯(——回应功能)。

公:今天开庭,希望你实事求是地(1's)回答问题(——劝诫功能),你知道不知道尹某某贩△摇头丸贩卖的事情啊(——获取信息功能)?

被:不大清楚(——陈述意见功能)。

公:不大清楚(——确认功能)?那么你有没有帮他贩(1's)卖过呢(——获取信息功能)?

法庭言语活动中最主要的言语行为功能是指令功能、表述行为功能、陈述事实/意见功能、获取信息功能、确认功能等。

3.2 法庭言语方式

法庭言语属严肃性基调,具有客观地陈述事实、不表明主观评价和意向、话语正规等特点,结合法庭言语活动的功能看,主要的法庭言语方式有问答、陈述、说明、辩论、宣告等。

3.2.1 问答

根据笔者分别对七个刑事案件和七个民事案件审理的庭审话语语料进行的统计,在刑事案件的审判中,使用问答形式的回合占总回合的70.04%,因为公诉人主要是通过与被告人"明知故问"的问答形式来达到询问的目的,辩护人也是通过与被告人的问答形式来向法庭显示被告人一方的理由或相关案件事实是怎样的;在民事案件中问答形式的回合占总数的51.14%(通过对民事案件审理的庭审话语语料进行分析,可以得出这样的结论:如果双方当事人不熟悉庭审程序,法庭问答形式的比例最高的达到68.89%,整个过程由法官提问,双方当事人回答;如果原被告双方当事人熟悉庭审程序或者由其代理人代理进行诉讼,法庭问答形式的比例就相对较低,在25%左右)。可以说,问答是法庭言语最主要的方式。

1. 提问方式

Conley & O'Barr(1998)[①]认为,通过控制提问方式,律师可以将交叉询问的对话形式转化为为他服务的"独白"形式(by controlling the question form, the lawyer is thus able to transform the cross-examination from dialog into self-serving monolog)。因此律师或公诉人可以通过提问中隐藏的预设,将某些内容让证人确认后转化成证据,律师可以通过设计提问的方式限制证人的回答范围。

在法庭调查阶段的举证过程中,法官、公诉人或律师通常使用特殊问句、一般问句等获取信息,使用选择问句、反意问句、陈述问句等确认事实,如:

辩1:王某和李某的费用是谁支付的?

被:那~当时我不知道,我是没给一分钱。

辩:你是否插手过某某公司的日常经营管理?

被:从来没有。公司的人可以证明,公司的员工认识我的很少很少。

因为法庭言语活动中的互动是交叉互动,原被告之间的言语交往的最终受话人是法官,因此原被告都会使用反问或设问来引起法官的注意和思考。

反问是用疑问的形式表达确定的意思,以加强语气。反问用不着回答,答案已经包含在问语中,常用来表示强烈的感情,引起别人的深思。[②]

被1代:我们确实打过多次110,为什么打110呢?就是因为原告的多次(1's)无端地(1's)到某某公司去吵闹,到~王某某父母处(1's)去吵闹,还扬言(1's)要杀掉她们全家。你说当事人能不害怕吗?能不打电话吗?能不报警吗?

---

① See Conley, John M., William M. O'Barr, and E. Allan Lind, The Power of Language: Presentational Style in the Courtroom, *Duke Law Journal*, 1978, Vol. 1978, No. 6, pp. 1375—1399.

② 参见王德春等编:《修辞学词典》,浙江教育出版社1987年版。

设问指先提出问题,然后自己回答,或问而不答。通过设问,能引人注意、启发思考。①

原代2:刚才两位代理人已经说了,王某某具有股东的资格,是她妈妈给她十万块钱,之后她又问她爸爸借的钱,那现在我问我借的钱怎么说?(手挥)7月24号取款单,完全就能说明这个情况。

2. 问答形式

法庭问答中"一问一答"是主要问答形式,当然还有一些其他问答形式。

① 问—答

审1:现在我们处理他的遗产,一个是上海市某村(1's)某号(1's)201室,这套房屋价值是多少?

上诉人代1:这套房屋~没有评估。一审的时候,是法庭提出采用~竞价的方式,最后确定是34万。

② 问(法官)—陈述

审:还有什么?

被:我接货,无非就是接了柯桥一个地方回来的货,如果说垄断,这些货源从全国各地回来的多了,比如说像武汉啊、广州啊、常熟啊、深圳啊、潍坊啊,还有东北三省啊,这些地方都有货回来,我~只是说(1's)跟(1's)柯桥他们~是合同关系,接了他们的货,并不是我垄断了货运市场。

法庭上法官的这种形式的提问实际上相当于指令。

③ 问(法官)—问—答

审:其他辩护人有无发问?

辩2:你这个托运部(1's)是什么时候成立的?

被:大概是~95~96年。

---

① 参见王德春等编:《修辞学词典》,浙江教育出版社1987年版。

④ 问(法官)—答/问—答

审:辩护人有无询问?

辩:有的。某某托运部的股东都有谁?

被:股东～王某、我、马某某、郝某某。

从①到④可见,法官的提问有的是获取信息,有的是为了确认,有的则是指令。

⑤ 问—答—反馈

审:你是对它证明的内容有异议,对吗?

被3:是的。

审:好。

⑥ 问—答—问1—答1

公2:你们托运部那些刀、铁棍是谁买的?

被:这个我不知道。

公2:不知道?

被:确实。

⑤和⑥中的第三个说话轮次主要是确认功能。

⑦ 问—答—重问—重答

公3:潘某是否在那里开设了托运部?

被:不是托运部,他没有营业执照。▲

公3:是否在那儿从事托运业务?

被:没有托运业务。

一般而言,当被提问的一方不直接回答问题时,提问的一方会重复提问,以让对方直接回答,达到获取信息的目的。

⑧ 问—问—答—答

辩:你占多少股份?谁是大股东?

被:我占20%,大股东是～王某。

这种提问方式比较少见,人们称它为复合式问题,一般认为在法庭言语活动中,在一个说话轮次内提两个问题并不可取。

3. 问答目的

在法庭调查阶段,法庭言语活动的主要目的之一是确认事实,因此为了获取信息,法官、公诉人或律师会使用一些特殊问句形式、是否问句、一般问句等,表现为一问一答的问答形式比较多;在法庭调查阶段,法庭言语活动的另一个主要目的是确认事实,因此法官、公诉人或律师会使用陈述问句、是否问句、一般问句等提问形式。在刑事案件的审判中,公诉人还通过对被告人的提问达到询问的目的,因此有很多明知故问的现象,同时他们通常还对被告人的回答进行重述,以向法庭明确被告人的犯罪事实。

交叉询问中的多询问,是指控辩中的一方往往会设计一系列的问题对对方证人进行交叉询问,目的就是希望通过证人的证言出现前后矛盾,从而否定证言的可靠性或证人的可信度。

3.2.2 陈述

陈述不用疑问、祈使、感叹等语气,而是直接叙述或说明事理,表示直接判断,语气肯定,准确明白。[①] 在法庭审判过程中,当事人及其代理人或证人必须对案件事实进行直接陈述,不能有主观评价或发表与案件事实无关的意见,否则将被制止,如:

原代:应当说看到被告方提供的这份证据清单,我们非常地气愤,我们认为,▲

审:‖原告代理人,法庭提醒你直接陈述你方的质证意见。

原代:好的,那么我们(2's)用比较平和的语言来表述。我们认为……

一般而言,法庭言语中的陈述类型主要有:

1. 法庭调查阶段,原告对案件事实的陈述

审:现在开庭!下面进行法庭事实调查。首先由原告提出诉

---

① 参见王德春等编:《修辞学词典》,浙江教育出版社1987年版。

讼请求及事实与理由。

原代：诉讼请求：……

事实与理由：2004年5月13日原告上夜班，由于公司不供应夜宵，5月14日清晨2时许，原告在公司附近的餐厅用完夜宵后回公司，途经位于宜山路被告所属的某某路分店与原告的单位夹墙处，被身后赶上来的两名男子当做盗窃犯拦下，这两名男子后经民警证实为被告所属某某路分店的保安，其中一名赤膊穿短裤的保安，手持警棍，强令原告蹲下，然后两名保安动手将原告强行拖到被告所属某某路分店店内。原告不从，保安就用脚猛踢原告。原告被拖到店内以后，两名保安即锁上大门，又强令原告双手抱头，蹲在地上，接受询问。其他过路的同事见状，即进行交涉，未果。同事就打电话报警。幸亏民警及时赶到，制止了被告的不法行为。本案事实与行为已经使原告的人身受到侮辱，名誉受到侵害，并造成原告身体和精神上的伤害。为了维护原告的合法权益不受侵犯，根据中华人民共和国有关法律规定，向法院起诉。请查明事实，依法裁判。完了。

2. 在法庭辩论阶段，控辩双方或证人对证据陈述自己的质证意见

证2：中心于2004年6月24号接到某某市中级人民法院的委托，对袁某目前是否患有疾病、病情程度如何进行鉴定，下面是被告医疗行为与袁某损害结果之间是否有因果关系的鉴定结论：

鉴定结论一：云南省某医院在为袁某提供医疗服务过程中，没有尽到手术前的告知义务。

鉴定结论二：袁某患情绪障碍症与术后嗓音没能恢复心情不好有关。

3. 最后陈述/意见

审：法庭辩论终结。原告，请用一句话阐明你的最后意见。

原代：要求被告全部承担民事责任。

审:被告,请用一句话阐明你的最后意见。

被代:依法驳回原告的诉讼请求。

3.2.3 辩论

一个完整的辩论包括论题、论据、论证三方面。一般认为,辩论是双方对具有矛盾关系的两个命题的证明和反驳。因此每个辩论一定有一个主论题,整个言语活动要围绕它,对它的证明就是对论敌的主论题的反驳。但是,为了证明自己的主论题,有时必须对论据加以证明,这时论据就变成论题,成了相对于主论题的次论题。论敌可能对这个论题反驳,这样就产生了低一层次的辩论——关于次论题的辩论。

法庭辩论是双方当事人全面阐述自己主张的法律依据,并对对方的观点、理由进行反驳的过程,是庭审的重要环节。法庭辩论阶段的主要任务是组织当事人对法庭调查的事实、证据提出自己的看法,陈述自己的意见,便于人民法院查明事实、分清是非。

在辩论中,当事人应注意以下几点:

一是辩论的语言应简单明了并富有逻辑,不得有对对方进行侮辱、谩骂等人身攻击性的语言;二是辩论应紧紧围绕案件争议焦点,不可对一些旁枝末节纠缠不清而忽略主题;三是下一轮的发言不得重复上一轮发言的观点与内容;四是如欲打断对方的辩解而欲与其辩论,应经审判长许可。

法庭辩论必须遵循的原则有:一是坚持"以事实为根据,以法律为准绳"的原则。即使在法庭辩论阶段,仍要依照法律规定的程序发表各自的观点,并能够有效地保证法律规定的其他原则和制度得以贯彻落实。二是坚持保障当事人充分发表辩论意见的原则。当事人既可以对案件的实体问题进行辩论,也可以对程序问题进行辩论;既可以对证据的认定发表意见,也可以对争议的焦点进行辩论;既可以就认定的事实进行辩论,也可以就适用法律提出自己的意见。双方可以相互进行反驳和答辩,以维护各自的合法权益。三是坚持紧紧围绕诉讼请求进行辩论的原则。双方辩论要达到实质性的目的，就是要对诉讼请求是否成立展开辩论。

根据以上法庭辩论的相关规定、主要任务、辩论原则等可以看出，一方面，法庭辩论和一般辩论一样，正反双方的论题肯定是矛盾的，综合而言，就是对“有罪—无罪”或“罪重—罪轻”及“侵权—未侵权”等进行的辩驳；另一方面，法庭辩论又有其自身的独特性，一方一般只针对对方提出的相关案件事实或适用法律条文等论据进行辩论。因此，民事刑事案件审判中的法庭辩论模式体现为：

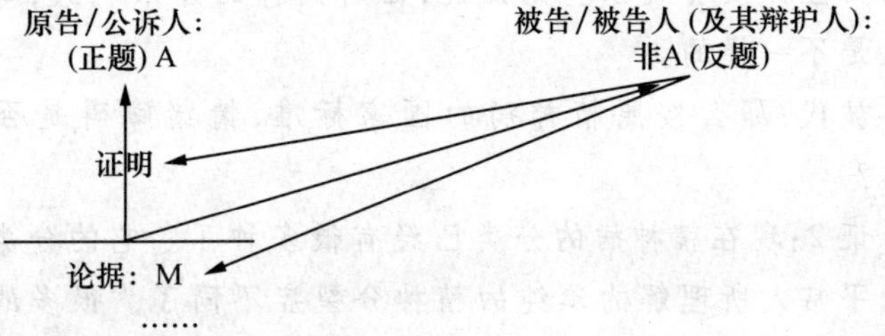

图　3-1

具体见下例：

原告方	被告方
根据《民法通则》第 101 条，被告在公众场合，在没有任何依据的情况下责令原告蹲下，之后采用暴力击打原告，并将原告拖进公司，又令原告双手抱头蹲在地上，这是一个非法拘禁和私设公堂的行为。	当天晚上，被告所属某某路分店遭窃这是事实，我们也是受害者，我们并非认定你就是小偷，而是认为要保护这个现场。你当时的行为是和我们前面发生这样一个事件的结果是有联系的。所以我们才采取这样的行为。
因为是受害者，所以就能侵犯人家的权利了吗？被告的行为客观上造成了原告身体和精神巨大的创伤，由于被告无端的怀疑，并且非法地采用暴力造成原告手臂部腿部的损伤，更重要的是造成原告的精神上的巨大创伤，请法庭在查明事实的基础上给予公正的判决，还原告一个清白。	你说是我们采取暴力也好、我们侵权也好，请提供证据。因为你现在提供的证据不能证明我对你有什么侵犯的行为。

3.2.4 说明

在法庭言语活动中,主要在两种情况下会使用说明性的言语方式。

1. 专家证人

证2:经过司法鉴定,原告患的是情绪障碍,她的情绪障碍在精神病学上是功能性的、分离性的。而分离性的精神疾病与未恢复心结有关系。嗯~所谓的心结,只有少数人会有。这主要跟自己的心理体质有关系。比如说,面对同样的外来刺激,每个人的反应是不一样的。

被代:那么按照精神病的国家标准,情绪障碍是否属于精神病?

证2:现在精神病的分类已经有很多种了。它的分类已经和我们平常人所理解的单纯的精神分裂症不同了。很多的心理障碍包括神经症等,都包括在精神病内,所以我们现在所认为的精神病的概念是很广的,甚至包括神经障碍。

上例中专家证人的回答都是说明性的,包括对原因的分析、鉴定结果以及相关情况等的说明。

2. 合议庭判决前的评议意见

审:原告袁某诉被告云南省某医院医疗事故损害赔偿纠纷一案继续开庭。

经合议庭评议、确认下列案件事实:云南省某医院在对袁某进行声带息肉摘除手术时,术前未向袁某告知少数可能出现的风险,以尊重袁某对手术知情与否的选择。故云南省某医院侵犯了袁某的患者知情权,其医疗行为存在过错,应当依法承担相应的民事责任。另外,关于云南省某医院的民事责任范围,袁某治疗的后果经云南省法庭科学技术鉴定研究所鉴定,与云南省某医院的手术无因果关系,而系慢性喉炎及声带关闭不全所致,本案没有致病的损害后果。因此袁某请求术后医治声音嘶哑发生的医药费2133.30元以及因其声音嘶哑而损失的118,810.00元不属于侵犯其知情权所导致的损失范围，故本院不予支持。综上所述，依据《中华人民共和国民法通则》第98条、第106条第2款之规定，判决如下：……

上例是合议庭判决前的评议意见，审判人员在评议意见中说明了案件事实的认定结果、相关法律的适用情况等，这是判决的基础。

3.2.5　宣告

当法庭审判进入新的阶段时，法官都予以宣告，这将在法庭话语语篇层级结构的"法庭话语语段"一章中论述。很显然，法庭宣判也是一种宣告形式，如：

审：……判决如下：

书记员：全体起立！

审：云南省某医院于判决生效之日起10日内赔偿原告袁某精神抚慰金50000元，驳回原告袁某的其他诉讼请求。案件受理费17185.97元、鉴定费3000元由袁某负责30%系6055.79元，云南省某医院承担70%系14130.18元。

第4章

法庭话语语篇结构分析

法庭言语的功能和言语方式分析是法庭言语研究的主要方面之一，对法庭话语语篇的结构形式进行分析研究，也是揭示法庭言语特征的重要方面。

话语分析自20世纪60年代形成以来，经过许多学者的不懈努力，相关的研究取得了令人瞩目的成就。Deborah Schifffrin（1994）[①]较为详细地介绍了六种话语分析的方法：① 言语行为理论（speech act theory）；② 互动社会语言学（interactional sociolinguistics）；③ 交际人种学（ethnography of communication）；④ 会话分析（conversation analysis）；⑤ 语用学（pragmatics）；⑥ 变异分析（variation analysis）。这些分析方法的研究者中有哲学家、语言学家、社会学家、人类学家和文化研究学者等。许家金（2004）[②]认为，"（他们）有的旨在揭示话语的本质及其运作规律，另一些则是通过话语分析阐释社会文化现象。这些不同的研究动因催生了众多的研究方法，但总起来说可以归结为重结构和重功能的两大类别"。其中结构性方法除了从"衔接、连贯"角度的研究、信息结构研究、叙事结构研究等之外，比较有影响的是美国社会学和伯明翰学派对会话的分析研究。

---

① See Schiffrin, Deborah, *Approaches to Discourse*, Oxford UK & Cambridge US: Blackwell, 1994.

② 参见许家金：《从结构和功能看话语分析研究诸方法》，载《解放军外国语学院学报》2004年第2期。

美国以 Sacks、Schegloff 和 Jefferson 为代表的社会学派提出的话轮转换(turn-taking)理论和毗邻对(adjacency pair)理论认为,会话结构单位包括话轮、毗邻对和序列(sequence)。话轮指的是说话人在下一个说话人开始说话之前所说的所有内容。毗邻对由两个话轮组成,如"邀请—接受"、"提问—回答"、"告别—告别"等。一个以上的毗邻对组成"序列"。

伯明翰话语分析学派的 Sinclair 和 Coulthard 等人在研究课堂话语的基础上提出了课(lesson)、课段(transaction)、回合(exchange)、话步(move)、话目(act)五个层次的话语结构模式。其中最高级次为"课",它由若干"课段"组成。"课段"为第二级,第三、四、五级分别是"回合"、"话步"和"话目"。"回合"由"话步"组成,由"引发(initiation)"、"反应(response)"和"追加(follow-up)"三个话步实现。"回合"有"边界回合"和"授课回合"之分,前者标志"课段"的开始和结束,具有组织功能;后者具有教学功能。一般认为,一个完整的回合由两个轮次组成。值得一提的是,在伯明翰学派的方法中,话目是从功能角度定义的,它包括"告知"、"请求"、"陈述"等二十多种。

综观以上两种话语的结构分析法,一方面考虑到法庭话语和课堂话语一样都是属于比较典型的制度性话语,它们在结构上有很多相似之处,因此我们借鉴了伯明翰话语分析学派的"课"、"课段"、"回合"、"话步"几个层次,因为"话目"是从功能角度定义的,我们不作考虑;另一方面,笔者也考虑美国社会学派对话语的结构层次的划分。结合法庭言语的程序结构特征和以上两种分析方法,笔者把法庭话语分成法庭话语语篇、法庭话语语段、回合组、回合和话步五个层级。笔者认为话轮相当于话步,而回合相当于毗邻对。但是在具体的研究过程中,笔者还会根据需要使用"话轮"这个术语。值得一提的是,法庭言语最典型的是一问一答或者指令—陈述等两个话步组成一个回合的形式,但是法庭话语中还有由三个话步甚至四个话步组成一个回合的情况。这样,根据法庭言语活动的程序规则,法庭话语语篇可以分成宣布开庭语段、法庭调查语段、法庭辩论语段、最后陈述语段和宣告判决语段五个语段。每个语段都由一个以上的回合组组成;每个回合组包括一个以上的回合；每个回合都由几个话轮组成。整个法庭话语语篇的层级结构具体如下表所示：

表 4-1　法庭话语语篇层次结构

级　次	法庭话语语篇结构
一	法庭话语语篇
二	法庭话语语段
三	回合组
四	回合
五	话步

需说明的是，美国社会学派或者伯明翰学派的结构分析都是针对会话分析的，而法庭言语主要表现为会话形式，除此之外，法庭言语中也有一定的篇章形式，如民事案件中的事实陈述、刑事案件中的辩护人结案陈词、民事刑事案件中的判决等。这些篇章是一个话轮中的一部分，因此本书将其视作会话内容的一部分。

4.1　法庭话语语篇

法庭审判过程中为了实现审判功能而产生的所有话语构成一个完整的语篇。从法庭审判的程序看，法庭审判由五个阶段组成，相互之间界线分明。这五个阶段分别具有不同的功能，因此我们把法庭话语语篇分成宣布开庭语段、法庭调查语段、法庭辩论语段、最后陈述/意见语段、宣告判决语段五个语段。

4.2　法庭话语语段

语篇的总主题通常由多个次主题构成。结合法庭审判的程序规则和法庭话语的主题层级结构，可以把法庭话语语篇分成五个语段，每个语段又是由回合组构成的，如图 4-1 所示：

语段 1 宣布开庭	语段 2 法庭调查	语段 3 法庭辩论	语段 4 最后陈述	语段 5 宣告判决
1. 程序回合组 2. 确立总主题	1. 原告陈述案件事实、理由、诉讼请求，被告陈述答辩意见 2. 次主题 2：原告证据 1 被告对原告证据 1 的质证意见 3. 次主题 3：原告证据 2 被告对原告证据 2 的质证意见 4. 次主题 4：被告证据 1 原告对被告证据 1 的质证意见 5. 次主题 5：被告证据 2 原告发表对被告证据 1 的质证意见 ……	次主题 1. 辩论焦点 1 次主题 2. 辩论焦点 2 次主题 3. 辩论焦点 3 ……	1. 原告最后意见 2. 被告最后意见	1. 法官陈述案件事实 2. 法官进行宣判 3. 程序回合组

图　4-1

在法官宣布开庭时，法官宣布案由就确立了法庭话语的总主题，如：

> 审：现在开庭！今天上午，依法公开审理原告沙某某诉某某公司“解除劳动补偿金”一案。

在法庭调查和法庭辩论两个阶段的每一个次主题都相对独立，相互之间不一定有直接联系，但它们都与总主题有关联。只是在法庭调查阶段的所有次主题主要是针对案件事实，而在法庭辩论阶段的所有次主题都是有关案件事实与法律的适用的。可见，由于庭审的不同阶段的功能不一样，法庭话语的不同语段的次主题与总主题对应的情况也不一样。

进入每个阶段时审判长或独任审判员都进行宣告，尤其是开庭审理、休庭（合议庭进行评议）和宣判的时候，审判长或独任审判员还在宣告的同时敲法锤。

> 书记员：请审判长、人民陪审员到庭入座。全体起立！
>
> 审：根据《中华人民共和国民事诉讼法》第 18 条、第 120 条，

大通土族回族自治县人民法院塔尔湾人民法庭依法在塔尔镇某某村公开审理原告张某某、被告张某(原被告系父子关系)(1's)赡养纠纷一案。这是第一审普通程序。(敲法锤)现在开庭!

……

审:现在开始法庭调查。首先由~原告张某某陈述诉讼请求、事实及理由。

……

审:法庭调查到此结束,下面进行法庭辩论。

……

审:法庭辩论结束。现在由原告张某某做最后陈述。

……

本案庭审到此结束,现在宣布休庭。(敲法锤)

审:原告张某某诉被告人张某赡养纠纷一案现在复庭。

……

判决如下:(全体起立)

……

现在闭庭!(敲法锤)

五个阶段间的界线分明。

4.3 回 合 组

回合组由一个以上的回合组成。一般而言,每个回合组之间都会有"边界"标记,这些"边界"标记有回合组前标记,如审判人员根据程序规则对诉讼当事人或证人发出的指令,或者陈述人转入另一次主题的说明;还有回合组结束标记,如审判人员的总结或相关话语标记、陈述人或问话人的说明等。请看以下例子:

审:① 下面由诉讼原告王某针对你方的诉讼请求提交相关事实证据。

原代:她爱人已经在庭外等(1's)等候了。庭前我们已经报告书记员了。

审:证人陈某某,根据法律的规定,证人在法庭上的陈述、作证,必须如实,不得捏造、虚构。如有虚构,将追究法律责任,包括刑事责任。原告△证人是否听清楚?

证:听清楚。

原代:证人陈某某,问你的问题希望你如实向法庭做陈述!

第一个问题是~2003年(2's)3月(1's)4日(1's)上午(1's)你在什么地方?

证:……

原代:审判长,我的问题问完了。

审:② 好,被告方,对刚才证人陈述有无异议?

被代:有,因为原告进来的时候就是声音嘶哑的,少数人做了手术后的确声音仍然嘶哑,这没办法恢复。请问原告,是否向医院里的主任或者主管医生询问过嗓音恢复不了的原因吗?

证:……

审:好,证人可以退庭。

③ 原告,你方所提供的证据材料中,有一份是录音带是吧?

原代:对,录音带。

[录音带播放后]

原代:嗯,说明一下,这录音就是袁某手术前后声音的对比。

审2:被告,对于原告刚才申请法庭播放的录音,你方有什么质证意见?

被代:有……

审:原告举证和质证就到这里。下面由被告举证。

上例中有三个回合组,通过"边界"标记我们可以看出,第一个回合组是原告代理人对己方证人的询问,通过询问构建原告方事件版本的事实经过;第二个回合组是被告代理人对原告证人的交叉询问,被告代理人试图通过交叉询问来显示原告事件版本与被告事件版本不一致的地方;第三个回合组是原被告双方对原告证据录音带的质证意见。每个回合组的前后"边界"标记明显。

4.4 回　合

就由两个话轮组成的回合而言，它们相当于美国社会学派提出的毗邻对概念。毗邻对由两个话轮组成，如“邀请—接受”、“提问—回答”、“告别—告别”等。根据何兆熊(2000)①的研究，毗邻对具有以下这些特征：(1) 一个毗邻对包括两次讲话的内容；(2) 这两次讲话是由两个说话人前后相继所说的；(3) 这两次说话有一定的先后次序，分别属于毗邻对的第一部分和毗邻对的第二部分；(4) 这两个部分是相互关联的，并不是任何一种类型的第二部分都可以用于任何一种类型的第一部分之后的，某一种第一部分要求某一种合适的第二部分；(5) 一个毗邻对的第一部分常常会选定下一个说话人，或总是规定了下一个行为，也就是说毗邻对的第一部分预示了第二部分的出现。

由于句法形式和句子的交际功能之间的差异，毗邻对的第一部分和第二部分之间的相互关联并不体现在句法形式上，而体现在两部分的话语所施行的言语行为上。因此同一个第一部分具有不止一种可能的第二部分。但这些可能的第二部分不都具有同等的地位。其中，有一种第二部分是说话人所希望得到的反应，这种反应被称为“期待的第二部分”(preferred second part)，其他的各种反应则不是说话人所希望得到的反应，可以称它们为“不期待的第二部分”(dispreferred second part)。对于毗邻对的两个组成部分之间的关系，Schegloff 使用了“制约关系”(conditional relavance)这个概念进行解释。一个毗邻对的第一部分的产生必然会形成某种期待需要得到满足，满足这种期待可以通过不同的反应，但如果这种反应不出现，就会形成一种空缺。当会话的一方提出一个问题之后，他固然期待得到回答，但并非只有“提问—回答”才算构成一个完美的毗邻对；和“提问”这个第一部分形成“制约关联”的不仅有“回答”这样的第二部分，其他类型的第二部分如“拒绝”、“抗议”等虽然不是提问者所期待得到的反应，但仍然

① 参见何兆熊：《新编语言学概要》，上海外语教育出版社 2000 年版。

和“提问”构成一个完美的毗邻对。即一个毗邻对的第二部分是否是第一个说话人所期待的反应,并不影响毗邻对构成的完美性。“期待的”和“不期待的”是一种心理上的考虑。但会话的一方讲出了一个毗邻对的第一部分时,便产生了某种期待,与另一方的反应可以有这样两种情况:(1) 如果另一方的反应满足了这种期待,那么第一方在心理上得到满足,这两个部分构成了一个完美的毗邻对;(2) 如果第二方的反应是一个“不期待的第二部分”,那么第一方在心理上没有得到满足,但从会话结构上看,这两个部分仍然构成一个完美的毗邻对。

与美国社会学派的毗邻对相比,本书的回合可以由两个或三个说话轮次组成。如一问一答可以构成一个回合,“引发—反应—追加”也属于一个回合。

就法庭言语活动中的问答而言,律师对己方证人的提问和辩护人对被告人的提问中,出于亲和关系与利益关系(如辩护人通常通过与被告人的问答来构建有利于被告人的事件版本),第二方的反应通常都是一个“期待的第二部分”,如上面的第一种情况;律师对对方证人的提问及公诉人对被告人的提问中,第二方迫于庭审程序规则的制约又必须作出回答,在被问到关键信息或事实情况时,第二方的反应为“不期待的”现象较多,这时出现第二种情况。

除了由两个话步/话轮构成的回合之外,还有两种特殊的结构形式,它们通常由三或四个话轮组成,但在形式上比较固定:

1. 第三话轮结构

Sinclair 和 Coulthard(1975)①认为回合由话步组成,由引发(initiation)、反应(response)和追加(follow-up)三个话步实现。Tsui 认为追加的第三个轮次起到评估和对受话人反应作进一步回应的作用。② 第三话轮(third-turn)是指“引发—反应—追加”中的第三轮次,它是制度性话语的一个普遍特征,通常表示提问者对对方的回答的认可或评

① See Sinclair, J. McH & R. M. Coulthard, *Towards an Analysis of Discourse: The English Used by Teachers and Pupils*, Oxford: Oxford University Press, 1975.

② 参见许家金:《从结构和功能看话语分析研究诸方法》,载《解放军外国语学院学报》2004 年第 2 期。

价。如在课堂教学活动中,被教师用来评价学生的回答。但是在法庭言语中,第三话轮的作用有所不同。

首先,在法庭言语活动中,当一方与另一方进行质证时,举证的一方总是试图让对方承认一些相关的事实,以限制对方证言的范围。而每一项事实只有在对方给出确切答案后才能被证实,举证的一方很清楚这一目标,因此当他的提问得到非常确切的回答后他便用"好"、"嗯"等来回应。例如:

辩:那公安机关向你所做的笔录(1's)你是不是清楚啊?

被:那时候我心情很不好,我也不知道说了什么。

辩:好。你当时也是这样跟公安机关讲的吗?

审:你现在不能说明这个问题?

被2:对。

审:嗯。那么当时挖鱼塘的时候,有没有什么案卷?

以上两个例子就是在质证过程中提问的一方在得到对方的确切回答后,运用第三话轮来确定提问中的相关事实,然后马上紧接着向对方发起就一系列有待对方证实的相关内容的下一个问话。发问者可以将第三轮次用作对审判人员的一个信号,表明对方回答的内容对案件评议的意义。

其次,法庭言语活动中的第三轮次也被用来表示一个言语活动已根据程序规则告一段落,例如:

辩:如实交代了吗?

被:‖我现在讲的跟公安局讲的一样。

辩:好。审判长,我的发问结束。

2. 重述(reformulation)结构

重述是一种总结形式,它可以是重复前一话轮的内容,也可能是对所说的内容做的一个"要点"(gist)或"概要"(upshot),采用陈述句形式,但是用上升的语调。[1] 后一种重述可以使话语在语句的层面上更加紧凑,用词也更具法律语言的特点。

有时候重述前带有诸如“就是说”、“你的意思是”、“你认为”、“换句话说”等话语标记。[2] 在刑事案件审理中话语回合结构占总量的13%;民事案件审理中相对要少但结构稍为复杂,因为在民事案件审理中的重述结构一般是法官对当事人或代理人的一种话语转换;重述的典型结构是由四个话轮组成,第三话轮通常是对第二话轮的重复,因此是一种重述形式,但是通常使用上升语调,如:

审:你认为数额应该是多少?

被:14~万元左右。

审:<u>14 万元左右?</u>

被:对。

重述的功能主要是确认某一案件事实,所以在重述时常常会被前一方同时确认而中断,使得重述在结构上显得更为复杂,如:

原代:(第三份证据是公安笔录)警察了解情况以后问“你是不是认为是误会?”答:被抓住的两个不是小偷,我们误会了。

被代:我认为在这份笔录里黄某某(警察)只是比较完整地阐述了事件的过程,而不能够证明对原告有什么侵犯的行为。

审:① <u>这份证据你认为是客观的?</u>

被代:‖ 对。

审:<u>不能证明对原告有侵犯行为?</u>

被代:‖ 对。没有侵犯。

审:嗯,可以,继续。

被代:另外,笔录的第一面是原件复印件,第二页第三页都是原告的手写的。

原代:警署里的复印机复印了一页以后就坏了,那么询问笔

---

① See Gibbons, John, *Forensic Linguistics: An Introduction to Language in the Justice System*, Oxford: Blackwell Publishing, 2003.

② Ibid.

录只能……

审:‖嗯?

原代:只能由公安机关派出所盖章。

审:‖嗯。

被代:确认了。

审:② 当时因为复印机复了一页之后坏了,所以只能手抄,后来呢?

原代:‖对。

审:由公安部门书面确认的?

原代:‖对对对,上面盖了章的。

上例中审判员的第①部分重述是对被告代理人所说内容的概括,第②部分是对原告代理人所陈述的内容的要点总结,这种重述使话语在语句的层面上更加紧凑,用词也更具法律语言的特点,如"证据是客观的"、"公安部门书面确认"等。

3. 复合结构

庭审过程中的确认不仅是为了证实案件事实,在刑事案件审理中确认还有审判的功能,即通过确认让被告人自己承认犯罪事实。

通过以上第三轮次结构和重述结构的分析可以看出,它们都具有确认的功能,出现由以上两种形式相结合的复合结构形式就不奇怪了,如:

审:当时挖鱼塘的时候,有没有经过规划部门许可?

被2:我认为这只是一个政府行为。

审:就是你现在不能说明这个问题?

被2:对。

审:嗯。那么当时挖鱼塘的时候,有没有什么案卷?

4.5 话　步

上文已经提到,笔者认为话步相当于话轮。因为考虑到法庭言语的动态性,笔者在言语研究中多用“话轮”。参加会话的人在参加整个会话过程中轮流说话是会话的一个特点。说话人在下一个说话人开始说话之前所说的所有内容就是话轮。[①] 20 世纪六七十年代,美国社会学家 Schegloff 等人通过对自然会话的结构进行观察和分析,指出会话中最基本的一条规律是每次至少有一方,但又不多于一方在说话。虽然在日常生活的会话中短暂的重叠或冷场时有发生,但一旦这样的情况出现,参加会话的各方都会按照这条基本规则设法调整和修补。

在一般的日常会话中,正在说话的人对下一个话轮有三种不同程度的控制:[②]

① 一个正在说话的人可以通过提名来选定下一个说话人,在选定下一个说话人的同时,他往往也同时指定了下一个说话人的话语内容;

② 说话人可以限制下面一位说话人的话语内容;

③ 说话人既不指定下一个说话人,也不指定下一步的会话活动,而是完全由参加会话的其他人自选,并决定说什么。

在法庭言语中,权势的极其不对等导致了话语权的不对等。一般而言,权势越大,话语权也就越大。在法庭上,法官的权势最大,因此他有权决定下一个说话的人,法庭言语活动中其他所有的言语角色的话轮都是法官给的,而且还指定下一个说话人的话语内容,如:

> 审:现在结束法庭调查。进入法庭辩论。
>
> 首先由自诉人针对辩论焦点发表辩论意见。

同时法官还可以在其他话语角色说话时随时插话或打断。刑事

---

① 参见许家金:《从结构和功能看话语分析研究诸方法》,载《解放军外国语学院学报》2004 年第 2 期。

② 参见何兆熊:《新编语言学概要》,上海外语教育出版社 2000 年版。

案件审判中的公诉人、原被告及其代理人的话语权次之，他们可以互相提问、辩论，对证人进行质证和交叉质证，但他们一般不向法官提问，只向法官提出请求。话语权最小的是证人，他们的说话轮次是法官或当事人及代理人给的，连他们所说的内容也是被限定的，因为证人在庭审中只回答问题。专家证人除了回答问题之外，还对需要证实的相关鉴定结果进行陈述。

值得注意的是，庭审中话语权较大的一方在指定下一个说话人以及指定下一个说话人的话语内容时，并不是随意的，而是受庭审程序规则制约的，并且是服务于法庭言语以言行事这一功能的。因此在不同的阶段话轮的分配也不一样，如在法庭调查阶段公诉人讯问被告人时，辩护人没有话轮；辩护人对被告人发问时，公诉人没有话轮。但是在辩论阶段，是公诉人和辩护人进行辩论，被告人没有话轮。在法庭调查阶段，指定下一个说话人将要说的是有关案件事实的内容，而在法庭辩论阶段，指定下一个说话人将要说的是案件事实与法律适用方面的内容，因此所说的内容必须与主题具有相关性。

在一般的日常会话中，如果不存在角色之间权势不对等的情况，说话人自选的情况就十分普遍，这又产生了另一个问题：自选的人怎么知道正在说话的人话已经讲完，他自己可以开始说话了呢？能辨认这一点是很重要的，否则在会话过程中就会出现大量的抢话的重叠现象。而事实上，日常会话中不存在绝对的话语结束之处，自选的说话人所寻找的只是话语的可能结束之处。根据一般是句法标志，或者在很大程度上从语义上判断对方的话是否到了可以告一段落的时候。①

在法庭言语活动中，整个过程是按照程序规则进行的，如有抢话的现象会被法庭制止，而且在庭审之前也都交换过证据，因此控辩双方都知道法庭上大概都该说哪些内容；原被告之间的会话是“被迫的”合作关系，对提问必须作出回答，因此如果停顿时间较长就会被看作话轮的结束；还有庭审的效率问题，为了使庭审能够顺利进行，法律职业人员会直接说明话轮的结束，诉讼当事人也会有意无意地加以话轮

---

① 参见何兆熊：《新编语言学概要》，上海外语教育出版社2000年版。

的结束标志，如：

公 3：好了，暂时发问完毕。

审：马某某，下面你～陈述一下起诉书指控你的(1's)故意伤害罪。

被：1993 年 9 月 3 号晚上，我和曲某某、吴某某在群众艺术宫附近地摊吃饭，李某跟杜某某过来，指着我就骂还动手打我，当时我被打倒在地，便从地下拿起来一个铁棍，敲了杜某某一下，把杜某某打趴在那儿了。事情经过就是这样。

这几方面的因素保证了法庭言语活动的有序进行。当然，法庭言语活动中也有一些插话、打断、同时说话的现象，但总量不大，而且一般都是在庭审程序允许的范围之内，被有权势的一方当做话语策略来利用的。

第5章

法庭言语的语境因素及言语特征

语境即使用语言的环境。在语言交际过程中,为了达到特定的交际目的,就要善于联系特定的环境使用语言表达思想,并善于从特定的言语环境中理解别人说的话。言语环境是由多种因素构成的,其中除一定的上下文和社会文化因素外,主要的因素还有使用语言的时间、地点、场合、对象、话题,使用语言的人和使用语言时所表现的思想等。这些因素影响语言的使用,并形成使用语言的特点。①

由于社会交际的需要,人们往往会在大体相同的一些语境中完成某一类特定的交际任务。人们在特定的言语环境中使用语言进行交际,语言是社会交际、社会斗争和传递社会信息的工具。但是语言的交际功能只有在特定的言语环境中才能实现。② 话语的产生和理解也离不开语境的作用。Van Dijk 认为言语是一种交际双方的“互动”。所谓互动,就是说某个人说话不仅是说出具有一定意义的句子,而更是要给对方造成一定的影响,确切地说,就是要通过语言的使用使交际双方产生相互作用。因此法庭诉讼不仅是说出一系列意义连贯的句子,更是实施一种真正的具体的诉讼行为。而这种行为只有通过适当的人在适当的时间和适当的场合才能得到实施。③

法庭话语属于制度性话语(institutional discourse),因此具有许多

① 参见王德春、陈晨:《现代修辞学》,上海外语教育出版社 2002 年版。

② 参见王德春:《语言学通论》,江苏教育出版社 1990 年版。

③ 参见朱永生:《语境动态研究》,北京大学出版社 2005 年版。

制度性话语的特征。制度性话语通常都是任务相关的(task-related)、并且涉及至少一位代表某一正规组织的人员。这些言语的任务(包括法庭上对证人的质证等)主要是通过专业人员和非专业人员之间的话语交换(exchange of talk)完成的。[①] 结合法庭言语活动的情况,主要的语境因素有物理场景、审判场合、角色、话题和时间等。在法庭特殊语境因素的影响下,语言的使用形成了一定的特征。

对语境因素大体相同的一些语境进行概括归类,结合与语境相应的语言手段和反映客体的特定方法,就可以得出话语的语体特征。法庭话语有其语体的独特性,本章试图在分析法庭言语语境因素的基础上,总结法庭言语的特征。

5.1　法庭言语的语境分析

5.1.1　法庭言语的社会文化语境因素

人们都是在一定的文化氛围中生活的。任何一个正常的人,其一言一行都会反映他所赖以成长的文化背景,包括他的思维习惯、行为习惯、通常要交流的意义、通常要说的话、有哪些禁忌、有哪些人们喜欢的行为等。人类学家马林诺夫斯基(Malinowsky)把这种文化背景称为"文化语境"。一个人所赖以成长的文化语境会直接影响他要说的话和他对对方所讲的话的理解和解释。[②]

首先,就法庭话语语篇本身而言,不同国家因为其社会文化的不同,实行的审判制度不同,法庭话语语篇的构成也各具特征。比如就开庭审理而言,在美国,刑事审判程序分为陪审团审裁、法官审判、辩诉交易三种形式。在法国,刑事审判有重罪审判程序、轻罪审判程序和违警罪审判程序。在我国,对依法可能判处三年以下有期徒刑、拘役、管制、单处罚金的公诉案件,事实清楚、证据充分、人民检察院建议

---

① See Drew, Paul & John Heritage, *Talk at Work: Interaction in Institutional Settings*, Cambridge: Cambridge University Press, 1992.

② 参见张德禄、刘汝山:《语篇连贯与衔接理论的发展及应用》,上海外语教育出版社2003年版。

或同意适用简易程序的，告诉才处理的案件，被害人起诉的有证据证明的轻微刑事案件等一审案件可适用简易程序并由审判员一人独任审判；其余案件则由审判员和人民陪审员依法组成合议庭适用普通程序审理。不同的审判方式产生不同结构的法庭话语语篇。

就法庭调查而言，英国、美国的法庭调查是在法庭主持下控辩双方的交叉询问。因为实行了“直接言词的审判原则”，证人证言是证据中应用最为普通的一种。绝大多数证人是由当事人提名和提问的，证人一般通过本方与对方当事人的询问以证明或反证案件事实。询问证人的程序为：首先询问起诉方证人，其次询问被告方证人；各方证人先由本方当事人主询问，后由对方当事人反询问，这种交叉询问一般可以进行两轮。法国、德国的法庭调查则是由庭长或首席法官依职权讯问被告人、询问证人和鉴定人、出示物证、宣读书证等。我国《刑事诉讼法》规定法庭调查由审判长主持；公诉人宣读起诉书后，被告人、被害人陈述和讯问被告人；出示、核实各证据，包括询问证人，鉴定人出示物证、宣读和核实证言笔录、鉴定结论、勘验笔录和其他可作为证据的文书。引入交叉询问规则，控、辩双方可就各项证据质证、辩论。

在法庭辩论阶段，各国均规定控辩双方可对案件的证据和事实、法律适用等问题提出观点、发表意见，进行论证和相互辩驳，一般由起诉方首先发言，辩护方反驳，如此反复辩论几轮。不同的是英国和美国由起诉方作最后陈述，而法国、德国和我国则是被告方享有最后陈述的权利。[①]

其次，在法庭言语活动过程中，控辩双方有时在法庭上不得不考虑社会文化因素，如：

> 被代：方才听到原告在法庭上声泪俱下的陈述，我深感同情。但是我今天在这里是一名律师，更多的要从法律的角度分析本案的案情、基本事实和法律适用。如果在以下发言中，原告认为对自己是一份伤害或者不尊重的话，我希望你能理解。

---

① 参见黄妙辉：《我国与西方国家刑事审判程序的比较》，载中国法律网。

好，现在我发表我的代理意见。原告屈某某不应成为本案的原告。就精神损害赔偿的请求权，按照最高法院的司法解释，除了有一个特殊的情况外，因为原告忌讳，我不讲了。其他的都应由受害人本人行使这个权利。这个诉权是有限制性的，并不是任意行使的。

被告方说的"特殊情况"是指民事侵权发生时当事人死亡，所以我在方才法庭调查中的答辩或者其他意见，均与屈某某无关。我发表的意见是针对～原告之二张某某。我请求法庭驳回屈某某的起诉。

在该例中，被告的车撞翻了原告（屈某某和怀孕七个月的妻子张某某）的车，当时被撞翻的车由丈夫屈某某驾驶。车祸使已经怀孕七个月的张某某体内胎盘早剥，并出现了出血症状，最后只好接受剖腹产手术。因为新生儿出生后呼吸困难，最终确诊为吸入性肺炎、低钙血症、高胆红素血症。屈某某和张某某夫妇作为共同原告把肇事司机的单位告到了法院，要求赔偿财产损失和精神损失。在庭审过程中，当被告代理人表示没有对屈某某造成直接损伤而不具有诉讼主体资格时，张某某声泪俱下。被告代理人认为只有当"民事侵权发生时当事人（女婴）死亡"时，屈某某才具有诉讼主体资格，但考虑到当时原告的情绪及对"死亡"字眼的忌讳，他就用"一个特殊的情况"来代替，尽管这违反了法律语言的精确性原则。

5.1.2　法庭言语制度性特征的语境因素

法庭言语的主要语境因素是法庭这一特殊的场景；言语参与者（包括代表国家行使审判权的审判员、代表国家追究犯罪的公诉人、诉讼当事人、代理律师、证人等）；话题（即谈话所涉及的对象）；时间（法庭审判是在一个特定的时间内进行的）等。法庭言语的制度性主要来自于其语境因素的制度性特征。具有制度性言语典型特征之一的是任务指向性，在法庭的言语活动中，法官及原被告双方为了达到各自的目的或任务，必须对法庭言语的制度性语境因素有充分的认知以获得良好的言语交际效果。

1. 法庭物理场景

我国法庭场景的布置一般如图 5-1 所示：在法庭的正上方高悬着庄严的国徽；国徽下法庭的正前方是暗红色的审判台，台后正中央为审判长的法椅，它稍高于两旁的审判员的法椅；紧贴审判台的正前面是书记员席，它略低于审判台；审判台的前两侧，比审判台低 30 到 60 公左右，相向分别而设原告及其代理人席或者刑事审判中的公诉人席（左侧）和被告及其代理人席或者刑事审判中的辩护人席（右侧）；低于原被告席、书记员的正前下方，是刑事审判中的被告席；原告席一侧的下方坐着身着警服的法警；证人席一般在被告席的一侧；审判台对面刑事被告人后面是旁听席，与法庭审判区之间有栅栏隔开。审判长和审判员身穿黑色法袍，法袍上左胸别着国徽，神情严肃，正襟危坐。审判台上审判长台前放着法锤，在审判人员宣布开庭、维持旁听人员秩序或制止旁听人员插话、休庭、审判结束等时使用。

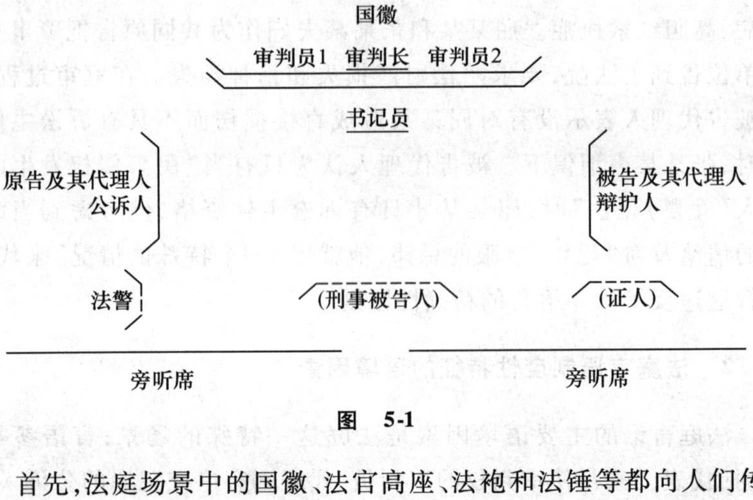

图 5-1

首先，法庭场景中的国徽、法官高座、法袍和法锤等都向人们传递着一种威严，这种威严来自于国家的法律及其强制性，这也增强了在法庭审判这一任务中审判人员的制度性身份，使审判人员显示其权威。各席位的高低层次显示相应席位上话语角色的权力大小层级。

其次，审判人员尤其是审判长的法椅最高，他们代表的权力也最大，因此他们在庭审中称自己的位置为“上”或“前”，在汉文化中，“上”为尊，“前”为主要位置。

审：下面由原告方发表质证意见。

原代：我(3's)需要看一下(2's)原件。

审：被告方能提交吗？

被2：好的。

审：被告拿到上面来，原告方到前面来看，你看完了以后还给他(被告)。

例子中的"上面"和"前面"都是指审判台。还有如：

审：请法警将原告提交的证据呈上来。

最后，在具体的法庭言语活动中，当事人或证人在叙述引起法律争议的事件时，由于争议事件是过去发生的，他们往往会利用法庭场景来说明相关内容，如：

审：证人请回答，你当时离被害人有多远？

证：不远，就从这到门口左右的距离。

2. *法庭审判场合*

在进行法庭审判时，除了庄严肃穆的法庭物理场景外，还有严格的程序和纪律约束、严肃性话语主题等。

其中，法庭纪律体现了庭审的严肃性。法庭的纪律规定，主要有以下几点：

① 未经法庭允许，不准录音、录像、摄影；

② 除因工作需要允许进入审判区的人员外，其他人员一律不准进入审判区；

③ 不准鼓掌、喧哗、吵闹和实施其他妨碍审判活动的行为；

④ 未经审判长许可，不准发言、提问；

⑤ 关闭各类通讯工具；

⑥ 对于违反法庭纪律的人，审判人员可以口头警告、训诫，也可以没收录音、录像和摄影器材，责令退出法庭或予以罚款或拘留；对控告冲击法庭、侮辱、诽谤、殴打审判人员等严重扰乱法庭秩序的人，依

法追究刑事责任,情节较轻的予以罚款。①

在法庭审判场合中,因为法庭言语角色的参与而使审判场合具有了社会性特征。这样一个严肃的场合,决定了话语基调的严肃性。另外,言语内容不是随意的,必须与案件事实有关、与相关法律有关。话轮也必须按照庭审的程序规则进行转换。

在庭审这样的场合下,所有的言语活动或话语都与最后的判决相联系;言语活动的结果——判决,具有法律的强制性。英国著名法律语言学家 John Gibbons(2003)②“把法庭场景看做是第一性事实,把事件发生的场景看做是第二性事实”。第一性事实会影响到第二性事实。比如证人在证明他当时离当事人的距离相当于从证人席到法庭门口的距离时,法官会要求法警对法庭现场进行丈量,这样,证人利用了第一场景的事实来说明第二场景的事实。在另外一个案例中,证人在法庭这样庄严的场景中表现出身体颤抖、说话速度慢等生理反应,这时对方律师就向法庭提出“证人极度紧张,因此证言的可信度值得怀疑”。如果证人说的是客观事实(第二性的),但法官采纳了对方律师的意见,那么在证言所证实的第二性事实就因为法庭上的第一性事实而被否定了。

3. 言语角色

言语角色指交际事件的参与者,即使用语言的人,包括说者和听者。因为法庭活动是一个动态互动的过程,只有对法庭言语活动中的各个角色有了充分认识,在具体交际过程中才能根据不同的交际对象采取不同的表达手段以达到预期的交际效果。在具体的交际过程中,各言语角色根据不同的对象采取不同的言语策略。本书第六章将讨论法庭言语各角色之间具有明显的权势层级关系、目的的对立统一关系以及交叉互动关系等,这里不再赘述。

首先,我们看制度性身份的专业人员——审判人员。

“话语的制度性不是由物理场景决定的,而是由某职业活动中

① 参见廖美珍:《法庭问答及其互动研究》,法律出版社 2003 年版。

② See Gibbons, John, *Forensic Linguistics: An Introduction to Language in the Justice System*, Oxford: Blackwell Publishing, 2003.

的工作人员的制度性或职业性身份决定的。”①如巡回法庭没有法庭庄严的物理场景，只有审判人员和书记员，有时他们会带上国徽，拉上一个“巡回法庭”的条幅。他们进行的审判与在法庭物理场景中进行的审判一样具有法律有效性。

制度性话语的交际行为反映社会的作用、反映某些机构的作用，这是从话语的功能方面考虑的。法官的功能就是通过司法审判体现和维护社会公正。因此法官在法庭言语活动中的角色功能有：① 参与角色功能：是交际事件的参与者，是话语的最终接听者。② 职业角色功能：指参与交际的某个方面的角色——审判主持者。专业角色通常跟某个机构和职业连在一起，在充当某个职业角色的参与者所说的话时通常不代表“他们自己”，而是代表某个机构。这也说明了为什么法官会称呼自己为“本庭”、“本院”、“法庭”等，如“你们的辩论法庭听得很清楚”。法官是代表国家行使审判权的，因此也可以说是制度性身份赋予了法官权力和权威。任何顶撞法官的言语或者不听从法官指令的行为都会被认为是藐视法庭而被制止或受到惩罚。

其次，我们看法庭言语角色的社会属性特征。

“社会语言学的研究首先根据言语交际者在谈话中引入的社会特征来研究语境，这些社会属性（social attributes）包括：年龄、性别、职业、社会阶层或阶级、民族、地区、亲属关系等。他们对社会场景数据的研究表明，这些属性的关联性取决于① 谈话发生的特定场合——也就是谈话是否是日常交谈、发生在法庭还是商业谈判等；还取决于② 说话者在这些场景中所从事的特定的言语活动或言语任务。他们还发现，场合的本质加强了说话者的社会属性的关联性；而在另外一些情况下，人们所从事的活动会破坏他们之间的社会属性的关联性因而影响了话语。”②

在法庭诉讼过程中，言语活动在法庭这一特定的场合中进行，言

① Drew, Paul & John Heritage, *Talk at Work: Interaction in Institutional Settings*, Cambridge: Cambridge University Press, 1992.

② Ibid.

语角色为了实现各自的目标进行交际,他们之间的任何社会关系只归结为这样的社会关联性:

第一,审判人员、公诉人、代理律师属法律职业人员,原告、被告、证人等属非法律职业人员。见下例:

审:现在开庭!

今天上午,依法公开审理原告张某某、孙某某与被告张某一般相邻纠纷一案,本案适用简易程序,由审判员王某某独任审判,由书记员李某担任本庭记录。此案由我们两位承办,双方当事人有无异议?

① 就是说,是否提出申请回避? 原告提出吗?

原:(沉默)

审:② 就是案件由我们两位承办有没有意见?

原1:没意见。

审:被告?

被:没有。

审:③ 下面我就有关庭审的情况作一下说明。

我们今天开庭审理的目的,就是通过案件审理,查明案件事实。整个过程都是在审判员的主持下进行的。要求双方当事人在法庭上所作的陈述及提供的证据必须真实可靠。以上(2's)双方都听清了吗?

原1原2:听清楚了。

上例是在送法下乡的一个巡回法庭上作为职业人员的审判员和文化程度不高的几位农民(原被告)之间的交际。作为职业人员的审判员在交际中使用了庭审职业术语"有无异议"、"是否提出申请回避"等,而受教育程度不高的原被告不熟悉庭审职业术语和程序,因此交际出现了困难。这时,为了完成庭审这一任务,审判人员对庭审职业术语和庭审程序进行了解释,使交际得以顺利进行。这在一般的庭审过程中比较少见。

在法庭言语中职业人员与非职业人员之间的交际互动中最明显

的特征见于职业人员对非职业人员的话语控制，其中尤见于律师对证人的控制。

第二，诉讼当事人之间的任何关系，如父子关系、夫妻关系、兄弟关系等，都首先被归结为“原告”和“被告”之间的法律关系。这是由他们所参与的法律诉讼这一活动或任务所决定的。

第三，法庭言语中的原被告角色并非任意，他们受法律和程序规则限制。如在上文提到的因车祸而造成的民事侵权案例中，被告人提出女婴的父亲屈某某不具诉讼主体资格并进行辩论，致使屈某某最后撤诉，这样就使法庭言语角色发生了改变。

4. 庭审话题

① 法庭言语活动中的话题是庭审要解决的法律争端。在审判人员宣布开庭之后，就会提出庭审具体针对什么法律纠纷进行审理，如：

审1：现在开庭！

上海市(1's)第一中级人民法院(1's)民事审判第一庭(1's)今天对上诉人(1's)张某(小妹)、被上诉人张某1(大姐)继承纠纷一案(1's)进行审理。接下来我们就进行~法庭调查。

根据庭审程序阶段，当审判人员宣布开庭之后，就确定了主话题，也就确定了法庭言语的范围。在上例中，法官确定了主话题“继承纠纷”之后，那么在该庭审中，所有言语角色的话题都要与具体的“争议财产”和“继承法”相关规定有关。

在法庭调查阶段，法庭要调查的是当事人双方所出示的用来证明他们对某部分财产享有继承权的相关证据，因此针对他们出示的每一个证据进行的法庭调查都是一个相对独立的次话题。在法庭辩论阶段也是一样，针对法庭调查确认后的事实，双方当事人针对每一个辩论焦点发表的辩论意见也构成一个个相对独立的次话题。

② 在法庭调查阶段，当事人只能对证据的真实性发表意见，表明认不认可的态度即可。只有在法庭辩论阶段才能发表对证据或法庭调查阶段确认的事实等法律适用情况的辩论意见。也就是说，虽然次

话题都是为主话题服务的，但在庭审的不同阶段，庭审的程序规则对次话题的具体内容还是有一些规定的。如：

审：被告(1's)对刚才原告举证证明的问题是否有异议？

被代：原告的这些说法，不能证明原告屈某某符合主体资格的要求。从诉状和卷宗材料看，在本次交通事故中，原告屈某某，没有受到直接的伤害。而根据《民事诉讼法》和《最高人民法院关于确定民事侵权精神损害赔偿若干问题的解释》，已对原告的主体资格作了限定性的规定。如果说原告屈某某是以屈某(婴儿)的父亲的身份出席本庭(1's)应是不适合的。屈某当脱离了母体，独立呼吸之后她就取得了中华人民共和国公民的资格，就有了相应的民事权利能力，▲

审：▼停一下，被告注意一下，你现在是对证据发表你的质证意见，并不是要求你在此发表你的辩论意见，听明白了吗？

被代：听明白了，审判长。也就是说原告方才向法庭出示的证据不能证明原告之一屈某某具有原告的主体资格。答辩完毕。

被告代理人说的第一句话"原告的这些说法，不能证明原告屈某某符合主体资格的要求"已经是他对原告证据要证明的事实的意见。而划线部分属对证据的辩论意见，应在法庭辩论阶段发表，因此法官及时对他进行了制止。

5. 庭审时间

在诉讼法中，有一个术语是期日，"是指司法机关会同诉讼参与人于一定场所共同进行诉讼活动的日期，如开庭审理之日。侦查机关传唤未被羁押的犯罪嫌疑人到指定地点进行讯问的日期等。期日是司法机关和诉讼参与人共同进行诉讼行为之时，应当共同遵守。期日是由司法机关指定的，如开庭审判的日期。司法机关为了履行自己的职责，指定日期，应当根据诉讼的进程和需要慎重地决定，不得轻易变更。"①

① 参见王国枢主编：《刑事诉讼法学》，北京大学出版社1999年版。

法院在受理案件之后,根据诉讼进程择期对案件进行审判或审理。除了具体日期之外,还要确定在该日期的哪个时间段,进行公示。另外,案件审判或审理的任务是查明事实、适用法律,因此在案件审判或审理过程中,如果举证、辩论或最后陈述时,当事人所讲的内容超出案件范围,或内容重复时,审判长会在时间方面予以限制并及时制止。在法理上也有在辩论时"辩明即止"的规定,都是要求人们在庭审的过程中节约时间,讲究效率。如:

审:原告还有没有补充的,本人?

原:我的本意是不想选择在这里解决问题,其实我们的~婚姻曾经也幸福过,随着被告的地位和财产△钱财的增多,她的良心也起了变化。▲

审:▼<u>好,原告~你所陈述的事实要与本案案件有关的,</u>好吧?

为了保护当事人的权利,审判人员必须要让当事人充分陈述。但是在平时的审判过程中,法官有不耐烦的言语现象。

5.1.3　法庭言语活动中语境的认知和言语效果

"言语交际就是说写者通过语言发出信息,听读者通过语言接受信息的过程。传递信息的图解如下:

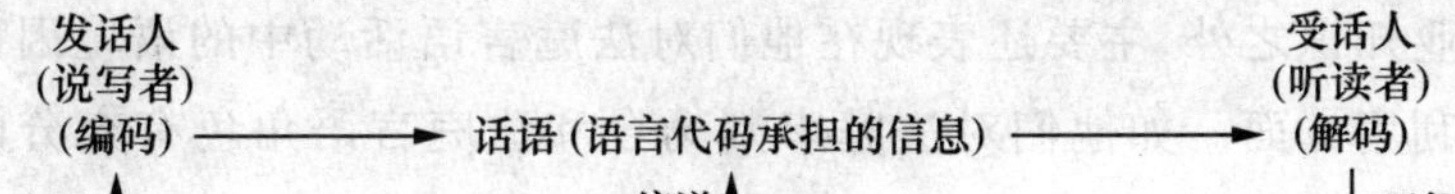

图　5-2

说写者和听读者双方必须共同了解语言代码的规则,才能在发送信息时编码,接受信息时解码。这是使用语言的基本要求。发话人的任务是引起受话人的注意,受话人应进行同发话人意图相适应的解码。这里的编码和解码都是以话语为单位,以话语的功能为要旨的。Halliday在论述语言功能时,特别强调话语功能。他认为正是由于话语功能，语言才实现同具体环境的联系，从而言语活动才成为可能。”①

这就是说，话语只有通过言语功能和言语环境才能实现其意义。在具体的交际过程中，发话人根据要表达的意图，对听话者可能的反应作出预测，利用特定的语境因素选择和组织语言体系的成分形成话语，通过话语向受话人传递信息。受话人听到话语之后，必须根据语言规律和言语规律，充分考虑语境因素，理解话语意思，进而明白发话人的意图，然后对发话人所表示的意图作出相应的反馈，如此循环往复。因此，在言语交际过程中，话语参与者要使交际成功或者达到较好的交际效果，除了要掌握一定的语言知识和言语规律外，还必须对交际环境有充分的认识。或者说，言语角色之间只有共享语境知识，才能更好地达到交际效果。

上文分析了法庭言语活动过程中语境因素的一些特殊性。整个法庭言语活动是一个动态的互动过程，语境因素也随之处于动态的变化之中；另外，法庭言语活动还是一个交叉互动的过程，说话者说出的话语要同时针对两个以上的听话者。因此，在诉讼过程中，当事人必须对法庭言语活动中的语境因素有充分的认识，才能达到良好的交际效果，使自己的利益得到保护，恢复自己的权利或者使罪犯绳之以法，等等。

法庭中最活跃的是律师。他们的言语效果较好，除了他们具有法律专业知识之外，主要还表现在他们对法庭言语活动中的语境因素的充分利用方面。如他们对法庭审判场合和法庭言语角色有充分的认识，因此他们着装正式，对法官用语礼貌；他们熟悉庭审程序，因此他们在每一个话轮中可以做到观点明确，在不同的阶段表明不同的意见；他们知道庭审的时间紧凑性，所以他们的话语简明而精确；他们针对不同的话题选择使用不同的法律术语等。

非法律专业人员话语效果相对较差的原因也在于对法庭言语语境因素的认识不足，受教育程度低的人在法庭上有时也会处于劣

① 王德春、陈晨：《现代修辞学》，上海外语教育出版社 2002 年版。

势。如一个从未受过教育的刑事被告人，因为年轻（20岁）被一男子所骗而怀了孕。怀胎十月之后她在自己的宿舍产下一男婴，因为怕事情败露而将男婴闷死。在庭审过程中，她觉得自己很冤屈，所以针对公诉人的讯问不愿作出回答，让人觉得很不合作；针对公诉人的指控也采取否认的态度而不是根据事实为自己申辩。而在另一个刑事案件的审判过程中，被告人是一个大学生，他对审判人员使用礼貌用语，针对公诉人的举证回答“不认可”或“认可”但有所补充，认罪态度好并积极配合，愿意承担民事赔偿，为自己赢得了轻判的判决结果。针对这一现象，笔者认为在庭审之前，审判人员或有关机构应当给刑事被告人说明一定的庭审程序，或对其说明相关法律法理知识。

5.2　法庭言语特征

“言语活动在语境中进行，使用语言受语境制约。人们在特定的场合，就特定的范围，为了特定的目的，向特定的对象，用特定的方式进行交际。这种种语境因素影响语言的使用，并形成使用语言的特点。”①法庭言语活动也一样，根据本章第一节法庭言语活动中语境因素的特殊性进行的分析，如5-3所示，从法庭言语活动的语境因素可以推出部分法庭言语特征，结合法庭言语的一些其他因素，笔者认为，相对日常谈语而言，法庭言语主要有以下特征：制度性特征（包括任务指向性、严格限制性、推理独特性等）、法律语言特征、严肃性基调、即兴口语特征和口头书卷语体特征等。

图5-3以立体的形式反映与法庭言语相关的各种因素及其关系，以及部分法庭言语特征的由来。

---

① 王德春、陈瑞端：《语体学》，广西教育出版社2000年版。

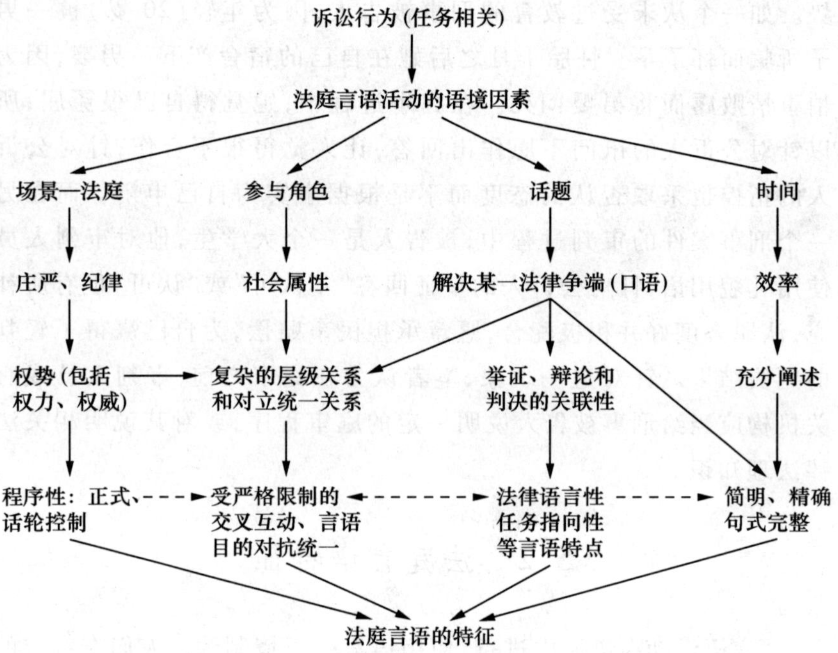

图 5-3

5.2.1 制度性特征

很多领域都对"institutional discourse"有研究,如文学、新闻传播学、政治学、经济学、社会学、教育学、语言学等。单从语言学的角度看,人们对课堂话语、医患话语、新闻访谈、法庭话语、政论话语等的研究中都引入了"institutional discourse"的研究方法,有人认为它是"职业话语"的代名词,有人把它翻译成"机构性话语",也有人提出了"领域语言"这一术语,等等。

一般而言"institutional"在经济学中被译为"机构的",如"institutional investor"译为"机构投资者"。如果考虑社会制度因素的话,笔者认为"institutional discourse"应译为"制度性话语"更为贴切。如文学研究中认为文学语篇是"institutional"的,复旦大学的陈引驰

(2008)①认为,"事实上,作为整体文化活动的文学,不仅是创作主体和文学文本乃至读者接受这些抽象范畴的聚合,而确实是与一定时空的历史、文化、社会境况血肉相连的制度性(institutional)存在"。可以说,文学语篇有其规约性(conventional),而从"institutional"角度进行研究,就综合了更多的社会制度因素。在《制度分析与文化传播》(2008)②一文中,作者认为"传播政治经济学"也需要从"制度"(institutional)角度进行分析。我们可以综合社会制度因素研究法庭言语,当然也可以从"职业话语"或者"领域语言"的角度来研究。

首先,Jurgen Habermas (1984)③认为制度性会话是"策略性话语"的典型,策略性话语是"充满权势的"并且是"目标指向的";"策略性话语"与"交际话语"相对,而"交际话语",以其理想的表现,研究的是交际双方是如何权势均等地进行交流以达到互相理解的。

Paul Drew 和 John Heritage(1992)④认为会话分析研究中的传统观点是"一般话语是社会生活中最主要的互动形式,制度性互动则是与一般会话相对而言的言语活动及其设计的一些系统的变体和限制"。这些变体和限制包括:言者的话语是指向某一特殊任务或目标的,对一方或双方话语角色所针对进行的话题该说什么内容也有专门的限制。

很多人曾尝试对制度性话语与日常话语进行区分,但是事实上两者之间很难有明确的划分。Steven Levinson(1992)⑤认为:"我们的目的只是想指出制度性话语中的一些家族相似性特征,如任务指向性、严格限制性和推论特殊性等。"

---

① 参见陈引驰:《"文学性"与文学文化:复旦大学》,http://www.casal.org.cn/harvard_yenching/hy5/publish/chenyingchi.htm,2008-4-18。

② 参见《制度分析与文化传播》,http://web.cenet.org.cn/web/wiacc/index.php3?file=detail.php3&nowdir=&id=58312&detail=1,2008-4-18。

③ See Thornborrow, J., *Power Talk: Language and Interaction in Institutional Discourse*, Harlow, England: Pearson Education, 2002.

④ See Drew, Paul & John Heritage, *Talk at Work: Interaction in Institutional Settings*, Cambridge: Cambridge University Press, 1992.

⑤ Ibid.

Thornborrow, J. (2002)[①]从制度性话语和一般话语的分析着手，认为仅从这三个方面分析还不够，制度性话语的另一个重要方面是在"权势"作用下言语角色之间话语权的极不对称性，由此，她又引入了一个参照因素——权势。根据这一观点，制度性话语又具有了以下几个特征：权势充斥性、话语的不对称性、策略性、言语角色及关系的语境决定性等。

1. 任务指向性

法庭言语角色，在他们自身的行业或技术的能力范围之内，根据对庭审的任务或功能的一般特征的理解来组织他们的话语。也就是说，在庭审过程中，法律职业人员和非法律职业人员的言语行为，都指向制度性任务或功能，这一点明显表现在他们所追求的总目标上——就被告是否承担责任作出判决。即使原被告之间或（交叉询问中的）对方律师与证人之间的目的对抗，各言语角色都明确知道他们之间互动的总任务或总目标是什么，但是在行为的具体实施过程中会因为一些新情况的出现，导致一些细节上的变化。如在前面举过的例子中，庭审过程中被告律师认为原告之一——早产儿的父亲屈某某不具主体资格，通过辩论，该原告只好撤诉。

另外，制度性法律职业人员的行为除受组织的或职业的限制外，还受他们所担负的职责的影响，这种职责对于非法律职业人员而言是印象模糊甚至根本都不了解的。因此，法律职业人员和非法律职业人员所追求的具体目标有明显的不同。

2. 严格限制性

法庭言语的限制性主要表现在言语角色之间的互动和话题上。在法庭言语活动中，一些来自权势的或法律强制性的限制会使法庭言语具有一些形式特征，如具体表现为程序规则、话轮控制及公诉人或律师的明知故问等，言语角色必须根据这些特征调整自己的言语行为。如针对公诉人或律师的明知故问，听话者必须作出回答，否则将被认为是藐视法庭。具有制度性特征的言语角色是根据每个人可用

① See Thornborrow, J., *Power Talk: Language and Interaction in Institutional Discourse*, England: Pearson Education, 2002.

的话轮的预先分配情况来定义的：法官发布指示，律师提出（制度上允许的）问题和反对对方的问题，证人回答律师的问题。

在主题上的限制主要体现在所有言语角色的言语都要与审判的主题相关，在不同的庭审阶段有不同的次主题，法官对庭审中的主题起检查和维护作用，任何偏离主题的言语都将被法官制止。

3．推论特殊性

在法庭言语活动的制度性语境中，制度性互动中产生的一些推理、推论及涵义也具有一些特别（"制度性"）之处。如法官对非法律职业人员的描述、主张等不能露出吃惊、同情或赞成等表情，而在日常话语中，这种表情的隐藏通常被认为是不想加入话题（disaffiliative）。

另外，在法庭上的沉默，会被看做是藐视法庭，或者对某证据没有异议而被法官采信等。日常谈话中"你儿子还好吗"是一种表示关心的问候语，但是在法庭上，如果一个刑事被告人这样问法官，则会被看做是一种威胁。

4．权势充斥性

社会语言学在制度性话语研究中有两个重要概念：权势和亲和。权势的层级性是相对亲和而言的，它们都属于社会心理学的研究范畴。制度性话语的研究通常都着重于揭示不对等或非等同关系及语言中权势的使用。法庭言语角色之间的权势不对等引起了他们之间权势的层级性，权势的层级性又影响着各言语角色之间的话语权的大小。

笔者认为，法庭言语中的权势直接影响到话语权，话语权主要受权势的以下三个方面因素制约：① 权力和权威：法庭言语角色的权力和权威具有法律基础。法庭审判属于法的适用的内容，即由特定的国家机关及其公职人员，按照法定职权实施法律的专门活动，具有国家权威性。在我国，人民法院和人民检察院是代表国家行使司法权的专门机关。法的适用是司法机关以国家强制力为后盾实施法律的活动，具有国家强制性。由于法的适用总是与法律争端、违法的出现相联系，所以总是伴随着国家的干预、争端的解决和对违法者的法律制裁。没有国家强制性，就无法进行上述活动。司法机关依法所作的决定，所有当事人都必须执行,不得违抗。也就是说,当我们确认适用法律的体制是必要的时,我们就赋予了司法人员以权威。当甲方和乙方发生争端时,双方(通常由律师代理)会很正式地向第三方陈述各自关于该争端的不同版本的内容。这里的第三方就是被赋予权利和义务对证据效力作出判断、正确适用法律并解决争端的法官。因此,在工作中,法官必须让他的权威得以承认、他的命令和判决得以遵从。② 在法庭言语互动中一方通过语言的使用对另一方的控制:法庭言语中的权势还具有语言学基础。法庭言语各角色都会通过使用一定的语言或言语策略对对方进行一定程度的控制。比如,法庭上最有效的控制方式就是提问。律师可以在对证人的提问中加入隐藏的预设,可以通过提问使对方的回答出现前后矛盾,通过提问证明证人对所述问题认识模糊或一无所知而否认其证词的证明力,通过提问限制对方回答的内容(如选择问句,"只回答是或不是"),等等。③ 知识:掌握专业知识才能使用专业话语,因此专业知识对话语权起作用。法律职业人员与非法律职业人员相比,具有更大的话语权。

总之,法庭上的权势包括权力和权威、知识及在法庭言语互动中一方通过语言的使用对另一方的控制。谁的权势越大、所掌握的法律知识和对庭审程序的掌握越多,谁就越有话语权,也就越有可能控制权势较小的一方。

5. 话语权的不对称性

话语权的不对等引起法庭言语角色之间的层级性。Leah Kedar (1987)[①]认为言语中体现话语权的三种方式是:提问、控制话题和打断。廖美珍(2003)[②]在法庭问答互动研究中注意到了从问答角度看"证人、被告人与公诉人、辩护人及审判人员的关系一般是不可逆的"(见图 6-1、6-2),这也印证了 Goodrich(1987)[③]的话:"法律是一种官僚体制,很多权势都体现为一种组织内的层级"。就法庭言语角色的话

① See Kedar, Leah, ed., *Power through Discourse*, Westport, Connecticut: Greenwood Pub Group, 1987.

② 参见廖美珍:《法庭问答及其互动研究》,法律出版社 2003 年版。

③ See Goodrich, Peter, *Legal Discourse: Studies in Linguistics, Rhetoric and Legal Analysis*, London: Macmillan, 1987.

语权而言，大致有三个层级：

第一层级是法官。法官在法庭上代表国家行使审判权，因此被赋予了权力。法官在法庭上具有最高权威，法庭所有其他人员对法官的讲话尽量贴近正式礼貌用语。法官的权威在非语言特征上也有显示：法院壮观的建筑、法官高座、国徽、法官袍、法锤等；在法官进出法庭时，所有人员必须起立，经法官的准许后才能坐下，等等。因此，法官最具权势，这在语言使用上的显示是他可以根据庭审需要向所有在庭的人发出指令或提出疑问，作出决定。他提问时对方必须作出回答。除了对律师等的请求作出许可或否定外，他们一般不回答问话。

第二层级是公诉人或控辩双方律师及民事案件中的原被告。法庭上，公诉人或律师的权势次之。因为他们具有法律专业知识并熟悉法庭审理程序，他们懂得怎样使用专业语言或语言策略及言语策略等达到他们的目的，并具有一定的权力。因此，他们在法庭上最为活跃，他们对法官一般不发问，只提出请求，采用的是正式的、礼貌的用语。他们可以向他方律师和证人等发问，但采取的问话方式不尽相同。对于他方律师的问话，则与他方用语相对应；对于他方律师及他方证人，问话的礼貌程度降低。他们有权要求他方律师或证人回答他的提问。在刑事案件中，国家公诉人代表国家提起公诉，因此比辩护律师更具权势；而民事案件中的原告及其律师与被告及其律师相比更具话语优先权。

第三层级是证人及刑事案件中的被告人。证人分一般证人和专家证人。专家证人因为具有专业知识而比一般证人具有权势，他们除了回答问题之外还会在法庭上宣读鉴定结果或者提出建议。一般证人及刑事案件中的被告人最不具权势，他们不能向法庭上的任何一方提出问题，也不能打断或引入新话题，一般只能答话，且答话的内容常受法官或律师的影响，不能凭自己的意愿偏离或转换话题。因此，他们很少有话语主动权，只能等待他们的话轮，有时证人甚至要等上好几天才能有机会获得话轮，在话语权这一点上是完全被动的。但他们并非毫无话语权，因为他们对语言的使用也有一定的手段。

6. 法庭言语的策略性

“由于刑狱诉讼等法律事务关涉到个人或群体的财产得失、毁誉荣辱乃至生命予夺,……人们对这一领域语言的运用是超时空的、永恒的。"[①]为了争夺话语权,法庭言语各角色都会通过使用一定的语言或言语策略对对方进行一定程度的控制。法庭言语活动中的各角色之间关系复杂,各言语角色之间的目的不一;同时,法庭言语活动又受很多程序规则、时间等的限制,这就要求法庭言语各角色在言语活动中使自己说出的每一句话都能达到最佳效果,而为了实现这一言语目的,他们都会自觉不自觉地使用各种语言策略和言语策略,归结而言,主要是以达到控制对方话语为目的。

7. 言语角色及其关系的语境决定性

审判可以看做是一个以言行事的"大言语行为",其目的是"全面审查认定案件事实"、"适用法律"、"作出判决"。可以说,法庭审判的功能决定了法庭言语从本质上就是制度性的。如果从语境角度进行分析,主要有以下几点:

① 社会文化语境:不同国家因为社会文化的不同,实行的审判制度也不一样,因此各个国家的法庭言语进程及其话语语篇的构成也各具其特征。如在刑事法庭辩论阶段,各国均规定控辩双方可对案件的证据和事实、法律适用等问题提出观点、发表意见、进行论证和相互辩驳,一般由起诉方首先发言,辩护方反驳,如此反复辩论几轮。不同的是英国和美国由起诉方作最后陈述,而法国、德国和我国则是被告方享有最后陈述的权利。

② 法庭审判场合:在进行法庭审判时,除了庄严肃穆的法庭物理场景外,还有严格的程序和纪律约束、严肃性话语主题等。其中,法庭纪律体现了庭审的严肃性,如未经法庭允许,不准录音、录像、摄影等。在法庭审判场合中,因为法庭言语角色的参与而使审判场合具有了社会性特征。这样一个严肃的场合,决定了话语基调的严肃性。另外,言语内容不是随意的,必须与案件事实有关、与相关法律有关。说话的轮次也必须按照庭审的程序规则进行。

③ 庭审话题:法庭言语活动中的话题是庭审要解决的法律争

---

① 潘庆云:《跨世纪的中国法律语言》,华东理工大学出版社 1997 年版。

端。如当审判长在宣布开庭时说了“现在开庭！上海市第一中级人民法院民事审判第一庭今天对上诉人张某(小妹)、被上诉人张某1(大姐)继承纠纷一案进行审理。接下来我们就进行法庭调查”之后，根据庭审程序阶段，法官确定的主话题是“继承纠纷”，那么在该庭审阶段中，所有言语角色的话题都要与具体的“争议财产”和“继承法”相关规定有关。在法庭调查阶段，法庭要调查的是当事人双方所出示的用以证明他们对某部分财产享有继承权的相关证据，因此针对他们出示的每一个证据进行的法庭调查都是一个相对独立的次话题。在法庭辩论阶段也一样，针对法庭调查确认后的事实，双方当事人针对每一个辩论焦点发表的辩论意见也构成一个个相对独立的次话题。

④ 言语角色：言语角色指交际事件的参与者，即使用语言的人，包括言者和听者。在具体的交际过程中，各言语角色根据不同的对象采取不同的言语策略。

“话语的制度性不是由物理场景决定的，而是由某职业活动中的工作人员的制度性或职业性身份决定的。”①制度性话语的交际行为反映社会的作用、反映某些机构的作用，这是从话语的功能方面考虑的。法官的功能就是通过司法审判体现和维护社会公正。因此，法官在法庭言语活动中的功能一是参与角色功能；二是职业角色功能。专业角色跟某个单位和职业连在一起，充当某个职业角色的参与者所说的话，通常不代表“他们自己”，而是代表某个单位，这也说明了为什么法官会称呼自己为“本庭”、“本院”、“法庭”等。

“社会语言学在研究语境时根据的是言语交际者在谈话中引入的社会属性，包括：年龄、性别、职业、社会阶层或阶级、民族、地区、亲属关系等。他们认为：这些属性的关联性一是取决于谈话发生的特定场合——也就是谈话是否是日常交谈、发生在法庭还是商业谈判等；二是取决于说话者在这些场景中所从事的特定的言语活动或

---

① Drew, Paul & John Heritage, *Talk at Work: Interaction in Institutional Settings*, Cambridge: Cambridge University Press, 1992.

言语任务。”[1]在法庭诉讼过程中，言语活动在法庭这一特定的场合中进行，言语角色为了实现各自的目标进行交际，他们之间的任何社会关系只归结为这样的社会关联性：其一，审判人员、公诉人、律师属法律职业人员，原告、被告、证人等属非职业人员。在法庭言语中职业人员与非职业人员之间的交际互动中最明显的特征见于职业人员对非职业人员的话语控制，其中尤见于律师对证人的控制。其二，诉讼当事人之间的任何关系，如父子关系、夫妻关系、兄弟关系等，都首先被归结为“原告”和“被告”之间的法律关系。这是由他们所参与的法律诉讼这一活动或任务决定的。另外，法庭言语中的原被告角色并非任意的，他们受法律和程序规则限制。

总之，法庭言语的这些制度性语境因素不仅制约了法庭言语的进程、角色的身份及制度性角色与关系等，而且还是形成法庭言语其他制度性特征的根本原因。

5.2.2 法律专业性特征

通过以上第一部分的分析可以看出，法庭上的法律职业人员（主要是法官、公诉人和律师等）在诉讼及庭审时，对非法律职业人员的话语进行转换因而使法庭话语具有法律专业特征。这种转换表现在词汇上一是大量使用法律术语，二是使用一些书卷体词汇。

1. 话语正式

下面是审判人员在法庭上宣读的对一个九岁儿童单某某的问话笔录中的一段，审判人员在其中使用了“是否”、“何处”、“有无”等书卷体词语。

问：单某某，你<u>是否</u>记得在<u>何处</u>触电？

答：在一排铁盖中间触电的，铁盖是可以打开的。

问：你进去时<u>有无</u>看见铁盖上有字？

答：我当时没有看到字。

---

[1] Drew, Paul & John Heritage, *Talk at Work: Interaction in Institutional Settings*, Cambridge: Cambridge University Press, 1992.

可以想象法官当时对九岁儿童单某某的询问不可能是以上这种形式，其中审判员用书卷体词汇“是否”、“何处”等对原来的话语进行了转写，句式也因此更显紧凑。

2. 大量使用法律术语

如在“事发当天是星期六，原告应呆在家中处在父母的看护之下。因此原告人身损害结果完全是其父母不履行监护职责引起的”中的“原告”、“人身损害结果”、“不履行监护职责”等都为法律术语。

3. 句子结构紧凑、意思表达相对完整、精确

法庭言语除了大量使用法律术语和一些书卷体词汇之外，在句子结构上也显得紧凑，表达的意思相对完整、精确。如上例中的一组对话中，九岁儿童单某某的回答：

问：你进去时有无看见铁盖上有字？

答：我当时没有看到字。

上例中的答话部分是九岁儿童单某某的原话，还是更像审判员转写的结果？显然后者的可能性更大。因此法庭言语中法律职业人员的话语具有书卷语体的特征。

5.2.3 基调严肃性特征

“严肃性话语基调冷漠，客观地陈述事实，不表明主观评价和意向，话语正规，字斟句酌，显得公事公办。”[①]话语基调反映言语角色之间的关系。根据 Brown 和 Levinson 的研究，权势和亲和是决定礼貌策略的三大社会学因素中的两个：权势差别或社会距离越大，对礼貌策略的需求也自然上升。因此，会话中礼貌现象也反映人际互动中存在的权势和社会距离关系。总体上说，相对于积极礼貌策略（以接近为基础的）而言，消极礼貌策略（如迂回、尊重对方、道歉等）表明存在的权势差别或距离较大。[②] 笔者认为，法官与其他言语角色保持距离的目的是为了显示客观性，比如称呼就是一个具体体现。

---

① 王德春、陈瑞端：《语体学》，广西教育出版社2000年版。

② 参见何兆熊：《新编语言学概要》，上海外语教育出版社2000年版。

司法体系的运作，在使用权势时，追求的是公事公办，判决原则上是不受当事人的性格或个人感情影响的。人们经常把法律比作一台机器，或者一个不具实体的体系。这意味着法庭上的人只用他们在法庭上的角色被指称，如当证人举证结束时，法官说"证人可以退席"。但是，如果有多个原告，法官会具体指明，如：

审：当事人的母亲可以陈述。

原1：三个月都不会翻身，……脸色一点也不正，头发也很少，▲

审：▼好了，就说到这儿。孩子父亲有什么要补充的？

曲：没有。

在法官的第一句话中，从"当事人"转换到"孩子的母亲"，再到"孩子父亲"，这说明法官通常多习惯用"原告"、"原告方"或"当事人"来称呼。

基调的严肃性特征是由场合、程序规则等因素决定的。

5.2.4 即兴口语特征

法庭言语从语言形式上看，都是以口头的形式进行的，而且是即兴的口语，因此法庭言语具有即兴口语的很多特征。比如下面这段对话：

审：下面由诉讼原告袁某针对你方的诉讼请求提交相关的事实证据。

原代：她爱人已经在庭外等(1's)等候了。在庭前，我们已经报告书记员了。

审：好。证人王某某，根据法律的规定，证人在法庭上的陈述、作证，必须如实，不得捏造、虚构。如有虚构，将追究法律责任，包括刑事责任。原告△证人是否听清楚？

证1：听清楚。

原代：证人王某某，问你的问题希望你如实向法庭作陈述！

嗯，第一个问题是～2003年(2's)3月(1's)4日(1's)上午(1's)你在什么地方？

证 1:我在(2's)陪着袁某做手术。

原代:3 月 3 日看了门诊之后至手术的 3 月 4 日的上午,医院有没有给袁某做过什么检查?

证 1:嗯 ~3 月 3 日是我陪着袁某去医院看病的,看张某副主任,挂的专家号。看了以后他说有包块,要做手术。当时呢袁某就说"我是搞播音的",那个张某说很多人都做过这手术,没什么问题,小手术而已,一个星期就可以出院了。所以我们就住院了。

原代:小手术? 那么医生有没有给袁某做过 ~ 什么检查?

证 1:当时就是在门诊作了那种镜子,▲

原代:▼医生看(1's)喉鼻时戴在头部的那个镜子?

证 1:‖ 对对对。

在这段对话中,有拖音"~"、停顿"(2's)"、修正"△"、打断"▼"和被打断"▲"、同时说话"‖"、重复、衔接不当、语误等等。可见法庭审判过程中使用语言时,因为是即兴的主要依赖语音的口语形式,语境要求又高,所以表现出词语重复、衔接不当、冗余的口头禅、充分利用语音手段等特征。

再请看下面的例子:

审:现在由被告人作最后陈述。被告人殷某某你站起来!匡某也站起来。你最后有什么要向法庭陈述的?

被(殷):有。

(念)尊敬的法官、检察官、律师们,你们好! 今天我站在庄严的法庭上,站在被告席上,我感到非常惭愧,由于我的愚昧无知,对这种毒品的危害性认识不够,总以为这是软性毒品,是给人助兴的,不会像吸食海洛因那样容易上瘾,没什么危害。因此伙同他人多次吸食,最终害人害己,给社会及他人造成不可弥补的损失,在此我表示深深的歉意(念完)。

我认识到我犯罪的△错误的严重性,求法官本着治病救人的精神,本着惩治与挽救相结合的精神,对我处以△从轻处理。另外,我在这里要谢谢某市法律援助中心在这里为我提供无偿辩护的某市律师事务所的两位律师,谢谢! 我的发言完了。

在划线部分中，被告人一直都只承认自己伙同他人多次吸食摇头丸，这属于违法行为，其后果是将被强制送往戒毒所戒毒。如果承认自己贩卖毒品，则是犯罪行为，情节严重者将被判处死刑。公诉人通过证人证言等，证明被告人有贩卖毒品的犯罪行为，被告人很清楚自己都做了什么，因此被告人在念他事先写好的最后陈述时还是坚持说自己是“伙同他人多次吸食”，但在他念完之后的即席话语中，因为心情复杂，外部言语与内部言语转换时思维跟不上，出现了两次更正。这说明被告人在审判之后，在事实面前的心虚。

即使是受过一定训练的律师，在庭审场合也有词不达意的情况，如下例：

> 原代2：一场车祸毁了一家人对美好生活的向往，还有孩子的未来处于不可期待这种，而且尤其不能△最不能让人接受的这种情况，就是它发生在一个自己根本没有选择和回避能力这个胎儿身上，这多么痛苦！所以是她父母没有等于说尽管其他的原因父母没有给孩子一个生而平等的权利，（父母）自己所承受的压力，指责和无以言状无法替代的这种愧疚，将如影随形，伴随（父母）整个一生，那么足以造成（父母）待孩子长到一定程度，有正常的思维能力的时候，问到这个问题，（为什么）我（和别人）有差距，将使得他们（父母）始终处在一种无法回答这种恐惧当中，足以造成精神上的负罪感。当然这一点△这个问题，我想不是靠我们律师的演讲来宣泄就能说得清楚的。

括号中内容为笔者补充，尽管如此，原告律师的这段话还是有很多不连贯的地方，表达不清，影响了言语的交际效果。以上例子说明法庭这一特殊的场合要求说话者有高度的即兴口语的能力。

5.2.5 口头书卷语体特征

根据王德春教授对语体学的研究（王德春，2000）[①]，语体是按功能风格对话语进行的分类。具体地说，语体是一定语境类型中形成

---

① 参见王德春、陈瑞端：《语体学》，广西教育出版社2000年版。

的、运用与语境相适应的语言手段,以特定方式反映客体的言语功能变体。

由于社会交际的需要,人们往往会在大体相同的一些语境中完成某一类特定的交际任务。当某一类交际形式多次重复之后,就会形成一种语境类型。因此,语境类型是语境因素大体相同的一些语境的概括。语境类型的差异必然会影响在这类语境中形成的话语,决定此话语优先使用哪些语言手段,促使语言体系中语言手段的语体分化,而分化了的语言手段则是语体的本质特征之一。语境类型还会影响以何种方式反映客体,如在言语交际过程中,有时要理性反映客体以准确地叙述客观现象的规律,有时要感性反映客体形象地描绘客观现象,有时需要事务性地反映客体以如实说明客观现象,等等。这种种反映客体的方式是语体的本质特征之一,也是划分语体的一种依据。

依赖于特定的语境类型,优先选择有语体分化的语言手段,运用反映客体的特定方式就能建构特定语体的话语。这种话语显示出功能风格,具有表达作用,可充分发挥语言的社会功能,完成特定的交际任务。也可以说,语体就是语境类型决定的言语功能的变体。

人们在言语交际时,根据一定的语境类型,选择一些带有某语体色彩的语言手段,采用特定的表达方法,与大量中性语言材料组合,就可建构这种语体的话语。

根据语境类型、与语境相应的语言手段、反映客体的特定方式,语体可以分为谈话语体和书卷语体。

法庭言语活动中反映客体的特定方法主要是如实说明客观现象。结合法庭言语的法律语言特征和即兴口语的特征,法庭话语具有特殊的语体特征,可以说法庭话语多半是口头书卷语体。但非法律职业人员多使用口头谈话语体。

第6章

法庭言语各角色关系及其言语特征

开庭审理是指法院在当事人和所有诉讼参与人的参加下,按照法定方式和程序全面审查认定案件事实,并依法作出裁决的活动。在法院代表国家行使审判权的是审判人员。刑事案件审判中的言语角色有公诉人、辩护人、被告人、证人等;民事案件中的言语角色有原告及其代理人、被告及其代理人、证人等。因此,法庭中的所有诉讼言语角色包括原告及其代理人或公诉人、被告及其代理人或辩护人、第三人等。法庭话语的角色主要有:审判人员、原告及其代理人或公诉人、被告(人)及其代理人或辩护人、证人等。在庭审过程中,法庭言语各角色之间具有明显的层级性,各自的言语也各具特征。

6.1 法庭言语各角色之间的关系

6.1.1 法庭言语角色之间的层级关系和亲和关系

社会语言学在制度性话语研究中有两个重要概念:权势和亲和。权势的层级(hierarchy)性是相对于亲和而言的,它们都属于社会心理学的研究范畴。法庭话语属于制度性话语。制度性话语的研究通常都着重于揭示不对等或非等同关系及语言中权势的使用。法庭言语角色之间的权势不对等引起了他们之间的权势的层级性,权势的层级性又影响着各言语角色之间话语权的大小。

1. 权势

很多制度性话语分析都运用一些权势差别明显的语料进行研究，但是也有些研究已经证明权势的使用其实是很微妙的，如 Bogoch (1994)[①]的研究显示，在以色列的律师和当事人之间的互动中，用名字称呼就是一种使用亲和的有效策略。这也证实了 Thornborrow 的 *Power Talk* (2002)的观点，即不是语言形式本身是否强式(powerful)，问题的关键在于"谁为了什么重要目的而使用了这些语言形式"。因此，话语强式的关键在于在言语过程中对相互关系的动态处理。事实上，Thornborrow 认为可以从两个方面看权势：一是存在于级别和社会地位中的、被赋予的(attributed)，是事先存在的；二是在言语中协商的(negotiated)。她认为话语的权势是后者，并把它定义为"说话者使他或她的意思被其他人接受的能力"。需要指出的是，大部分制度性话语的研究主要着重于两方面的研究，一是认为制度性的组织赋予某些个体以权势，二是研究在互动的细节中这种权势是如何实现的。因此，从广义上说，权势既包括一个个体在日常互动中获得的对其他个体的权势，也包括社会权势(通常体现在社会阶层和组织的结构中)。

2. 法庭言语角色之间的层级关系

话语权的不对等引起了法庭言语角色之间的层级性。那么权势在法庭言语中具体表现在哪些方面呢？我们先看言语中体现话语权的三种方式：提问、控制话题、打断。

提问：当人们承担不同的角色时，并非是有人具有权势而其他人就没有，而是他们具有不同的权势并且他们用不同的方式实施他们的权势。权势存在于不同的形式中，也可以用不同的方式表现出来——它是在人们对别人的行为作出动态反应时不断变化的。律师和法官有权要求对他们的提问作出回答就是他们权势的一种表现。在法庭上，法官提出问题，双方律师或当事人、证人必须回答；一方律师提问，另一方律师或当事人、证人也有义务回答问题。

---

① See Bogoch, B., Power, Distance and Solidarity: Models of Professional-client Interaction in an Israeli Legal Aid Setting, *Discourse and Society*, 1994, Vol.5, No.1, pp.65—88.

控制话题：可以说，谁控制了话题谁就控制了互动关系。在大部分情况下，仅仅有人提出话题是不够的，还必须有人加入这个话题，必须有合作和互动。因此，话题之所以成为话题，就像一个陈述可能变成一个提问一样，关键在于其他人是怎么反应的。一直保持对别人的话题表示关注可能给对方以权势，但同时也可以看做是关注给话题者的权势的一种反映。在法庭言语中，主话题和次话题主要是由法官控制的（程序因素）。

打断：另一个重要的话语权是打断，如法庭上最具有权势的法官可以随时打断任何人。在权势中一直处于被控制的一方会使用打断来阻止对方，也通常被认为是没有权势的人为了引起注意、获得权势而使用的最后一招。

因此，我们可以通过法庭上话语权的三个方面，即提问、控制话题和打断，分析法庭言语各角色之间的层级关系，具体如图 6-1、图 6-2 所示：

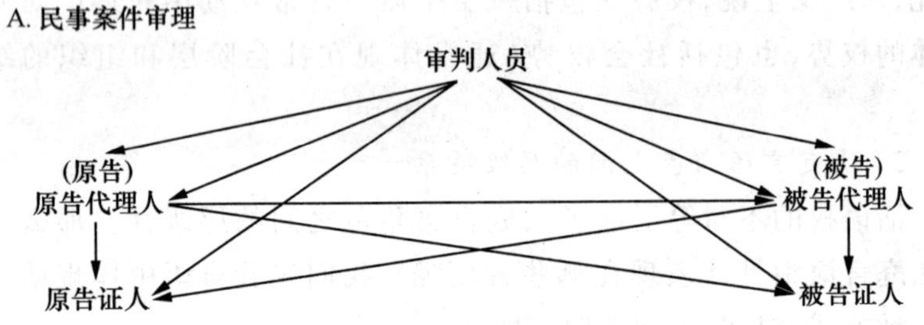

图 6-1[①]

图 6-1、图 6-2 中的箭头表示一方可以向对方提问、引出新话题或打断对方。除了原被告之间在法庭辩论期间可以互相答辩之外，其他的箭头都是不可逆的，可见法庭言语角色中话语权最大的是审判人员，其次是控辩双方（或代理人），最不具权势的是证人、刑事案件中的被告人。民事案件原被告或者他们的代理人之间的箭头是可逆的，他们在法庭辩论期间可以互相答辩。在刑事案件审判中，辩护人的权势低于公诉人，因为公诉人代表国家提出公诉，至少他们获取的案件信

① 参见廖美珍：《法庭问答及其互动研究》，法律出版社 2003 年版。

B. 刑事案件审判

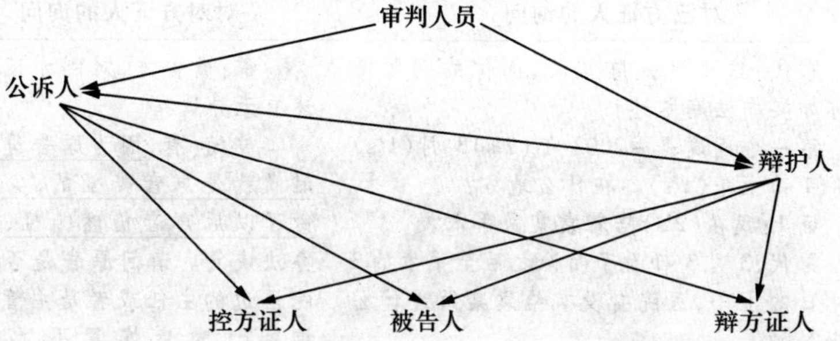

图　6-2

息会更多;被告人与证人一样,是最不具权势的。因此,法庭言语角色的话语权大致有三个层级:第一层级为法官;第二层级为原被告、公诉人或控辩双方律师;第三层级为证人及刑事审判中的被告人。这三个层级内容已在第五章中详述,此处不再赘述。

3. 法庭言语角色之间的亲和关系

尽管制度性话语通常被认为是权势不对等的,但事实上,复杂的人与人之间的关系远非单一的非对称性所能描述。因此我们可以说法庭言语是充满权势的,但这并不排除法庭言语角色之间的互动还具有亲和关系(solidary relationships)。亲和,有人也翻译成"团结一致"、"等同性"等,指的是"没有社会距离",包括团体的成员身份和人际情感(group membership and interpersonal affect)。[①] 一般而言,亲和关系指身份地位平等或关系密切者之间的关系,任何一方在互动中不拥有对另一方的权势。法庭言语中的亲和关系主要体现在律师与他们的当事人和己方证人之间。

试比较以下两个代理人对己方和对方询问时表现出来的亲和关系和对立关系:

① See Gibbons, John, *Forensic Linguistics: An Introduction to Language in the Justice System*, Oxford: Blackwell Publishing, 2003.

表 6-1

对己方证人的询问	对对方证人的询问
原代:这个证人陈某某,问你的问题希望你如实向法庭陈述! 第一个问题是~2003年(2's)3月(1's)4日(1's)上午(1's)你在什么地方? 证1:我在(2's)陪着袁某做手术。 原代:3月3日看了门诊之后至手术的3月4日的上午,医院有没有给袁某做过什么检查? 证1:嗯~3月3日是我陪着袁某去医院去看的,看张某主任,挂的是专家号。看了以后他说有包块,要做手术。当时袁某就说"我是搞播音的",那个张某就说很多人都做过这手术,没什么问题,小手术,一个星期就可以出院了。所以我们就住院了。 原代:小手术?医生有没有给袁某做过~什么检查? 证1:当时就是在门诊做了那种镜子,▲ 原代:‖医生看(1's)喉鼻时的戴在头部的那个镜子,▲ 证1:‖对对对。 原代:看了一下? 证1:对。 原代:那么后面检查有没有做过? 证1:没有。 原代:4日早上有没有说过什么呢? 证1:3号下午进医院以后,办完入院手续,我就回家拿东西了。4号一早开了个检查单,去做的检查。9点钟左右,她就打电话来跟我说,今天上午就做手术了。我问她为什么这么仓促,她说医院上午有空,就来做,打电话给我我就赶紧过去。 原代:在手术前,医生有没有向你们讲过(1's)手术如果做了以后会不会有什么其他的嗯~并发症,或者有什么副作用,或者有什么其他影响?	审:被告方,对刚才证人陈述有无异议? 被代:有,<u>因为原告进来的时候就是声音嘶哑的,少数人做了以后声音仍然嘶哑</u>,这没办法恢复。请问原告是否向医院里边的主任或者是主管医生询问过嗓音恢复不了的原因呢? 证1:嗯~她不是声音嘶哑了来看的。她咽喉不舒服(1's)使整个一个声音的质量不像以前了。 被代:你看,这样吧,因为法庭的这个~▲ 证1:‖另外一个呢~▲ 被代:我问你什么,你针对我的问题回答我,好不好?▲ 证1:‖我指出你刚才问的过程当中有些问题。▲ 被代:应该说我问你。▲ 原代:‖审判长,我们对被告代理人的发问方式提出异议。我们认为有问题可以直接问证人,不需要提示和诱导。▲ 被代:‖我再重复一遍我的问题。▲ 审:‖好,抓紧时间。 被代:我再重复一遍我的问题。手术以后病人嗓音没恢复,你有没有向主任或者是主管医生提出过? 证1:走的时候没有,后来我交涉过。 被代:嗯。

（续表）

对己方证人的询问	对对方证人的询问
证1:没讲过。 原代:麻醉之后再做手术的过程有多长时间? 证1:大概有(2's)40来分钟吧。 原代:有40来分钟?▲ 证1:嗯。 原代:在这段时间中,做手术的人和非手术的人有些什么~反应? 证1:因为我们一直在等着,后来另一个床位还(1's)问过护士,她说那个贺医生现在不在。那么我们就等了一会儿。后来贺医生有说有笑地出来了。把我们带进那个做手术的房子里去。 原代:这个当中医生有没有出去过? 证1:一开始医生就找那个(1's)包块的位置。后来贺某某的手机就响了,响了好长一会儿。然后他走到门口,挂了电话又回来,继续找。因为找的过程中袁某感觉很疼,整个过程都在发抖,我一直都在握着她的手。手术以后大概两个星期左右,袁某发声依旧很困难。但他们就开了出院通知单(1's)让结账去了。我们就很惊讶,这个连话都不能说呢怎么就(1's)出院了。 原代:嗯,审判长,我的问题问完了。	证1:病人说话都困难,一直呼吸都很不顺畅。 被代:嗯,证人的意思是实际上是向对方交涉过了。 证1:对。 被代:交涉过了,呜? 证1:嗯。 审:好,证人可以退庭。

通过以上对比可以看出,原告律师对己方证人的提问是“循循善诱”式的,律师提问的目的之一是想通过己方证人的证言,构建一个(按发生时间顺序的)自然顺序的“事件版本”;当然,提问还有另一个目的就是凸显被告人某医生在行医过程中的“不当行为”,以达到要求对方对“不当行为”造成的后果——原告术后声音嘶哑——作出赔偿的目的。律师和己方证人表现出很高的合作程度,甚至似乎是明知故问。

第二栏中被告律师对对方证人的询问则极具对抗性,对方证人表现出极不“合作”。被告律师在提问时用了预设:“因为原告进来的时候就已经声音嘶哑”,原告证人认为这有悖事实,因此相互之间发生争执，以至于原告律师插话进行打断，不致使话题被引入被告律师所设计的“事件版本”。

由此可见，原被告代理人和证人之间的言语目的是受利益驱使的，律师和己方证人之间利益一致，因此相互呈亲和关系；律师和对方证人之间利益冲突，因此他们之间的话语极具对抗性。

6.1.2 法庭言语角色之间的对立和统一关系

法庭言语角色中的原被告（控辩双方）之间对立关系虽然非常明显，但综观整个法庭审判中的所有角色关系，我们还可以看到其统一的一面。

1. 对立关系

原被告（控辩双方）之间的对立关系来源于他们利益的对立性，对立关系又导致了言语目的的对抗性。针对同一事件，公诉人或者原告收集一定的证据起诉被告（人），在法庭上用证据证明被告（人）有违法犯罪或有侵权违约行为或未尽到法律职责等。如果法庭根据双方在庭审中提供的证据认为事实清楚、证据确凿，并作出判决，那么被告（人）可能受到三种法律制裁：一是被剥夺一定的权利甚至生命权；二是作出经济赔偿；三是被撤销职权等。鉴于此，被告（人）将积极作出反应，寻找相关的证据证明自己无罪或轻罪、没有侵权违约或已经尽到职责等。这种利益的对立导致了原被告（控辩双方）之间诉讼目的的对立，进而也将导致法庭言语的对抗性。

2. 统一关系

在审判过程中，针对发生的同一事件，至少有两人（原被告或控辩双方）在法庭上提供有关事件发生的不同版本的描述，如果有必要请证人出庭作证，证人也会提供他们的相关版本。如果原被告请了律师，则先由律师把各自的被代理人和证人的版本统一起来。这些版本在一定程度上互相重叠，但总体而言叙述的是同一个事件版本。当审判展开、对立的双方提供各自的证据时，很明显各种版本不可能都一样正确。法官的作用就是确定哪个证人值得信赖、谁的证言比其他人

的更可信,把这些分歧统一起来,从而确认事实,并根据与该事件相关的法律条文适用法律,最后作出判决。具体如图 6-3:

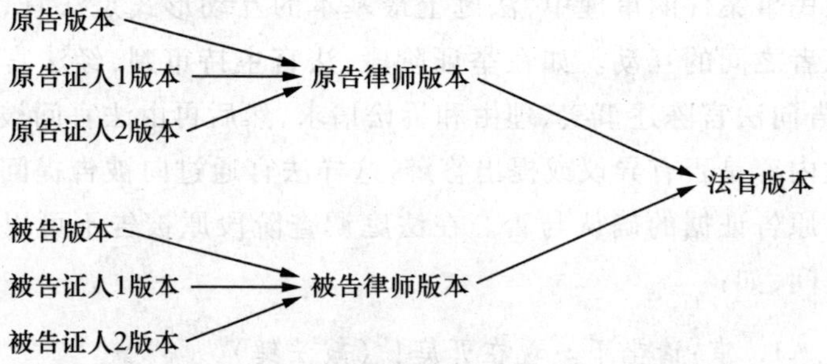

图　6-3①

统一关系有两个层次:

第一层次是原被告或控辩双方之间关系在诉讼目的上的统一。原被告或控辩双方的最终目的都是为了赢得官司,在这一点上他们有统一的一面。第二层次是原告及其证人与原告代理人之间关系的统一和被告及其证人与被告代理人之间关系的统一。

6.1.3　法庭言语角色之间的交叉互动关系

开庭审理并不是单一主体的单方诉讼行为,而是所有诉讼法律关系主体集合性的诉讼活动,因此法庭活动中的语言使用者之间是一种交叉互动关系。这里所说的"交叉互动"不是指言语角色可以互相换位,比如原告会变成被告,而是指法庭上一方言语角色在说话时其他多方角色根据自己的不同目的同时作出反应,因此法庭上说话者和听话者之间的交叉互动是在一对一的互动基础上的交叉互动。从图 6-1 和图 6-2 可以看出,在民事案件审理和刑事案件审判中,法庭言语角色有所不同,因此下面将分别从民事案件审理和刑事案件审判两个方面及法庭言语角色之间的复杂关系进行说明。

① 参见廖美珍:《法庭问答及其互动研究》,法律出版社 2003 年版。

1．民事案件审理中言语角色之间的交叉互动

① 民事案件审理中言语角色之间的基本互动模式

在民事案件的审理中，法庭上最基本的互动形式是法官、原告和被告三者之间的互动。如在举证阶段，法官主持审判，经法官许可之后，原告向法官陈述事实、理由和诉讼请求，然后再由法官问被告对原告陈述内容是否有异议或提出答辩，这样法官通过向被告提问的形式达到对原告证据的确认与否。在法庭调查阶段原被告不可以直接向对方提问，如：

1．审：请坐下。现在开庭！（敲法锤）

南京市某区人民法院（1's）根据《中华人民共和国民事诉讼法》第120条、第145条之规定，今天上午在这里按照简易程序（1's）公开开庭审理原告尤某某（1's）与被告（1's）王某某、王某出资转让协议效力纠纷一案。下面进行法庭调查！首先由原告向法庭陈述你方起诉的事实、理由和诉讼请求。

2．原代：第一，请求法院依法判决王某某和王某之间（1's）就~南京某广告咨询有限公司（1's）所签订的（1's）股权转让协议（1's）无效；第二，判令（1's）两被告承担本案的全部（1's）诉讼费用。

事实和理由如下：……

3．审：原告陈述完毕吗？

4．原代：代理人陈述完毕。

5．审：下面由第一被告（王某某）对原告起诉的事实、理由和诉讼请求进行答辩。

6．被1代：原告（1's）并不是南京某营销策划有限公司的股东，因此，原告没有诉讼主体资格。

下面是从法庭问答互动的角度所画的图示。

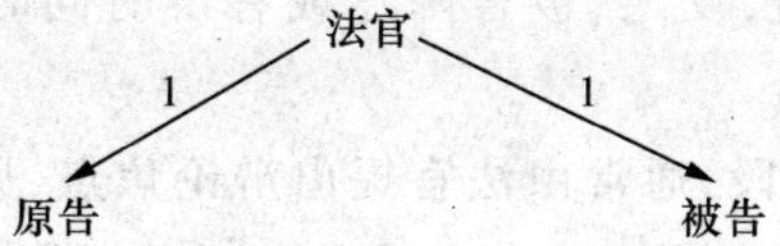

图　6-4

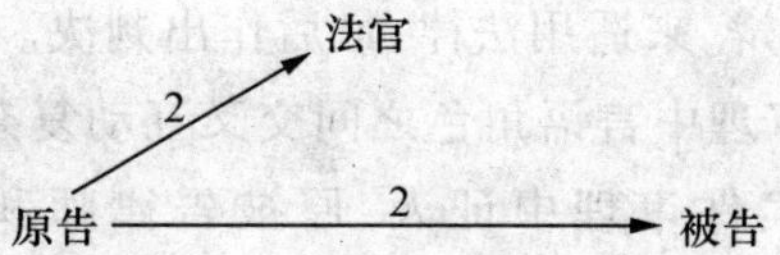

图　6-5

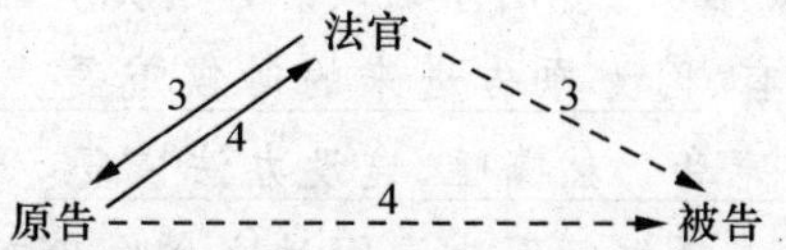

图　6-6

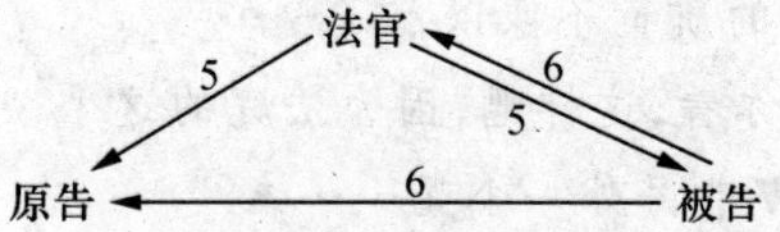

图　6-7

把上面四幅图叠加在一起，就有了下面这个复杂的交叉互动图：

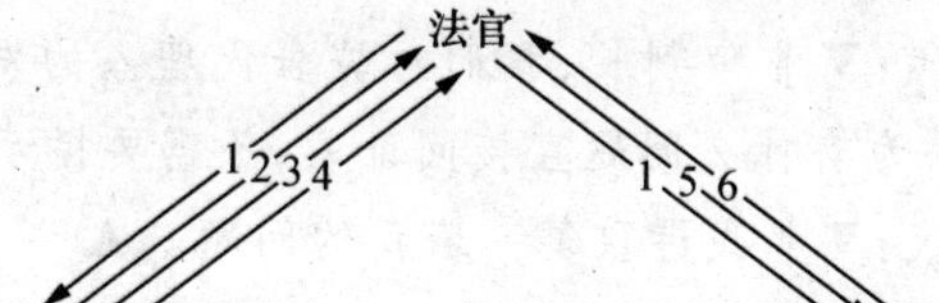

图　6-8

事实上，在法官与原告的问答过程中，当法官发出问话时，原告和被告是同时接听的，只有这样，当原告作出回答后法官对被告发出提问时，被告才能作出相应的反应。因此，尽管原告和被告之间不作直接问答，但还是参与互动的。在原告说话时，同时接听的是法官和被告的话语,反之,被告陈述或答辩时同时接听的是法官和原告的话语。

在法庭辩论阶段,通常由法官提出辩论焦点,原被告可以直接向对方发问和论辩,因此他们之间的直接互动是受限制的。但其实在这一阶段最终的受话者是法官。法官根据举证阶段证明的证据和原被告在辩论阶段的论辩,来适用法律,最后作出判决。

② 民事案件审理中言语角色之间交叉互动复杂模式举例

下例是民事案件审理中证人、原被告律师和法官的一个互动经过。

(审:好,被告方,对刚才证人陈述有无异议?)

1. 被代:有,因为原告进来的时候就是声音基本嘶哑的,少数人做了以后声音仍然嘶哑,这没办法恢复。请问原告是否向医院里的主任或者是主管医生询问过这个嗓音恢复不了的原因吗?

2. 证1:嗯~她不是声音嘶哑了来看的。她咽喉不舒服(1's)整个一个声音的质量不像以前了……

3. 被代:你看,这样吧,因为法庭的这个……▲

4. 证1:▼‖另外一个呢……▲

5. 被代:我问你什么,你针对我的问题回答我,好不好?▲

6. 证1:‖▼我指出你刚才问的过程当中有些问题。▲

7. 被代:应该说我问你。▲

8. 原代:▼‖审判长,我们对被告代理人的发问方式提出异议。我们认为有什么问题直接问证人,不需要提示和诱导。▲

9. 被代:▼‖我再重复一遍我的问题。▲

10. 审:▼‖好,抓紧时间。

11. 被代:我再重复一遍我的问题。手术以后△,病人嗓音没恢复,你有没有向主任或者是主管医生提出过?

这是在法庭辩论期间,被告律师想用提问中的一个预设(见划线部分)达到辩论目的:给人以一个“原告在去医院就诊之前就已经是声音嘶哑”的印象,说明原告的声音嘶哑不是在手术之后才出现的,因而医院不承担医疗责任。当这一目的被证人识破,并指出被告律师的提问有问题时,被告律师尚不罢休,想要继续。这时原告律师立即请求审判长予以制止。当审判长准许并制止了被告律师之后,被告律师显得手足无措,最后还是承认了“术后声音嘶哑”这个事实。用图 6-9 表示如下:

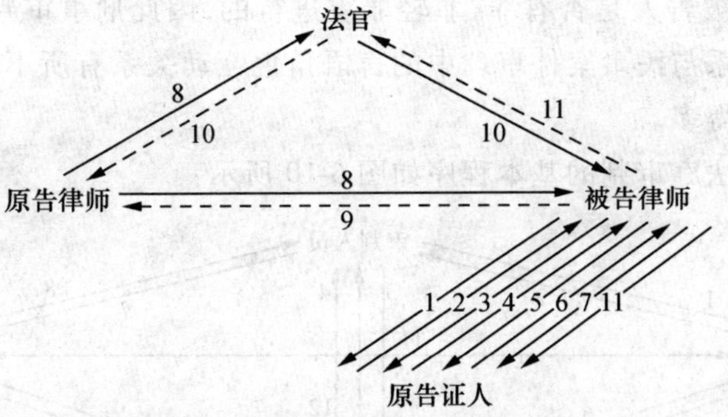

图　6-9

图 6-9 中的数字标示分别表示的是:1—7 是被告律师和原告证人的问答,8 是原告律师向法官对被告律师的发问方式提出异议,9 虽然是被告律师对原告证人的提问,但是她对原告律师作出了反应,所以用虚线表示,10 是法官对原告律师的提出异议作出反应并对被告律师作出制止,其实也是对原告律师的反对作出的反应,11 是被告律师对法官的指令、对原告证人的反对和对原告律师的异议等作出的反应(改变提问方式并承认“术后声音嘶哑”)——重新回到与原告证人的互动。其中的虚线表示听话者虽然未直接与发话者有言语互动,但对发话者发出的话语作出了反应。

可以看出,在被告律师和原告证人之间针对一个小话题的互动过程中,原告律师和法官参与了他们的互动。而原告律师和法官的参与是建立在同时接听被告律师和原告证人之间互动的言语这一基础之上的。在法庭言语的互动中,一个言语角色在发言时,必须考虑与其他言语角色之间的关系,因此,说话的目的要明确。一个言语角色所说的话可能是多方角色作用下的结果,如上例中被告律师的最后一个提问。法庭所有的互动中,最终的话语接受者都是法官。

2. 刑事案件审判中话语角色之间的基本互动模式

刑事案件的审判是在审判人员的主持下，由代表国家提起公诉的公诉人举证，辩护人质证，以及辩护人提出证据，公诉人进行质询等方式、方法，当庭全面审查证据和查明案件事实情节的活动。整个审判都是针对被告人是否有罪、罪轻罪重进行的，因此刑事审判的言语角色互动关系与民事案件审理中的言语角色互动关系有所不同，它要比后者复杂得多。

刑事法庭审判的基本程序如图 6-10 所示：

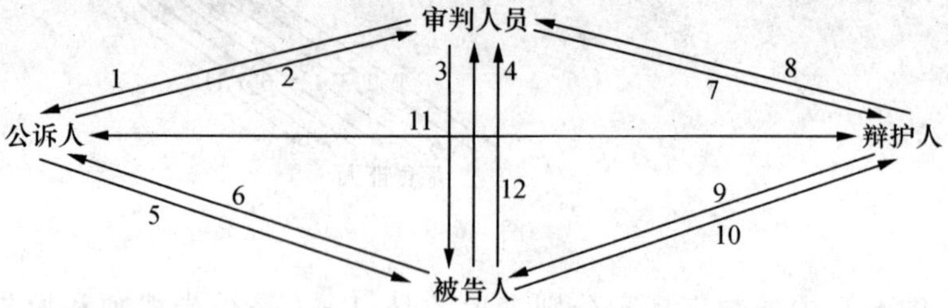

图 6-10

下面举例说明：

1. 审判员发出指令：由公诉人宣读起诉书！

2. 公诉人宣读起诉书；

3. 法官向被告人确认：被告人陈某某对刚才公诉人宣读的起诉书是否听清？

4. 被告人确认：听清。

5. 公诉人向被告人讯问：被告人池某某，现在公诉人对你讯问，你应当如实向法庭陈述，不得隐瞒，听清楚了没有？

6. 被告人回答：听清楚了。

(……)

7. 审判员向辩护人提问：辩护人要否向被告人发问？

8. 辩护人回答：有。

9. 辩护人向被告人发问：池某某，下面辩护人对你提起发问，你要如实回答。

10. 被告人回答：好。

(……)

11. 当法庭调查结束之后进入法庭辩论阶段，控辩双方可以自由答辩。有时审判长会给出指令，如：先请公诉人发言；下面由被告人自行辩护；下面由被告人池某某的辩护人发言等。

12. 被告人在法官发出指令之后作最后陈述。

以上是刑事案件审判过程中法庭调查和法庭辩论阶段四个基本言语角色之间根据审判程序而进行的互动。其中4和5之间还应该有审判员的指令："下面由公诉人向被告人池某某讯问"；11首先应该也是在审判员下了指令之后（"法庭调查结束。下面进行法庭辩论！"），才由公诉人发言。在这里为了使分析更加紧凑，它们都被省略了。值得一提的是，箭头表示的是问答情况，如果考虑话语接听者，关系则会更加复杂。

这是刑事案件审判中法庭言语角色之间交叉互动的基本模式。即使公诉案件在侦查起诉阶段，也就是审判之前，犯罪嫌疑人已经认识到了自己的罪行并愿意认罪，但是根据我国《刑事诉讼法》的一项基本原则（也是我国《刑事诉讼法》第12条的规定）——"未经人民法院依法判决不得确定任何人有罪"，他还是会被起诉到法院，这时被称为被告人。在这种情况下，被告人可以不要求辩护人出庭为他进行辩护。这时刑事案件审判变成了法官、公诉人和被告人三者之间的交叉互动，但这种情况比较少。

3. 法庭言语角色之间的复杂关系

在日常生活中，人与人之间有着复杂的社会关系。当彼此发生纠纷或者当一方的利益受到侵害时，他们中受侵害的一方会选择把另一方起诉到法院，这样原来只有社会关系的两个个体之间又增加了法律关系。通常在民事案件审理和刑事案件的审判中，原被告之间和控辩双方不是一对一的关系，而是有多个原告或多个被告，其中各原告之间或各被告之间又有着复杂的社会关系和法律关系。

以刑事案件审判中法庭言语角色之间的复杂关系为例，如2004年11月在河南省某市中级人民法院开庭审理的由某市人民检察院公诉、附带民事诉讼原告人冯某某提起民事告诉的特大涉黑团伙一案。被告单位是郑州某运输有限公司;被告人有宋某某、马某某、郝某某等62人。他们涉嫌组织、领导、参加黑社会性质组织罪,故意杀人罪,故意伤害罪,抢劫罪,绑架罪,非法拘禁罪,寻衅滋事罪,聚众斗殴罪,敲诈勒索罪,盗窃罪,非法买卖枪支罪,非法持有枪支罪,强迫交易罪,偷税罪,非法经营罪,销售伪劣产品罪,故意销毁会计凭证罪,窝藏罪,包庇罪。

多个原告及其代理人之间的复杂关系和多个被告(人)及其代表人或代理人之间的复杂关系都是法庭互动中各角色要考虑的因素。他们在案件的法律关系中所处的位置各不相同,因此他们的言语目的也各不相同。言语角色多,原被告或控辩双方角色就复杂。角色关系的复杂,又导致了角色之间交叉互动关系的复杂。

6.2 法庭言语各角色的言语特征

通过上一节的分析可以看出,法庭各言语角色的权势作用明显,各角色之间话语权不同,言语目的也不是单一的,因此他们之间的互动必须考虑双方或多方的角色功能、权势和地位等关系。另外,法庭审判还有一个效率问题,法官不可能花大量的时间倾听双方当事人的家长里短或者事件的每一个无关紧要的、繁琐的细节,甚至被侵权人带有个人情绪的宣泄。在法庭辩论过程中,“辩明即止”原则也是讲究效率的一种表现,它要求控辩双方不可过于纠缠。在这些因素的作用下,法庭言语各角色的言语也就各具特征。

总的来说,法庭言语活动中的言语角色可以划分为两大类:一类是法律职业人员,如法官、公诉人、律师等;一类是非法律职业人员,如普通的原被告、证人等。一般而言,法律职业人员比非法律职业人员更具法律知识并更熟悉庭审程序,因此他们的话语也更具有法律语言特征,这已经在第四章中论述过,此处不再赘述。以下讨论的是各言语角色的具体特征。

6.2.1 法官的言语特征

法官的言语特征是角色功能、权势、目的、效率等因素共同作用的结果。法官的职能和任务是代表国家行使审判权，根据诉讼程序，查明案件事实并适用法律，最后作出判决。因此，法官在法庭审判中具有国家赋予的权力，这种权力部分体现在诉讼程序中的一些具有权威性的标志，如法庭布置中有国徽、法官的高台和法官袍、法锤等。法官的权力和权威赋予了他们在法庭言语交际中的极高权势。法官的角色功能有程序司仪功能、实体调查功能和宣判功能。在这三种角色功能的作用下，法官的话语就具有了礼仪性（主持，尤其在开始与结束时，接近于表演）、控制性（说话轮次的决定权）和表述行为（performative act）功能（如在刑事案件审判结束时，法官说"把罪犯押出法庭"）等特征。

1. 强式的言语方式

体现话语权势的言语手段主要有提问、控制话题和打断。法官具有极高的权势，因此使用的言语手段比较强式。他们的提问、控制话题和打断都具有独特性。

① 提问：法官一般不提问，尤其在刑事案件的审判中，但如果案件的原被告牵涉的人多且关系复杂，他们会在法庭调查阶段提问。

"呼语＋核心问句"是法官典型的问话形式。尤其是在刑事案件审判中，被告人权势最低，法官的"被告人＋姓名"的称呼显示其极高的权势和威慑力。在下面的例子中，公诉人认为根据公安部门的侦查和公诉人的控告，被告人是在否认自己的罪行，使得讯问不能继续，法官按照程序先让辩护人提问，最后亲自对被告人进行了讯问。

公：殷某某，你跟张某是(3's)怎么认识的？是什么关系啊？

被：大概去年的10月份吧，在无锡市某某吧、迪吧摇头时认识的。

公：在迪吧里面认识的？

被：对，认识了以后，大家感觉还可以，然后就同居了。我把她当做女朋友,因为她以前也经常吸食摇头丸,跟我在一起就贪图△我给她摇头丸吃,她可以不用花钱,再说跟我在一起多多少少可以有点生活开销吧。▲

公:▼张某有没有帮你卖过摇头丸?

被:我不知道,我没有指使她卖过。

公:审判长,鉴于被告人殷某某对犯罪事实矢口否认,公诉人也不再讯问。

审:被告人殷某某指定辩护人对被告人殷某某是否需要发问?

辩:殷某某

被:到。

辩:你自己是否吸食毒品?

……

审:被告人殷某某

被:到。

审:本庭问你几个问题,希望你如实供述。张某跟你认识以后,她(1's)食用的摇头丸是哪里来的?

② 控制话题:法官通常都是以指令性的话语引入话题的。发出指令性话语时,往往前面加呼语,以指定由谁继续话轮。如:

审:马某某,下面你~陈述一下起诉书指控你的(1's)故意伤害罪。

在法官权势的作用下,他们的提问有时相当于指令。

公2:审判长,暂时发问完毕。

审:辩护人有无发问?

辩1:刘某某,张某某是否是你让他们去柯桥打架的?

被:没有。

实际上法官问"辩护人有无发问?"是让辩护人在公诉人的发问完毕后对被告人进行发问,因此辩护人并未直接回答"有"或者"没有",

就直接开始向被告人提问了。

③ 打断:法官的打断通常不仅仅是打断话题而已,而是对话语导向进行约束。这种约束来自于庭审的程序和任务——揭示案件事实,然后适用法律。下例中被告代理人在举证阶段用相关法律条文来发表对原告屈某某不符合诉讼主体资格的辩论意见,偏离了主题。

审:被告(1's)对刚才原告举证证明的问题是否有异议?

被代:这些说法,不能证明原告屈某某符合主体资格的要求。诉状和卷宗材料反映,在本次交通事故中,原告屈某某,没有受到直接的伤害。根据《民事诉讼法》和《最高人民法院关于确定民事侵权精神损害赔偿若干问题的解释》对原告的主体资格的限定性规定,如果原告屈某某是以屈某(婴儿)的父亲的身份出席本庭(1's)应是不适合的。屈某当脱离了母体,独立呼吸之后她就取得了中华人民共和国公民的资格,就有了相应的民事权利能力,▲

审:▼停一下,被告注意,你现在是对证据发表你的质证意见,并不是要求你在此发表辩论意见,你听明白了吗?

被代:听明白了,审判长。也就是说原告方才向法庭出示的证据不能证明原告之一屈某某具有原告的主体资格。答辩完毕。

2. 公事公办,不带感情色彩

① 称呼:司法体系的运作,在使用权势时,追求的是公事公办,原则上判决是不受当事人的性格或个人感情影响的。人们经常把法律比作是一台机器,或者一个不具实体的体系。这意味着法庭上的人只用他们在法庭上的角色代号指称(如当证人举证结束时,法官说"证人可以退席")。但是,如果有多个原告,法官会具体指明,如:

审:当事人△孩子的母亲可以陈述。

原1:三个月都不会翻身,……脸色一点也不正,头发也很少? ▲

审:▼好了,就说到这儿。孩子父亲有什么要补充的?

原2:没有。

在法官的第一句话中,从"当事人"转换到"孩子的母亲",再到"孩子父亲",这说明法官通常多习惯于用"原告"、"原告方"或"当事人"来称呼。

② 使用正式语,以保持距离,显示权势;也使用法律专业话语。

法官的话语是最正式的,包括用词、语句完整、篇章规范化。这也是区别于其他法庭言语角色的一个重要方面,是权势的一种体现。

③ 语速平缓,不带个人感情,不发表个人意见。

法官的言语主要是程序司仪性的,因此法官的语速平缓,不带个人感情。他们只在法庭调查阶段会对案件事实进行提问,不发表个人意见。即使在发出指令时也用"本庭"、"本院"等来称呼自己,以显公正,如:

第二被告和第三被告,再准确地回答一下法庭的提问。

双方的争议法庭听得很清楚。鉴于双方在法庭调查阶段上一轮的辩论中已充分阐述了各自辩论意见,双方如有新的观点,可以在向法庭提交的书面代理词中予以阐述。

6.2.2 律师的言语特征

1. 法律专业话语性

一般而言,非法律职业人员不懂法律或知之不多,在法庭上陈述案件事实时,只能做到陈述事件本身,很少能把案件事实与相关法律联系起来进行陈述,因此很少使用法律术语,表述也不紧凑、不精确,所以不能充分说明问题。如表6-2就是在一起名誉权纠纷案中,原告在接受媒体采访时对自己受侵害经过的描述和他的代理人在法庭上陈述的对照:

表　6-2

	原　告	原告代理人
时间	那天晚上两点多	2004 年 5 月 14 日清晨 2 时许
地点	在吃完夜宵后回公司加班(途中)	原告在公司附近的餐厅用完夜宵回公司,途经位于某某路被告所属的某某路分店与原告的单位夹墙处。
人物	我和小秦	原告
	(被)两个男的	(被)两名男子(该两名保安)
事件	把我们当贼了	(被身后赶上来的两名男子)当做盗窃犯拦下
经过	他们拦住我们,把我们带到了旁边的一家商场,就是某电器店。	这两名男子……手持警棍,强令原告蹲下,然后又动手将原告强行拖到某电器有限公司某某路分店店内。原告不从,其就用脚猛踢原告。原告被拖到店内以后,二人即锁上大门,又强令原告双手抱头,蹲在地上,接受询问。其他过路的同事见状,即进行交涉,未果。同事就(打了)～电话报警。幸亏民警及时赶到,制止了被告工作人员的不法行为。
相关人物描述	当时想大概～△碰到流氓或是抢钱的了。	这两名男子后经民警证实为被告所属某某路分店的保安,其中一名赤膊穿短裤的保安,手持警棍。
结果	我现在已经换了工作。小秦现在还做夜班,他说他每次出去,总怕有人从后面叫,听到人家大喊,心里就毛骨悚然。	本案事实与行为已经使原告的人身受到侮辱,名誉受到侵害,并造成原告身体上及精神上的伤害。

通过比较可见,律师把当事人对事件的描述进行了专业话语的转换,这种转换不仅在用词上使用了法律术语,如"贼"和"盗窃犯"、"我"和"原告"等,在事件发生的时间、地点等方面都做到了描述精确,句子结构完整,用语正式、紧凑、严密,在描述事件经过和被告行为等方面突出了被告行为的侵害性,在结果的描述上强调了侵权的严重性。因此在法庭上,律师的言语效果明显比不懂法律的当事人的言语

效果要好得多。

2. 言语目的明确

事件本身的事实不一定等同于案件事实,因此,在举证时,不只是陈述事件本身,更重要的是陈述与相关罪名的法律适用有关的案件事实。比如在白某某触电身亡之后他的家人提出了人身损害赔偿诉讼这一案例中,事件本身的事实是白某某触电身亡,而在法庭审理案件的举证阶段,法官要确认的是导致白某某死亡的相关法律责任人或单位的违法行为、管理不善、连带责任等有关的事实,我们称之为案件事实。而且,根据不告不理的原则,如果被告对原告的侵权或侵害行为有好几项,但是原告在起诉时诉讼请求只牵涉其中一项,法官在审理案件时也会只针对原告诉讼请求中的一项侵权或侵害行为进行审理。因此,在法庭调查阶段,对案件事实的陈述是有选择的。在法庭辩论阶段,辩论的是案件事实是否符合罪名的相关法律适用,辩论的根据应该是相关法律条文。

律师作为法律从业者,精通法律、熟悉司法程序,所以在举证阶段回答法官提问或陈述案件事实时,或者在辩论阶段,他们的言语目的较明确。在前面已举过的案例中,原告屈某某开车载着怀孕七个月的妻子张某某,突然被某设计研究院的司机追尾,造成张某某早产。屈某某和张某某将某设计研究院告上了法庭,要求赔偿财产损失和精神损失等。在此,试比较原告代理人和原告在法庭举证阶段对案件事实的相关陈述:

审:下面对第三节争议事实,由原告举证。

(原告屈某某、张某某认为婴儿出生时仅妊娠32周,体重仅2千克,完全符合早产儿的特征。由于车祸造成早产,引发婴儿身上的病理反应,有大连市儿童医院出院小结一份为证。)

原代:关于她(婴儿)出生后的症状,在出院小结中也有记录,比如呼吸困难、反应迟钝、哭声无力、有点出血、皮疹等。这在提交证据的时候,已经提交给法院。

审:当事人△孩子的母亲可以陈述。

原1:三个月都不会翻身,到现在快十个月了才刚刚长两个小牙，现在坐着头还倒。人家十个月的孩子，根本可以站起来走了。现在根本坐都坐不住。一抱出去，人家说你这小孩多大了，我都不好意思说十个月。现在还不会爬呢，人家十个月孩子能不会爬吗？她四肢根本都没有力气。而且颈椎老是晃，头老是晃。眼睛到现在也是看什么都觑着。脸色一点也不正，头发也很少。▲

审：▼好了，就说到这儿。孩子父亲有什么要补充的？

原 2：没有。

很明显，原告代理人的陈述注重证据——出院小结中的记录，言简意赅，也注重证据的效力问题，达到了举证的目的。而原告本人的陈述主观性强，且带有明显的情绪，话语缺乏条理，证明力不大，因此被法官打断。

3. 言语策略性

律师很清楚法庭言语中的这种权势的不平衡，因此他们在庭审过程中会有意识地利用这一点，并根据不同的交际对象，采用不同的策略。

① 因为法官是最终的受话者，所以他们对法官会采用礼貌用语；他们还注意话语效率——经济原则，如："我就不再多说了"，"不知道这又是怎么一回事？"

② 对己方当事人或证人，采用亲和原则来使用他们的言语策略；对己方证人的询问，更像是明知故问，话语语气缓和，以突出某些重要信息。

③ 对对方当事人、代理人或证人则采用针锋相对的策略。对对方证人进行控制，目的是为了让注意力集中在律师而非证人身上；通过提问让证人断裂式回答，以否定证人及证言的可信度。

在法庭上律师使用权势更多地体现为他们对证人的控制，主要表现在以下几点：

① 律师使用的权势主要与他们有强迫对方作出回答的权势有关；

② 这种权势等于对证人的控制；

③ 对证人的成功控制有三种方法：坚持角色的完整性（如律师不

回答证人的提问,以显示自己的权势);控制进程;最重要的是提问形式的选择——缩小问题答案的选择范围(如只回答"是"或者"不是"),以保证质证者(律师)而非回答者来控制证据的叙述。

④ 与大多数语言现象不同,对证人的这种操纵方法都是在律师有意识的控制下进行的。

6.2.3 公诉人的言语特征

公诉人在法庭审判中的角色有点特别,因为我国刑事诉讼的当事人不包括公诉人。公诉人在刑事诉讼中实际上处于原告一方的地位,并且独立地执行控诉职能,但是公诉人作为国家追诉权的具体执行者,同案件事实之间并不存在直接具体的切身利害关系。公诉人参加刑事诉讼不是基于私人利益受到了犯罪行为的直接侵害,而是基于职责的要求,是代表国家在追诉罪犯,保护国家和人民的利益,其中也包括被害人的权益。因此,公诉人参加刑事诉讼的这一特点,同基于个人利益而提起诉讼、追诉犯罪的原告是有原则区别的。

1. "明知故问"

公诉人在法庭上的问话是建立在公安机关侦查和检察机关检察之后,查明案件事实的基础之上的,因此公诉人的提问也是"明知故问"。但是,公诉人的"明知故问"与律师对己方证人的"明知故问"不同。公诉人是通过对被告人的"明知故问"让被告人自己构建整个案件的事实经过,达到公开审判的目的。当然,以提问的形式让被告人陈述案件的事实经过,还有一个因素就是前面所说的,案件事实与事件本身是不一样的,因此法庭上的陈述(通常以提问的形式完成)是有选择性的。

公:什么时候有了要编造爆炸信息的这个想法的?

被:那天(2's)他们来了以后看见我,特别得意,因为去年他们把我打了以后,我没报警。然后(1's)今年他们重新来了就比较得意。还向我示威。我回到家里越想越生气。

公:他来了以后比较得意,跟你示威,怎么个得意示威了?

被:冲我笑,就像在嘲笑"把你打了,你也不敢报警",就那样。

公:你是说整个歌舞团的人还是? ▲

被:▼不是,就那个(3's)两三个人吧。

公:就两三个人?

被:对。

公:去年? ▲

被:对。

公:歌舞团来了以后有两三个人打你?

被:对。

公:当时把你打成什么样了?

被:就抽了我一顿嘴巴,然后骂了我。

公:当时抽了你嘴巴骂你?你没有报警?

被:‖对‖没有报警。

公:那你的(1's)这个<u>手</u>(2's)△用哪个电话报的警?

被:手机。

公:手机?哪个手机啊?

被:店里的。

公:店里的手机?

被:对。

公:店里的什么样的手机?

被:就是一个修手机的备用机。

公:手机的备用机?

被:对。

公:是什么型号的?

被:波导的。

公:波导什么型啊?

被:928。

公:波导928型的?

被:对。

公:<u>卡呢</u>?

被:因为我没有手机,我就拿店里的一个卡号。

……

公:审判长,询问完毕。

上例中公诉人的讯问"那你的(1's)这个手(2's)△用哪个电话报的警?"和"卡呢?"都可以看出公诉人在审判前就对案件过程调查得很清楚,但是为了审判的公开原则,还是"明知故问",让一些细节通过被告人自己的口说。"那你的这个手△用哪个电话报的警?"中,公诉人说的"这个手"实际指的是"你用来报警的手机",后来觉得这样太明显,因此进行了修正,"用哪个电话报的警?"。

2. 使用重述结构来确认

在上个例子里,还有公诉人提问的一种结构——重述结构。如下面的问答中的划线部分:

公:那你的(1's)这个手(2's)△用哪个电话报的警?

被:手机。

公:手机? 哪个手机啊?

被:店里的。

公:店里的手机?

被:对。

公:店里的什么样的手机?

被:呃(1's)一个(3's)旧的,就是一个修手机的备用机。

公:手机的备用机?

被:对。

公:是什么型号的?

被:波导的。

公:波导什么型啊?

被:928。

公:波导 928 型的?

被:对。

这种重述结构在法官的提问中也有,主要用于确认事实。

3. 话语的劝诫性

公诉人在开始讯问前会说具有劝诫性的话,如“今天开庭,希望你呢这个实事求是的啊(1's)回答问题”。而当被告人不承认案件事实时,公诉人又会使用另一种形式的劝诫,如:

公:你过去跟公安机关所交代的情况跟今天不一样。公诉人提醒你,公诉机关对你的认定是有(1's)充分证据的。对故意杀人罪,最直接的就是判死刑。但是公诉机关认定你犯罪情节较轻,同时也是从你有些不幸的方面去考虑,所以给你认定了故意杀人罪(1's)最轻的量刑。但是这个量刑还要三年以上十年以下徒刑,公诉人希望你能在这个量刑幅度内争取从轻处罚。现在公诉人对你进行讯问,你不如实交代自己犯罪事实,公诉人只能根据你的交代、你的证据向合议庭提供。这样的话,你就失去如实交代自己犯罪事实的这种有利机会。▲

被:▼我做了我都说了,我没有改口供。▲

公:你是否能够受到从轻处罚,就在于你自己把握。有没有听清楚?

6.2.4 原告、被告的言语特征

1. 法律专业话语性不强

原告、被告往往不能有效地把一般词汇转换成法律术语,不会使用法律专业话语或正式话语来表达,话语的转换需要法官来完成。

审:你垒墙,是否经过大队或者经过乡政府以及哪个部门批准?

被:哪也没经过。我哪儿也没打招呼。我想这墙我垒了呢可以防止水土流失,是不是?原来也有一大坑,我自己拉土就垫了的。

审:嗯,就是你买了大队的房?

被:嗯。

审:但使用界限也不清,▲

被:对,没说,买了大队的房,就一直使用,▲

审:就是私自所建。▲

被:一直用着呢。

审:用着怎么会建墙呢?你准备作为你宅院的使用范围吗?

被:我这是怕土给流失了呀。

审:垒墙的目的是不是作为你的宅院使用范围?

被:不是,我是怕土给流失了。

审:啊?

被:我说这地基,这土不往外流吗?水一直往里渗是不是,要不房也塌了。

审:现在就是说我来问你,两原告起诉,南角那墙妨碍通行,特别原告张某刚才陈述说到的家中有一个农用三把子车出行拐弯相当不便,你对他们具体诉讼请求你是什么意见呢?

被:我个人认为车能出来,因为我的墙是直线过来的,是不是?哪也没占着他们呀。

审:你个人步行出入都没问题,但是农用车拐弯,需要有个角度,你看到没有?

被:看见咋的?都那样,哪个过道不那样?你可到处看看试试。

审:二原告诉讼要求你把垒的地基和墙拆除,你什么意见呐?(这里的"意见"是审判人员要求被告发表自己对此事的看法。)

被:我没什么意见。(此处"意见"是被告表示其对两名原告并未有矛盾或抵触情绪,这与审判人员所问的意见并非同一含义。)我就是想房子漏了还得修,还得占用,是不是?

审:我问你,你听懂我的问话啊,因为二原告具体的诉讼请求里面谈到了要你把这个角拆除了,以便他们通行,你有什么意见?你同意不?

被:我想给他的车不造成交通障碍我都不同意,你硬要说造成障碍了那我有啥办法呢?

审:你别这个态度嘛。

被:不是吗?你硬要说造成障碍了我有啥办法,是不是?

审:一起去看看是吧,因为你不走这胡同,二原告走这胡同。

被:是。

审:是吧?

被:嗯。

审:他们的车从这出来,你垒完墙以后,这过道、这弧度肯定成直角了,他拐弯蹭你墙,电线杆搁着呢。在这他肯定是直行了,你看以前这是个活弯,现在垒成直角了,过道南口宽度肯定窄了。

被:不窄,肯定不窄,哪儿也不窄。我是拉直线过来的。

审:那咱们一起到现场看看。

上例审判员和被告之间的对话中,审判员的用词明显正式,并使用了很多法律用语,如划线部分的"经过乡政府以及哪个部门批准"、"使用界限也不清"、"私自所建"、"他们的具体诉讼请求"等。

2. 法庭言语目的性不强

原告、被告一般不熟悉法律及法庭程序,在法庭上只强调事实本身,不能与某法律条文的相关性相结合。

审:原告陈述完毕吗?

原代1:代理人陈述完毕。

原代2(原告母亲):我有一点。

审:嗯?

原代2:被告王某某,2003年7月24日买这个股权的时候,她跟我儿子说,要退股给其他人了,她要12万元。儿子跟我说了,我想我媳妇的事情要比我儿子的事情还重要,比我自己的事情还重要,所以我在2个小时内借了12万元给她去买股。再加上我儿子买断工龄的钱4万(1's)去买的~70%的股份。试问这个股权怎么会变成她父亲的呢?她父亲什么时候给她的钱?她什么时候借父亲的钱买这个股的呢?

我借钱有依据,有银行存单。▲

审:▼好,原告代理人,对于本案王某转让股权,还有什么补充意见没有?

原代2:补充意见？▲

审:▼对她转让本身。

原代2:本身她们就是恶意串通,她就是要把所有的财产全部转移掉,要损害我们的利益。

审:没有了是吧?

原代2:是。

审:原告还有没有补充的,本人?

原:我的本意是不想选择在这里解决这件事的,其实我们~我们的婚姻是~曾经幸福过的,随着被告的地位和财产△钱财的增多,她的(1's)哼~良心也起了变化。▲

审:▼好,原告~你所陈述的事实要与本案案件有关,好吧?

上例中的原告及原告代理人2(原告母亲)的陈述主观性较多,而且在举证阶段的陈述也是对所举证据发表的意见,是针对当时的情景或实情进行的描述。由于不能把事实与法律相联系,也不熟悉庭审程序,所以经常答非所问。

6.2.5 证人的言语特征

一般证人处于权势的底层,话语权很少,因此他们的话轮都是法官或律师给的。他们常常被律师用做一种证明事实的手段。他们一般只能回答问题,不能提出问题,答话的内容常受律师的影响和限制,不能凭自己的意愿偏离或转换话题。他们的话语主要起认定案件事实的作用,所以话语的内容主要是他们看到的或经历过的事实。

专家证人因为具有专业技术知识,他们的话语权大于一般证人。专家证人在庭审中能显示证言的权威,对相关事实起鉴定作用。

证1:今天鉴定人有两位,我姓顾,顾某某,她叫江某某,我们都是某省法庭科学技术鉴定研究所的。我是鉴定中心的主任,她是鉴定中心的法医。

整个鉴定过程,我请法医江某某说一下。

证2:中心于2004年6月24号接到某市中级人民法院的委托,对陈某目前是否患有疾病、病情程度如何形成鉴定,下面是被告医疗行为与陈某损害结果之间是否有因果关系形成的鉴定，鉴定结论一：某省第一人民医院在为陈某提供医疗服务过程中，没有尽到手术前的告知义务。鉴定结论二：陈某患情绪障碍与术后嗓音没能恢复心情不好有关。

证1：1994年我国颁布的《医疗机构管理条例》规定：在做手术或做特殊检查和在一些特殊的治疗之前都要向患者说明治疗的过程，以及她中间所承担的△应该有的风险，以及这个手术后期的预期效果怎么样。这些都要向对方作一个陈述。

原代：嗯，鉴定人，对于这个方面的问题我想请教一下，这个~声带关闭不全，它是一种生理上的功能的一种现象，是吧？

证2：她声带关闭不全是在做一个喉镜检查的时候看见的。它是一种临床的一种现象。引起声带不全的原因有很多，有很多种。上述我说的是第一种，水肿之后声带的一种，第二种情况是一种功能性的，所谓的功能性的话，是跟人的心理有一定关系，这叫功能性的。还有一种情况是喉肌无力症，就是由肌肉力量原因而产生了一种关闭不全。引起关闭不严的原因有很多种。

从上例可以看出，专家证人的证言多用专业术语，他们的证言具有一定的权威，原告代理人用了“请教”一词来向她表示尊重。

第7章

法庭审判中的叙事话语分析

我国从1997年开始实行司法改革,其中民事审判方式改革的三个内容是:强化庭审功能、强化当事人的举证责任和强化合议庭(包括独任审判员)责任。其中,强化庭审功能是审判方式改革的核心。其中,法庭辩论的作用更为突出,法庭审判过程中各种论辩策略的使用有可能直接影响审判的结果。而作为法庭整体话语策略之一的叙事,在此背景下,其研究更具有实践意义。

7.1 庭审言语的叙事研究

叙事首先是作为文学要素发展起来的,因此通常被用于文学作品的研究。1969年,法国当代著名结构主义符号学家、文艺理论家茨维坦·托多罗夫在《〈十日谈〉语法》里面,第一次提出"叙事学"(narratology)这个名词,标志着叙事学作为一门独立学科的产生。尽管叙事学形成独立学科的时间至今只有四十多年,但是其研究范畴却发生了重大转移,这一过程肇始于俄罗斯形式主义学者对"故事"(fabula)和"情节"(sjuzet)的区分。这种把"故事"与"情节"区分开来的"二分法"直接导致了结构主义叙事学研究范畴的不同侧重,并且使结构主义叙事学研究范畴从20世纪60至70年代的关注故事/话语转向70年代之后的"融合性"叙事学研究。这一阶段的叙事学有很明显的受语言学影响的痕迹。

之后，受解构主义思潮的直接影响，叙事学从 20 世纪 80 年代末开始进入后现代叙事理论阶段。从本质上看，后现代叙事理论就是后现代叙事学，但是前者似乎更加受到学术界的认可和欢迎，其理由是，叙事学发展到后现代，已经不仅仅是关于文学叙事作品里诸如叙述者、叙述视角、人物、情节等叙述手段的工作原理的学科，而是扩大为包括小说、神话、日记、游记、谈话、电影、广告、戏剧、档案、诉状等一切语篇中叙述者、叙述视角、作者、读者、人物、情节、声音、时间、空间等叙述手段与政治、经济、文化、法律、道德、伦理、阶级、种族、性别等社会要素之间的互动关系。

"叙事无处不在。"现在叙事学已经成了一个多学科研究方法，叙事学被广泛用于各个领域的研究。从以"叙事"为关键词在"中国期刊全文数据库"中的搜索结果看，有文学、诗学、民间传说、神话等的叙事研究，教育叙事学研究，心理叙事研究，新闻的叙事研究，主持人叙事研究，广告叙事研究，医学叙事研究，道德叙事研究，教学叙事研究，思想政治教育叙事研究，还有法律叙事研究等。

国内以"叙事"为关键词在"中国期刊全文数据库"中的搜索结果共有 15336 篇文章，其中有四篇法律叙事的论文，有关法庭审判中的叙事问题的，只有徐伟和管振彬的《拉波夫模式框架下法庭提问中叙事构建》，文章很短，仅一个版面，作者对法庭提问中叙事结构的构建形式以及公诉人或律师如何依据叙事的结构特点对对方提出异议从而在提问过程中使用策略等都只是一笔带过，没有详细论述；安秀萍的《刑事司法文书叙事的详述与略述》，讨论的是详述与略述的叙述方法在刑事司法文书写作中的作用。可以说，从目前已发表的论文情况看，用叙事学理论对法庭话语进行研究的在国内还不多见，尽管叙事学这一学科的真正确立已经有四十多年的历史了。

在本书第一章中已经论述过，国外针对法庭审判中叙事的特殊性研究主要有以下几个方面：① 法哲学的逻辑实证主义的研究、规范三段论（normative syllogism），但它就像语义学中的实证主义一样碰到了所指问题;[①]② 符号/社会语言学的叙述模式研究,如 Jerome Frank 所著的 *Courts on Trial: Myth and Reality of American Justice* 中的第 12 章 Criticism of Trial-court—the Gestalt 运用的是格式塔理论;[②] Bernard S. Jackson (1991)所著的 *Law, Fact and Narrative Coherence* 一书的第 3 章 *The Narrative Model of Fact Construction in the Trial: Semiotics and Social Psychology*,也对法庭审判叙述模式进行了探讨并提出了修正意见;③ 叙事结构研究,如 Sandra Harris (2001)的 Fragmented Narratives and Multiple Tellers: Witness and Defendant Accounts in Trial 就是基于拉波夫的叙事结构——点题、指向、进展、评议、结局、回应等来探讨法庭叙事的结构特征;④ 法庭事实重建的研究,如 W. Lance Bennett (1981)所著的 *Reconstructing Reality in the Courtroom: Justice and Judgment in American Culture (Crime, Law, & Deviance Series)*,以及 Jerome Brunner (2002)的 *Making Stories: Law, Literature, Life*,他们都讨论了事件本身的事实与法庭上构建的事实之间的关系,而对法庭事实的构建离不开叙述;⑤ 法庭叙述技巧,如 Sandra Harris(2008)的 Telling Stories and Giving Evidence: The Hybridization of Narrative and Non-narrative Modes of Discourse in a Sexual Assault Trial 中认为法庭叙述技巧应该是叙述和非叙述的组合,一味地叙述或者相反都不是有效的法庭话语。Harris, Sandra (2001)的 Fragmented Narratives and Multiple Tellers: Witness and Defendant Accounts in Trials 探讨了叙事结构与叙事成分之间的关系,以及律师在直接询问和交叉询问中的叙事话语策略。

7.2 庭审中的叙事及其特征

7.2.1 庭审中的叙事

笔者在英国访学期间,旁听了多场庭审,有一次居然听到法官在

① See Bernard S. Jackson, *Law, Fact and Narrative Coherence*, Deborah Charles Publications, 1991.

② Ibid.

法庭上对当事人说“我感兴趣的并不是事实本身，而是看谁能够提供一个更令人信服的叙述”(I am not interested in the truth, but in who presents a more convincing narrative)。我惊讶于这位法官的话，之后问他这是否只是他的个人想法而已，他说“这很平常，而且这是体制”(It's common, and it's the system)。细想一下，他的那句话也不无道理，毕竟事实本身还要通过叙述才能显得合理；另一方面，也说明法庭审判中的叙述极其重要。另外，法庭审判中的叙述还有其特殊性：受法律框架的约束，叙述事实时还要考虑法律条文的相关性。

首先，在一系列违法事件发生后，受到侵犯的一方或公诉人会向法庭提起诉讼，要求对方对所造成的损失或所犯的罪行作出赔偿或受到法律制裁。诉讼就是从被侵犯人或公诉人对事件的叙事开始的。但原被告或控辩双方因为有极大的利益冲突关系，所以对事件的叙述版本可能会完全不同。

而对于法庭审判中的法官而言，他必须兼听双方的叙述，进行确认、审查、评价等，从而断定事实，作出判决。可见，在听了双方的叙述之后，法官的脑海中也形成了一个事件版本，他在最后作出判决的时候也是以叙述的形式来表达对事件的认定结果的。

其次，在法庭审判质证阶段，有时到庭作证的证人不止一个，那么在这种情况下，原被告或控辩双方是如何在提问中构建他们的叙事版本的？他们的事件版本的各个要素又是怎样进行有效衔接以达到“说服”法官的效果的？

最后，事件本身的事实在法庭上的叙述还要受法律框架的约束，因此还有事件事实和法庭事实之分。比如，当被告人同时对原告进行人身伤害和名誉损毁时，原告若只对被告人提出人身伤害罪诉讼，那么在当庭审判时，法官根据“不告不理”的原则，只对被告人的人身伤害罪进行审判，这样的话原告的叙事只能围绕人身伤害来展开。另外，根据证据法的原则，如果原告不能举证证明被告人对原告的侵犯是真实的，那么即使侵犯真正发生，事件的事实也构成不了法律事实。

从以上分析可见，法庭审判中的叙事有它结构上的、形式上的以及语境上的等独特性和制约性,对法庭话语的叙事分析也有其特殊的意义和价值。

7.2.2 庭审叙事的特征

1. 庭审叙事与一般叙事的相同点

① 两者都是对过去事件的叙述与事实重建。

叙事是在一个描写一系列虚构或非虚构事件的结构模式中被创建的一个描述(A narrative is a story that is created in a constructive format (written, spoken, poetry, prose, images, song, theater or dance) that describes a sequence of fictional or non-fictional events)。[①] 它从拉丁动词"narrare"(= "recount"描述、说明)派生而来,并与形容词"gnarus"(= "knowing" or "skilled")有关。

《牛津词典》对其的定义是:对相关事件的口头或书面陈述;也即描述(a spoken or written account of connected events; a story)。

著名社会语言学家拉波夫(1972)[②]认为:所有的叙事都是对过去一个特定事件的详细描述(All narratives are stories about a specific past event, and they have common properties)。

庭审叙事作为叙事的一种,当然也是在庭审现场对所发生的侵害或违法事件的描述,以构建法律事实,让违法者得以惩戒、受害者得以补偿等。

② 两者都有一个基本叙事架构。

人们叙事的方法不一,因此叙事并无固定形式,但都有一个基本架构,具体如下:

基本结构	以提供一些背景信息开始,通常介绍各个角色或者场景
陈述顺序	继介绍之后,继续陈述一系列事件,通常按时间顺序陈述
达到危机或问题	通常,事件的复述中会达到一个危机或问题
问题的解决	此类叙事经常以问题的解决为结束

① See Narrative, http://en.wikipedia.org/wiki/Narrative.

② See Labov, W., ed., *The Transformation of Experience in Narrative Syntax*, Philidelphia: University of Pennsylvania Press, 1972, pp. 354—396.

可见,叙事的基本类型就是:以提供背景信息(主要是角色和场景)开始,继续以时间顺序陈述一系列事件发生,达到冲突或问题,最后以冲突或问题的解决结束。

③ 叙事不能构建过去发生的事件的全景及每个细节,因此所有的叙事都是有选择的。

叙事是对过去所经历事件的陈述,叙事者的描述并不能反映客观世界的全部。事件是被构建的、创造性地写作的、修辞的、充满假设的并且是解释性的,因此主观性很强,是有选择的。个人要强调或省略什么、作为当事人或受害者的立场、叙述要确立的叙述者与听众之间的关系如何等——都会影响叙述者怎样叙述。个人描述不仅是叙述的一种方式,我们还可以通过它来确定叙述者的特性。叙事描述的不仅是过去的行为,而且还是叙述者对这些行为的理解,即意义。

2. 法庭审判中叙事的特殊性

① 一般叙事多为独白式;而法庭审判中有原告、被告、证人等多个叙述角色,其中有独白也有互动交际形式构成的对事件的叙述。

通常认为叙事是由一人陈述,与由两者或两者以上的话轮转换或序列言语构成的对话相对照。但在庭审中既有独白也有对话,如在法官宣布开庭后,首先由原告陈述诉讼理由,被告陈述答辩意见,这两部分都有完整的叙述。在刑事审判中,有被告人的最后陈述,以及在审判结束时,法官的判决中也有对事件的简单但较完整的叙述。Brenda Danet 认为,在法庭论辩以及质证过程中问答形式是最主要的,在纠问制模式下主要是法官提问,证人相对来说比较自由地可以用开放式的叙述形式进行描述;抗辩制模式要求对提问严格控制,以至于他们的主张最主要的都是作为一些非常具体的问题的答案来表达的。然而,即使是在抗辩制提问的回答中,我们仍然可以这样说:证人是在"叙述"。直接询问与交叉询问最主要的区别在于"审判的叙述"(the story of the trial)之程度。因为,在直接询问中,证人在执行"说服"这一任务时有一个帮手,己方律师在提问时就知道证人该怎样说或者会怎样说,证人也很清楚己方律师在提问时需要他怎么回答;而在交叉询问中,证人面对的是一个敌手。O'Barr 也注意到了这种区别,因此,他把直接询问称做"叙事型作证风格"(narrative testimony style),把交叉询问称为"碎片型作证风格"(fragmented testimony style)。以上分析可见法庭审判中叙事的复杂性。

② 庭审中的叙事有对同一事件的两个对立版本的叙事,因此双方的叙事可能提供信息,但也可能虚假。

通常,叙事都会被认为是真的,哪怕它是虚构的。这就意味着叙述者,无论是表达还是暗示,都是把它作为真的来描述。而庭审叙事则不同。指控中的叙事只是声称为真,它的真实性还要在审判中确认。该叙事也还是不完整的,因为还没有针对这一问题或危机的裁决。该结果也取决于指控中声称的事实能否在审判中被证明,以及法院达成的判决情况。可以说,整个审判过程就是确认哪些叙事为真的过程,双方的叙事可能提供信息,但也可能虚假。

③ 庭审叙事是在法律框架下构建事实并需要证据支撑。

Hale Gibbons (John Gibbons, 2003)①指出,在法庭话语中有三个重要平面:第一性事实、第二性事实和法律框架。第一性事实由法庭本身及在场的人们组成,第二性事实就是诉讼案由的事件。第一性事实是一个独一无二的文化的和物质的语境。法庭言语中会提到这两个事实。第一性事实可以通过法庭直接的语境,用语言显示出来。第二性事实——法庭直接语境外的世界(最主要的是作为诉讼事由的特定语境和事件)——也是通过语言展示的。比如,如果诉讼事由是抢劫,那么在法庭(第一性事实)上证人将用语言来描述抢劫过程——第二性事实。第一性事实和第二性事实这两个层面之间是不断互动的。第一性事实、第二性事实以及法律框架之间的互动情况如图 7-1 所示:

---

① See Gibbons, John, *Forensic Linguistics: An Introduction to Language in the Justice System*, Oxford: Blackwell Publishing, 2003.

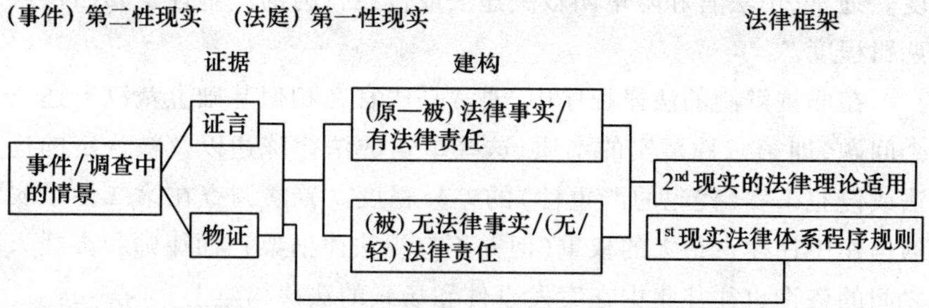

图　7-1

Gibbons 认为,因为法律关心的是怎样规定行为(哪些合法,哪些不合法),所以法律框架总是尝试把第二性事实分为哪些是法律事实和哪些不是法律事实。法律程序也是一个试图对以下三点作出评判的过程:A. 第二性事实的表述;B. 第二性事实和法律表述之间的"对应"(在刑事案件中,用以确认第二性事实是否在法律上站得住脚);C. 第二性事实和法理之间的任何差异的程度,以决定惩罚或赔偿的额度。因此,庭审叙事(第一性事实)是在法律框架下构建事实(第二性事实),并且根据法律框架,它还需要证据支撑。

④ 由"中间人"——法官对事实形成一个最终版本,并在此基础上适用法律、作出判决(而一般叙事可以是真也可以是虚构的)。

在普通法系的陪审团审判中,第二性事实的本质、这些事实的法律陈述以及被认定的违法或侵犯事实(侵犯的严重性)的差异程度,都是通过控辩双方辩论认定的。原则上,陪审团是在物证、证人证言以及律师的陈述等基础上形成第二性事实的形象的,然后,在律师陈述,尤其重要的是法官的证据总结①的基础上来裁决第二性事实与法律的"对应"情况。正如 Solan(1995)②所说,"法庭最常面临的问题之一就是在世界上发生的一个具体事件与一个法律相关概念之间的匹配程

① 证据总结(summing up):是指法官在全部的证据庭审之后,在向陪审团所作的指示中,就与解决争议有关的证据要点所作的综述。在英国,法官同时还要就裁断的格式向陪审团作出提示。

② See Solan, L. M., Judicial Decisions and Linguistic Analysis: Is There a Linguist in the Court?, *Washington University Law Journal*, Vol. 73, No. 3, pp. 1069—1083.

度。”通常,由法官和陪审团裁决违法或侵犯行为的严重性及其赔偿或惩罚程度。

在非抗辩制的法律程序中,通常是法官在相似基础上裁决上述三个问题,即第二性事实的本质、这些事实的法律陈述以及被认定的违法或侵犯事实(侵犯的严重性)的差异程度。警察调查在第二性事实的构建中往往占很大的权重(但并不忽视法律框架),而律师和委托人之间的咨询也往往集中在案发事件和场景的法律构建上。

7.3 庭审叙事形式及其层级结构分析

1. 判决书中法官的叙事

从法庭审判的功能看,开庭审理即人民法院在当事人和所有诉讼参与人的参加下,全面审查认定案件事实,并依法作出裁判的活动。因此,从总体看,审判是一个以言行事的“大言语行为”,其目的是“全面审查认定案件事实”、“适用法律”、“作出判决”,其中“作出判决”是最主要的目的之一。因此可以说,审判的功能决定了判决这一必然的结果,也决定了法官的叙事(判决书部分)是最高层次的叙事。例如:

经审理查明,原被告系同村村民,且相邻居住。二原告居北,被告居南。二原告从被告宅院西侧的南北过道通行至大街。2005 年 3 月下旬,被告私自在过道南口东侧建墙基,墙是现垒的。现二原告以被告所建墙基给其驾驶农用车出入造成不便为由,诉致本院,要求排除被告所造成的妨碍。经现场勘查,被告所占之墙基确实给二原告驾车出入造成妨碍。本庭认为,不动产的相邻各方应按照方便生活的原则正确处理通行等方面的相邻关系。被告私自在过道南口东侧建墙基,属违法行为,给二原告驾驶农用车出入确实造成不便,其行为除应进行批判教育外,所建之墙基应予拆除,以便恢复二原告的正常通行。

依照《中华人民共和国民法通则》第 83 条之规定,判决如下:被告张某于本判决生效后 3 日内将过道南口之东侧所建之墙基(南北长二点三五米,东西宽零点六五米)拆除,恢复二原告正常通行。

法官在庭审中是“中间人”，在审判过程中是个主持人。因为他们在审判的过程中主要是“全面审查认定案件事实”，所以，他们的主要话语方式是提问，只有在宣布判决时，才有完整的叙事，而且，法官的叙事是对控辩双方两个叙事版本的最终认定。

2. 原被告的总体叙事

原被告的总体叙事是由原被告的相对完整叙事、对证人询问时证人的“次叙事”、直接询问及交叉询问中问答式的“最小叙事”三个层次的叙事构成的一个整体，从认知的角度看，随着审判的进行、双方证据的出示、法庭对事件的认定等，双方的叙述要素会发生变化，因此它们是动态的。

3. 相对完整叙事

相对完整叙事主要是指开庭时原告陈述、被告答辩陈述，辩论结束后被告人最后陈述。

不同类型的叙事，其实含有不同的叙事结构。对叙事结构的研究，主要有三种：①一是拉波夫（Labov, 1972; 1982）的结构取向，包括摘要（叙事的主要内容）、状况（包括时间、地点、情境和参与者）、繁杂的行动（事件的顺序）、评价（包括行动的重要性和意义、叙事者的态度）、结果（最后发生了什么）和尾声（将事件拉回到现在）；二是博克（Burke, 1945）的结构，包括五个要素，即“做了什么”、“什么时间和什么地点做的”、“谁做的”、“如何做的”，以及“为什么做”；三是基（Gee,1986）的叙事结构，他把叙事结构拉回到社会语言学中，注重文本的口语特征——经验是怎样被说出来的。

就法庭叙事而言，它要求叙述者讲述真实的事实，因此它属于非虚构性叙事，必须做到“真实、客观、公正、全面”。李法宝认为，非虚构性叙事必须完全真实可信，构成要素的时间、地点、人名、事件等都要真实。它往往以事件发生、发展的顺序为线索，所有叙事都围绕事件展开。② 因为法庭审判的最主要功能之一是认定事实、查

---

① 参见葛忠明：《叙事分析是如何可能的》，载《山东大学学报》2007年第1期。

② 参见李法宝：《试论虚构性叙事与非虚构性叙事的差异性》，载《华南师范大学学报》（社会科学版）2007年第3期。

明事实真相，所以笔者认为博克的结构理论更适合本书的研究，即在法庭上认定事件的五个要素："做了什么"、"什么时间和什么地点做的"、"谁做的"、"如何做的"，以及"为什么做"。本书将在此基础上，把"时间、地点、人物、事件原因、事件经过"和"结果"确认为法庭叙事的六个要素。

首先看开庭后原告的陈述：

审：现在开庭！

下面进行法庭事实调查。首先由原告提出诉讼请求及事实与理由。

原代：诉讼请求：

第一，请求判令被告恢复原告名誉，公开书面赔礼道歉，消除影响，并赔偿原告经济损失 231 元；

第二，判令被告赔偿原告精神抚慰金 5000 元；

第三，本案诉讼费由被告负担。

事实与理由：2004 年 5 月 13 日原告上夜班，由于公司不供应夜宵，5 月 14 日清晨 2 时许，原告在公司附近的餐厅用完夜宵回公司，途经位于某路被告所属的分店与原告的单位夹墙处，被身后赶上来的两名男子当做盗窃犯拦下，这两名男子后经民警证实为被告所属某路分店的保安，其中一名赤膊穿短裤的保安，手持警棍，强令原告蹲下，然后将原告强行拖到某电器有限公司某路分店店内。原告不从，其就用脚猛踢原告。原告被拖到店内以后，两名保安即锁上大门，又强令原告双手抱头，蹲在地上，接受询问。其他过路的同事见状，即进行交涉，未果。同事就~打了电话报警。幸亏民警及时赶到，制止了被告的不法行为。本案事实与行为已经使原告的人身受到侮辱，名誉受到侵害，并造成原告身体上和精神上的伤害。为了维护原告的合法权益不受侵犯，根据中华人民共和国有关法律规定，向法院起诉。请查明事实，依法裁判。

表 7-1

叙述要素	叙述内容
时间	2004年5月14日清晨2时许
地点	① 原告在公司附近的餐厅用完夜宵回公司,途经位于某路被告所属的某路分店与原告的单位夹墙处 ② 原告被拖到店内
人物	原告,被告,两名男子(被告单位保安),其他过路的同事,民警
事件原因	原告上夜班,由于公司不供应夜宵,5月14日清晨2时许,原告在公司附近的餐厅用完夜宵回公司,途经位于某路被告所属的分店与原告的单位夹墙处,(被身后赶上来的两名男子当做盗窃犯拦下)
事件经过	① (原告)被身后赶上来的两名男子当做盗窃犯拦下,……,其中一名……,强令原告蹲下,然后将原告强行拖到某电器有限公司某路分店店内 ② (原告不从,)其就用脚猛踢原告 ③ 原告被拖到店内以后,两名保安即锁上大门,又强令原告双手抱头,蹲在地上,接受询问 ④ 其他过路的同事见状,即进行交涉,未果
结果	同事就~打了电话报警。幸亏民警及时赶到,制止了被告的不法行为

而以下则是该案中的被告人的答辩陈述:

审:被告,针对原告提出的诉讼请求及事实与理由,可以陈述答辩意见。

被代:2004年5月14日凌晨两点二十分左右,答辩人某路店值班人员在例行夜间巡查时,发现三人正在用大的钢丝钳夹店面上的门锁,欲进店行窃。答辩人的值班人员以强烈的责任心迅速捉拿作案人员,截获了作案工具,后又发现身处现场的原告,在询问了一些问题后,要求原告到门店等候110来处理。在整个案件处理过程中,答辩人的值班人员面对盗窃未遂事件是以高度的警惕保护公司的财产利益,制止了不法行为,维护了公司的利益。同时答辩人的值班人员在要求身处现场的原告至门店,等候警方调查处理的过程当中也未像原告所述那样动手打人,也未用脚踢人。原告在诉状中所描述的所谓答辩人值班人员动手打人的事实显然证据不足。答辩人认为:原告的诉讼请求不能成立,依法应予驳回。请法院依法裁决,以维护答辩人的合法权益。

表 7-2

叙事因素	叙事内容
时间	2004 年 5 月 14 日凌晨两点二十分左右
地点	某路店
人物	答辩人某路店值班人员
事件原因	在例行夜间巡查时,发现三人正在用大的钢丝钳夹店面上的门锁,欲进店行窃
事件经过	答辩人的值班人员以强烈的责任心迅速捉拿作案人员,截获了作案工具,后又发现身处现场的原告,在询问了一些问题后,要求原告到门店等候 110 来处理
结果	在整个案件处理过程中,答辩人的值班人员面对盗窃未遂事件是以高度的警惕保护公司的财产利益,制止了不法行为,维护了公司的利益。同时答辩人的值班人员在要求身处现场的原告至门店,等候警方调查处理的过程当中也未像原告所述那样动手打人,也未用脚踢人

最后是刑事审判中的被告人在答辩后的最后陈述:

审:现在由被告人作最后陈述。被告人尹某你站起来!

你最后有什么要向法庭陈述的?

被:有。

(念)尊敬的法官、检察官、律师们,你们好!今天我站在庄严的法庭上,站在被告席上,我感到非常惭愧,由于我的愚昧无知,对这种毒品的危害性认识不够,总以为这是软性毒品,是给人助兴的,不会像吸食海洛因那样容易上瘾,没什么危害。因此伙同他人多次吸食,最终害人害己,给社会及他人造成不可弥补的损失,在此我表示深深的歉意。

表 7-3

叙事因素	叙事内容
时间	今天
地点	庄严的法庭上,站在被告席上
人物	我
事件原因	由于我的愚昧无知,对这种毒品的危害性认识不够,而总以为这是软性毒品,是给人助兴的,不会像吸食海洛因那样容易上瘾,没什么危害
事件经过	伙同他人多次吸食
结果	最终害人害己,给社会及他人造成不可弥补的损失,在此我表示深深的歉意

4. 论辩过程中原告/被告对证人询问时证人的"次叙事"(sub-narrative)

请看下面一个医疗纠纷案中,原告律师对己方证人的询问。

原代:3月3日看了门诊之后,到手术的3月4日的上午,医院有没有给袁某做过什么检查?

证1:嗯~3月3日是我陪着袁某去医院去看的,看张某副主任,挂的专家号。看了以后他说有包块,要做手术。当时袁某就说"我是搞播音的",那个张某就说很多人都做过这个手术,没什么问题,小手术,一个星期就可以出院了。所以我们就住院了。

表 7-4

叙事因素	叙事内容
时间	3月3日
地点	医院(去医院看的,看张某副主任,挂的专家号)
人物	我,袁某,张某
事件原因	(喉咙)有包块
事件经过	我陪着袁某去医院去看的,看张某副主任,挂的专家号。看了以后他说有包块,要做手术。当时袁某就说"我是搞播音的",但那个张某就说很多人都做过这手术,没什么问题,小手术,一个星期就可以出院了。
结果	所以我们就住院

5. 直接询问及交叉询问中问答式的"最小叙事"(mini-narrative)

请看下面一个编造虚假恐怖信息案中公诉人对被告人的询问:

审:下面由公诉人对被告人进行询问。

公:被告人高某,2004年4月9日,也就是你被拘之前你是干什么的?

被:呃~经营手机维修,还有卖手机。

公:什么地点?

被:~顺义区影院的那个门脸房。

公:影院附近的门脸房?那个门脸房叫什么△有没有称号?

被:"特价手机"。

公:那天你为什么要打电话报警,说有炸弹呢?

被:因为影院从东北请来歌舞团的人,就是他们去年把我给打了。

公:什么时候有了要编造爆炸信息的想法的?

被:就是那天~他们来了以后看见我,然后特别得意,因为去年他们把我打了以后,我没报警,然后~今年他们重新来了就比较得意。还向我示威。我回到家里越想越生气。

公:他来了以后比较得意,跟你示威,怎么个得意示威了?

被:冲我笑,就像在嘲笑"把你打了,你也不敢报警",就那样。

公:你是说整个歌舞团的人还是?▲

被(同时):不是,就那个~两三个人吧。

公:就两三个人?

被:对。

公:去年?▲

被:对。

公:歌舞团来了以后有两三个人打你?

被:对。

公:当时把你打成什么样了?

被:就抽了我一顿嘴巴,然后骂了我。

公:当时抽了你嘴巴骂你?▲你没有报警?

被:对。没有报警。

公:那你的~这个手~△用哪个电话报的警?

被:手机。

公:手机?哪个手机啊?

被:店里的。

公:店里的手机?

被:对。

公:店里的什么△什么样的手机?

被:就是一个修手机的备用机。

公:手机的备用机?

被:对。

公:是什么型号的?

被:波导的。

公:波导什么型啊?

被:928。

公:波导928型的?

被:对。

公:卡呢?

被:因为我没有手机,我就拿店里的一个卡号。

公:那个卡号现在还记不记得?

被:是1371的,后尾数是4807,中间我忘了。

公:这个试用卡和~手机你每天都带回家吗?

被:有时候带,有时候不带。

公:带回家干什么用呢?

被:有时候试手机用。

公:回到家也试手机?

被:哎,对。

公:回到家给谁试手机?

被:我~自己。

公:你们店里的规定可以往家带吗?

被:可以的。

公:你谎称店有炸弹,是从什么地方得到启示的?

被:报纸上。

公:什么时候的事啊?

被:就是天天买报纸,具体时间我也记不清了。

公:那天看了报纸就有了这个~想法的?

被:对。

公:当时呢,打了哪个电话报警?

被:110。

公:打110? 怎么说的?

被:就说电影院有炸弹。

公:就说电影院有炸弹?

被:对。

公:说完就挂吧?

被:对。

公:对? ~你有什么认识现在?

被:现在想起来很后悔。

公:想起来很后悔? ▲

被:对。应该用法律手段来解决这种事情。自己不该私自△用非法手段,现在想起来非常后悔。

公:审判长,询问完毕。

表 7-5

时间	2004年4月9日
地点	顺义区影院的门脸房
人物	我,影院从东北请来歌舞团的两三个人
事件原因	在去年把我给打了;抽了我一顿嘴巴,然后骂了我 那天~他们来了以后看见我,然后特别得意,因为去年他们把我打了以后,我没报警,然后~今年他们重新来了就比较得意
事件经过	① 用波导928型维修备用机打了110报警说电影院有炸弹 ② 那天从报纸上,就是看报纸以后,呃~有了这个~想法的
结果	应该用法律手段来解决这种事情。自己私自不该用非法手段,现在想起来非常后悔

以上例子显示,公诉人对被告人所犯罪行的指控是通过对他的询问来完成的。公诉人对被告人犯罪的事件经过的叙事是通过对被告人的提问,由被告人的回答来构建的,整个叙事是由一系列的一问一答这种最小叙事构成的。

以上3—5这三种叙事的形式及三个层级的相互交织,是总叙事的支撑,又是法官判决中最终叙事构成的基础。

7.4 法庭审判中的叙事衔接

法庭审判中的叙事形式及其层级结构的复杂性决定了其本身衔接的复杂性。就叙事衔接而言,在《诗学》中,亚里士多德认为叙事有开始、当中和结束三个阶段。之后学者们都认同这一点:序列对于叙事是必要条件。Labov 和 Waletzky (1967)[①]认为描述是按时间序列进行的:事件的发展是按时间呈线性顺序的,而且该顺序是不可变的,除非改变根据原来的语义阐释推断出来的事件的顺序。根据这一定义,一个叙事,必定是对这一问题的回答——"那然后又发生了什么?"西方学者有关叙事是按时间顺序的假设证实了拉波夫的方法。Young (1987)[②]则赞成因果序列:叙事中一个事件引发另一个事件,尽管它们之间的连接并不总是按照时间顺序发生的。Michaels (1981)[③]则赞成主题衔接:一个片段性的叙事是通过主题而非时间顺序来连接的。Mishler (1995)[④]根据他们的主要研究问题提出了叙事研究分类的方法,他的分类为以下三种:A. 时间顺序:真实时间中事件发生的顺序与叙事中它们的顺序之间的关系;B. 语

① See Labov, W. &. Waletzky, J., Narrative Analysis: Oral Versions of Personal Experience, J. Helm, ed., *Essays on the Verbal and Visual Arts*, Seattle: University of Washington Press, 1967, pp. 12—44.

② See Young, K. G., *Taleworlds and Storyrealms*: *The Phenomenology of Narrative*, Boston: Martinus Nijhoff, 1987.

③ See Michaels, S., "Sharing Time": Children's Narrative Styles and Differential Access to Literacy, *Language and Society*, 1987, Vol. 10, 423—442.

④ See Mishler, Elliot G., Models of Narrative Analysis: A Typology, *Journal of Narrative and Life History*, 1995, Vol. 5, No. 2, pp. 87—123.

篇的衔接和结构：处理的是构建描述时的语言学及叙事策略；C. 叙事功能：与该叙事在其社会和文化环境中更大的语境有关。

那么，庭审叙事究竟是时间性衔接、因果衔接还是主题性衔接？还是三者都有？

叙事的共同特征是描述事件从一个状态向另一个状态作时间上的推移(Ochs, E. 1997)[①]。这是叙事语篇时间上的维度。[②] 从7.3节中的3—5可以看出，庭审叙事首先是时间性衔接的，叙述者都是根据事件发生及发展的时间顺序来叙述的，因为叙事是一种语言行为，而语言是线性的、时间性的，所以叙事与时间的关系紧密。

另一方面，因为诉讼是由于一系列的事件对某人造成伤害或侵犯后，该被害人因此而寻求法律补救方法的一种手段，所以因果衔接也很明显。

在质证阶段，诉讼双方提供的证据及其陈述都是围绕该事件或行为是否构成侵害或侵犯这一主题的，见下例：

审：首先就马某起诉(某婚庆公司)一案，出示相关的证据。

出示的第一份证据是双方所签订的婚庆服务协议书。

(这份证据证明马某对照片的质量有特别的要求并在协议书上有所体现。)

对协议书中几条基本条款，被告方是否认可？

被代：认可。

审：下面出示原告认为由被告方拍摄的存在严重质量问题的照片。双方看一下大屏幕。

(证明照片图像模糊不符合马某合同中的规定。)

以上是原告认为××婚庆公司所拍摄的图像严重模糊的照片。

下面出示的是原告认为拍摄质量效果极差的照片。

原告一共出示有问题的照片一共超过50张，法庭就不逐一

---

① See Ochs, E., Narrative In Van Dijk, T. A., ed., *Discourse as Structure and Process*, London: Sage Publications, 1997.

② 参见任绍曾：《叙事语篇的多层次语义结构》，载《外语研究》2003年第1期。

出示了。对刚才出示的照片,被告公司有什么质证意见没有?

首先,这些照片是你们工作人员所拍摄的婚礼现场照片,对这一点有什么异议没有?

被代:我认为出示的前六张确实存在一定的模糊和不清楚,但至于后面的照片,由于婚礼会场很拥挤、碰碰撞状,造成模糊是一定的。它并不像照相馆里照相,我摆好姿势,调好灯光去照。

审:后几张呢?

被代:后几张我觉得存在一定的环境因素。如果要相当清楚的话照片肯定不能受环境的影响。

审:另外,代理人还有什么补充没有?

被代2:我觉得应该和酒店灯光有问题吧。

(马某的代理人又提出婚庆公司所提供的主持人的服务也存在问题,并且出示了一段录像,以证明在婚庆的过程中,在主持人的引导下,敬茶改口程序出了差错。)

原代2:这是根据中华民族的习惯,在奉茶敬老的过程当中,应该是互相改口了,但在这一过程中,男方敬茶却是向本人的父母。

审:就是新郎敬茶的时候是冲自己的父母?

原代2:对。

审:好。

原代2:女方敬茶也是向自己的父母,而不是交替的。

审:新娘敬茶的时候也是冲自己的父母?

原代2:对。众所周知,之所以请婚庆公司来主持婚礼,也就是为了做好传统的程序。而恰恰婚庆公司把所有的优良传统完全给抹杀了。

而且,就是在~站立和敬礼鞠躬的时候,也应该换个方位。本案的被告所提供的服务,有严重的曲解和瑕疵,完全是颠倒的。

审:婚庆公司代理人对刚才的这段录像发表一下你们的质证意见。

被代2:那我们请问原告新娘给自己的父母敬茶对呢还是不

给自己的父母敬茶才对呢?

审:她的意思是改口的时候应该是新郎向对方的父母也就是岳父岳母敬茶改口而不是向自己的父母改口。

被代2:敬茶表示感谢父母二十多年的养育之恩,向自己父母敬茶我感觉可以。

被代1:我想录像中我们也看到了,主持人在台上确实是在主持的。但他所说的"向台下双方父母献茶",那么作为新郎新娘,他们个人的理解行为,如果站位(有问题),我认为是他们自己站错了,而不是我们主持人错了。

审:法庭的调查结束,下面进行法庭辩论。

在上面的举证过程中,原告出示的证据有① 双方所签订的婚庆服务协议书;② 原告认为由被告方拍摄的存在严重质量问题的照片,一共超过50张;③ 原告代理人又提出婚庆公司所提供的主持人的服务也存在问题,并且出示了一段录像,以证明在婚庆的过程中,在主持人的引导下,敬茶改口程序出了差错。它们从形式上看,是以问答的形式叙事的,属于碎片式叙事,但是它们都围绕叙事主题,也即诉讼请求是"在合同履行过程中,被告存在严重的违约行为"。因此可以说是主题衔接的。

上例中,还有被告方的陈述也不可忽视。从表面上看,它们与原告的陈述是相对立的。但是从总体来看,两个叙事虽有不同,但又同时出现在语篇中,而且还是两个相互不同却有相互关联的部分,这属于整体中部分之间衔接的冲突原则。

7.5 法庭审判的总叙事

通过7.3和7.4节的分析可以看出,法庭审判中的叙事有多个层次,而且相互之间关系错综复杂,它们还有多种衔接形式。这些都是微观层面上的分析。如果把法庭审判的叙事看做一个整体,又可以看到它的另外一面。

除了时间维度外,叙事的另一方面是它的配置维度,即主题

(mythos)或情节(plot),用以点明时间和感情如何交织成一个连贯的故事。它把场景、人物、工具、行为和目的编织成一个连贯的图式,围绕一个事件展开。它将一个问题置于一系列具有因果关系的事件及环境中,从而揭示这个问题。叙事有它的目的(point),常常是对一个事件、一个行为或与若干事件有关的心理状态的道德评价(Ochs, 1997)。[①] 语篇之所以是语篇是因为除了有衔接和连贯外,它还具有目的性(intentionality)和信息性(informativeness),叙事语篇更是如此。[②] 虽然庭审叙事中有至少三个叙事者——原告、被告及法官,有时还有第三方及证人的叙述,但是从庭审话语的审判这一总目的及功能来看,庭审叙事是一个多视角叙事和多重叙事的统一。

---

① See Ochs, E., Narrative In Van Dijk, T. A., ed., *Discourse as Structure and Process*, London: Sage Publications, 1997.

② 参见任绍曾:《叙事语篇的多层次语义结构》,载《外语研究》2003 年第 1 期。

第8章

法庭论辩中的语言及言语策略分析

从根据前几章的分析可以看出,一方面法庭言语活动中的各角色之间关系复杂,各言语角色之间的目的不一;另一方面,法庭言语活动又受很多程序规则、时间等的限制,这就要求法庭言语活动各角色在言语活动中要使自己说出的每一句话都能达到最佳效果,而为了实现这一言语目的,他们都会自觉不自觉地使用各种语言策略和言语策略,归结起来说,主要是要达到控制的目的。

诉讼双方在审判之前,根据他们收集的证据,对案件已经构建了一个事件版本,他们的任务是在法庭上叙述各自的事件版本,由法官决定哪个事件版本更好,因此,在法庭陈述或辩论时,他们都希望整个言语活动向着对自己有利的方向发展。为了达到这一目的,双方都会使用一些语言策略和言语策略。值得一提的是,根据我国的审判制度,法官在庭审中也可以参与实体调查,也会对原被告进行提问,提问的过程中也会使用各种论辩策略。

8.1 法庭论辩中的语言策略

这里所说的语言策略是指运用各种语言手段来达到一定言语效果的策略。

8.1.1 语音策略

1. 加强语气

在案件的审理过程中，审判员处于中立的一方，因此语气平和。在质证时，己方律师对己方证人因为亲和关系，所以是一种明知故问，话语语气缓和，其目的是突出某些重要信息。但在交叉询问的过程中，尤其是公诉人对刑事案件中不认罪的被告人，语气很强，这样可以在气势上压过对方，如：

审：请公诉人讯问。

公2：你的托运部有几杆猎枪?!

被：托运部没有猎枪。

公2：你们托运部那些刀、铁棍谁买的?!

被：这个我不知道。

公2：不知道?!

被：确实。▲

公2：▼你～！和王某某到柯桥以后，是否在他们的托运部门口看到了刘某某和刘某等人?!

被：看到了。

2. 语调

例如在陈述问句中使用升调，可以表示说话者相信对方所陈述的内容是真实的，或者表示他期望就他所相信的事实得到对方的证实，这尤其常见于重述结构中：

公：是谁跟你说的呀？

被：一个姓吕的。

公：姓吕的跟你说的？

被：对。

反意问句中问句部分的升调更是明显地想让对方作出肯定的回答。

公：那么你生下来的女婴有没有哭？

被1:没有。

公:自始至终都没有哭,是不是?

被1:是。

8.1.2 词汇策略

1. 选用模糊语义的词

法庭言语活动中的会话对于双方来说是“被迫的合作”(forced cooperation),因为根据庭审程序规则,当一方对另一方提问时,对方必须作出回答。当正面的回答内容可能对问话者有利时,答话人会使用一些具有模糊语义的词语来避免直接回答。例如:

自代:你的车跟这个摩托车是不是平行的?

被:在那一瞬间,就是发事儿的那一瞬间可能是平行的。

自代:那么你们两个车子,当时是不是平行行驶了?有几十米的距离?

被:不可能有十多米,因为我只晓得出事那一瞬间两个车子是排着走的。但是具体有多少距离我也不太清楚了。

在上述例子中,两辆车子是否平行以及平行行驶了多少距离关系到案件性质的认定。自诉人代理人认为被告的车逼堵被害人的摩托车,致使被害人的摩托车翻下立交桥造成一死一伤的结果,如果被告人回答“是平行行驶了50米的距离”,就等于承认了逼堵了被害人的摩托车的伤害行为,而这样的认定对被告人来说不仅将要支付自诉人30多万元的民事赔偿金,还将被追究刑事责任。在这种情况下,被告人采用了“可能”、“不太清楚”等语义模糊的词语。

2. 指称

人们在言语活动中选用不同的语言形式可以表达不同的意义,即使是表示同一事物的词语,形式不同它们的含义也不一样。如在一案例中,犯罪嫌疑人池某在第一胎生了女孩后一心想再生个男孩,结果生下第二胎女婴之后,便用“打”、“掐”等手段致其死亡。在庭审刚开始时,当审判人员询问池某因为什么事情被刑事拘留时,她用了当地方言词“妹子”来指称被她害死的女婴，如：

审1：你什么时候因为什么事情被采取了强制措施？

被1：是因为生了一个妹子，刚生下来闭气。▲

审1：▼啊？

被1：是生了一个妹子。▲

后来在法庭调查阶段，因为公诉人一直讯问她对“女婴”做了什么，她也用了“女婴”这个词：

公：2004年11月13日17时至20时40分本案的侦查人员对你讯问“你讲一讲女婴生下来以后有没有哭过”，你的回答是“是哭了一两声”，“后来我看到是女婴，而家里人又不在跟前，所以我很生气。平时就听别人说过，过夜女儿不好，生下来没死，到了两三岁还是会死掉。所以我就开始打我的女儿”。

被：不是那样子说的，当时我那个女婴已经没有气了。我抱起来就说这个人真是会害死人的，以前老年人说的，过夜女会害死人的。他们让我说，我是老实人，所以就是这样子才说出来的。

最后，当公诉人举证结束即将进入法庭辩论阶段时，因为“打女婴”的事实一旦被认定，被告人将被判监禁。这时，被告人用的是“我这个女儿”和“自己身边的一块肉”，如：

审1：下面由被告人自行辩护。

被1：我现在希望法官大人帮帮我。我不知道犯罪是怎么样的，我又不是故意把△把我这个女儿打死的。自己这么（怀孕）十多个月了，辛辛苦苦生下了她，是自己身边的一块肉，我舍得打死她吗？我真的不舍得打死她的。

另一方面，公诉人在举证阶段，使用的是“女婴”这个词，在辩论阶段适用法律时，他使用的是“人”和“公民”，如：

审1：法庭调查到此结束。下面进行法庭辩论。先请公诉人发言。

公：本案事实清楚，证据确凿充分，应当以故意杀人罪追究被告人池某的刑事责任，以窝藏罪追究被告人陈某的刑事责任。我国的法律严格地保护公民的生命权，任何人都不得以任何借口非法剥夺公民的生命权，否则就要受到法律的严厉制裁。

可见，表示同一事物的不同的指称形式在不同的语境中传达了不同的含义，说话者则根据不同阶段的不同表达需要选用不同的形式来指称。

8.1.3 句法策略

法庭言语活动中句法策略的运用主要是不同的提问句式。提问句式常见的有特殊问句、是否问句、反意问句、选择问句、陈述问句等。在制度性语境中，言语角色之间的权势关系不对等，而且会有很长的问答序列，因此句法手段的选择可以限制对方并使得对方构建自己期望的回答。言语角色之间的亲疏关系对提问句式的选择具有一定的影响：一般而言，在庭审中提问的一方通常是权势较大的一方，是否问句、反意问句、选择问句和陈述问句属限制性问句，它们限制了回答的内容在什么范围内是有效的，因此它们就成了交叉询问中最常用的提问方式；律师还有可能运用一系列限制对方证人回答的提问来勾画一幅不同于对方证人想要描述的事件的情景。相对而言，特殊问句的回答内容不那么确定，不必在预先确定的有限选项中作出选择，但是它给了对方一个“叙述自己的事件版本”的机会，因此经常被律师用于对己方证人的直接询问，如：

原代：证人王某某，问你几个问题，希望你如实向法庭陈述！第一个问题是～2003年(2's)3月(1's)4日(1's)上午(1's)你在什么地方？

证1：嗯，我在(2's)陪着袁某做手术。

原代：3月3日看了门诊之后，到手术当天3月4日的上午，医院有没有给袁某做过什么检查？

……

原代：麻醉之后在做手术的过程有多长时间？

证1：大概有(2's)四十来分钟吧。

原代:有四十来分钟,啊? ▲

证 1:嗯。

原代:这个当中,做手术的人和非手术的人呢? 有些什么~反应?

证 1:当时就(1's)△我们一直在等着,然后另一个床位的人还问过护士,她说贺医生现在不在。那么我们就等了一会儿。后来贺医生有说有笑地出来了,把我们带进做手术的房子里去。

但是在交叉询问中,特殊问句也经常被用来获取信息,对证人的回答也有一定的限定作用。在审判过程中,特殊问句"为什么"意义重大,因为它要求被告人对自己的行为作出解释。

8.2 法庭论辩的言语策略

8.2.1 修辞策略

在庭审过程中,原告方或控方总是把对方造成的损害扩大化,而被告方总是否认或把自己的侵害最小化,因此,法庭语言过程中,双方常用低调陈述或夸张等修辞方法来达到言语修辞的效果。

1. 低调陈述

公:好,再问你,你有没有掐女婴的什么地方?

被 1:没有。

公:有没打她?

被 1:没有,就是这样摸她。

公:这个摸和打、抓、卡、捏、掐是有明显区别的。

被 1:没有。

公:案卷当中有明显的相关鉴定,▲

被 1:▼嗯?

公:以及相关的证据证实的。

被 1:嗯。

公:你有没有用鞋打过女婴?

被1:那个鞋子很薄的。我听老人讲生下过夜女运气不好,我就在她面孔上这样拍了一下,就是这样子。

公:用的是什么鞋子?

被1:用的是布鞋,买来的那种薄薄的布鞋。

公:打她的脸部啊?

被1:嗯。

公:打了几下?

被1:就是这么拍一下。我是说她运气不好,我就拍她一下看她有没有活过来。

公:你以往讲过是用皮鞋、有用草鞋,现在说是布鞋△究竟是用的什么鞋?

被1:我没有用过什么草鞋,什么皮鞋呀,真的没有。就是我那个布鞋。▲

公:▼那你用的是布鞋?

被1:那种买来的布鞋,很薄的。我当时刚拖了地,进屋换了拖鞋。像布一样,在她脸上就这么擦了一下。▲

上面的例子还是摘自"池某故意杀人案"的案例中,当公诉人问池某有没有"掐"女婴时,池某予以否认;当公诉人问她有没有"打"女婴时,池某回答说是"摸";当公诉人问她是否用鞋"打"过女婴时,池某说是"拍";当公诉人问池某用什么鞋"打"女婴时,池某回答用很薄的布鞋"擦"了一下。比较公诉人使用的词汇"掐"、"打"和被告人池某用的"摸"、"拍"、"擦"等,它们虽然都表示"某人用上肢(手)或某物与另一个人发生接触",但在程度上"摸"、"拍"、"擦"要轻得多,而"掐"和"打"会造成伤害的后果;另外,它们的感情色彩也不一样,"掐"或"打"一个刚出生的女婴反映的是作为母亲的池某残忍的一面,而"摸"、"拍"、"擦"等则让人联想起温柔的母性的一面。被告人选用语义程度低的词汇,运用低调陈述的方法来为自己辩护。

2. 夸张

法庭上双方的利益关系是完全对立的,当一方要将自己的侵害或伤害程度降为最小化时,另一方则试图将对方对自己造成的伤害最大化。请看下面的例子：

被代：……退一步说，即使我方在某一项上违约，也不可导致合同所有项目的违约并因此承担后果，比如主持车队的服务，也认为我们违约了吗？那3567元如此高额的违约金数字是怎么算出来的呢？我方认为如有个别照片质量欠佳，实属常情常理，不足为怪，更不足以证明我方构成违约。

上例中被告代理人用“如此高额的违约金数字”来指“3567元”显得夸张，以让法庭觉得原告方诉讼请求的过分，甚至整个诉讼就是无理。

原代：因为是受害，所以就能侵犯人家的权利了吗？

法律哪里有这样一个规定，因为我受害了我就可以有侵犯人家的权利？被告的行为客观上造成了原告身体的伤害和巨大的精神创伤，由于被告无端的怀疑，并且非法地采用暴力造成原告手臂部腿部的损伤，更重要的是造成原告的精神上的巨大创伤，自那以后原告终日不得平静，寝食不安，不敢随意出门，生怕遭来横祸……

该例中原告的诉讼理由是被告侵害了他的名誉权，原告律师用了“巨大的精神创伤”和“精神上的巨大创伤”来形容所受的精神伤害。

8.2.2　主题策略

主题，也叫话题，在语篇中起主导地位，可以说语篇的展开都是围绕它进行的。

1. 给话题

在有权势的一方对权势较小的一方的控制方法中，“给话题”是很重要的一种方法。刑事案件的审判过程中，公诉人对被告人的询问过程就是一个通过公诉人以提问的方式给出话题、被告人通过回答与该话题相关内容的过程，律师在质证过程中对对方证人的提问也一样。

公：你谎称店有炸弹，是从什么(1's)地方得到启示的？

被：报纸上。

公：什么时间的事啊？

被：天天买报纸，具体时间我也记不清了。

公：那天就是看报纸以后，有了这个(2's)想法的？

被：对。

公：当时呢，打了哪个电话报警？

被：110。

公：打110？怎么说的？

被：就说电影院有炸弹。

公：就说电影院有炸弹？

被：对。

公：说完就挂吧？

被：对。

公诉人通过提问的形式给话题，被告人对相关话题进行陈述，这样，公诉人就通过提问来给出一系列话题，使一些事实得到被告人证实之后通过被告人之口转成了一系列证据并构建了一个完整的事件版本，以达到揭露事实真相的目的。同样道理，律师通过提问的形式对证人给出自己想要的内容的相关话题，通过证人之口，使这些内容成为对律师有用的证据。

2. 偏离话题

对于双方来说，法庭言语活动中的合作是“被迫”的合作，针对对方的提问必须作出回答，否则会被认为是藐视法庭、认罪态度不好或者对对方所说的内容没有异议而被作为证据采信。在这种情况下，一方针对对方的提问会不作正面回答，或者利用该话轮来为自己申辩，如：

自代：我说的是你的汽车跟胡某某、罗某的摩托车保持了多远的距离？

被：<u>因为我在主道上，他在边上。</u>

自代：我现在请你再向法庭陈述一下当时你的汽车跟摩托车到底是怎么行驶的？你一直就没有陈述。

被：<u>在当时事实就是这个样子的。</u>

上例中被告人的两次回答都不是正面回答，使得自诉人代理人的两次问话都不能达到确认证据的目的。

3. 重新给话题

审：你是凭～猜想的还是确认他是死的？

被：我那时候脑袋很不清醒。我不知道，我很怕，不太清楚。

审：你是猜想的，还是确定他就是死的？

被：他已经没动了。

审：那你有没有用塑料袋塞进孩子的嘴巴？

在上例中，审判员对被告人的两次重复提问，被告人都未直接回答，审判员便重新给出另一个话题。

4. 对照

公：▼那么你生下来的女婴有没有哭？

被1：没有。

公：自始至终都没有哭，是不是？

被1：是。

公：你的意思是自始至终都没有哭过？

被1：没有，我真的没有听到她哭。

公：那你在2004年11月13日17时至20时40分本案的侦查人员对你讯问"你讲一讲女婴生下来以后有没有哭过"，你的回答是"是哭了一两声"。

……这是供述，里面有你亲自按印，你今天为什么要改变供词？

上例中被告人对公诉人提问的内容予以否认，因为如果承认女婴生下来的时候哭过，就说明是被告人后来致其死亡的，被告人将被判故意杀人罪。公诉人对同一问题重复三遍，得到的都是否定的回答，给人印象非常深刻。这时公诉人拿出被告人在案件侦查过程中被告人在警察局的笔录，上面的记录是"是哭过一两声"。现抽取被告人的回答如下：

池某法庭陈述：

(女婴生下来的时候)没有哭

是自始自终都没有哭

我的意思是自始自终都没有哭

池某在公安笔录中的供述:

是哭了一两声

池某在法庭上的陈述和在公安机关的讯问笔录构成鲜明的对照,针对同一话题在公安机关和在法庭作出的回答截然相反。公诉人通过这种对照的方法,揭示被告人不认罪的态度。因为根据审判的教育功能,刑事案件中的被告人在庭审过程中的认罪态度是合议庭在量刑时的参考因素之一。

8.2.3 提问策略

1. 重复提问

① 当对方的回答偏离提问内容时,提问的一方会重复提问:

公3:潘某是否在那里开有托运部?

被:不是托运部,他都没有营业执照。▲

公3:▼是否在那儿没有托运业务?

被:他没有托运业务。

上例中,当被告人的回答偏离公诉人的提问时,公诉人再次针对同一内容重复提问,直到得到明确的回答,以达到查明案件事实的目的。

② 有时被提问的一方为了掌握主动,会反过来向权势的一方提问,这时律师或公诉人为了使自己在言语互动中处于权势的一方,针对对方或对方证人的提问一般不作回答,而是重复前面的提问。

公:下面公诉人再次讯问你。起诉书指控你故意杀人,你有没有什么意见?

被:我能不能先说明一下?

公:对起诉书指控你故意杀人,有没有什么意见?!

2. 重述

① 重述除了有确认的功能外，被重述部分的内容得到确认后会被重述人用做新的证据，对对方发起新一轮的攻势，如：

公：有相关的书面凭证吗？

被：‖有聘书的。

公：有聘书？

被：对。

公：现在聘书～呢？

被：聘书后来经过迟某退给他了。

公：迟某退给他了？

被：‖对

公：退给谁了？

② 上例中公诉人的两个重述得到对方的确认后，公诉人都进一步提出新的问题。连续使用重述结构还可以起到强调作用，如：

辩：你们是只接货还是同时也收货向柯桥那边发？

被：只接货。

辩：只接货？

被：嗯。

辩：从来不收货？

被：嗯。

③ 有时，律师或公诉人会选择证人陈述中的一些具体内容进行重述，有时还增加一些细节，这些所选的内容或增加的细节被证人确认后就会成为对重述者有用的证据，如：

公：你以往讲过是用皮鞋、有用草鞋，现在说是布鞋△究竟是用的什么鞋？

被1：我没有用过什么草鞋，什么皮鞋呀，真的没有。就是我那个布鞋。▲

公：▼那你用的是布鞋？

在此例中被告人说了很多，公诉人就针对“布鞋”进行重述。

④ 在下例中公诉人根据已获得的证据，对被告人陈述的内容进行重述时增加了细节。

公：你为什么要逃跑？

被2：因为知道小孩子是被打死的，现在又没死。▲

公：▼你知道小孩是被打死的，但你叫你妈妈告诉村干部时说成是闷死的，就是叫你妈去撒谎，是不是？

被2：是。

3.（隐藏）预设

在律师对证人的询问中，是不可以用预设来诱导回答的，所以律师有时就用隐藏预设来达到目的。隐藏预设就是在提问时埋下伏笔，如果受话者未能识破，那么只要回答问题，不管回答是肯定的还是否定的，都等于是承认了预设中的内容。

审：好，被告方，对刚才证人陈述有无异议？

被代：有，因为原告进来的时候就是声音嘶哑的，少数人做了以后声音仍然嘶哑，这没办法恢复。请问原告是否向医院里边的主任或者是主管医生询问过这个嗓音恢复不了的原因吗？

在这个案例中，原告认为是医院医生手术不成功导致了原告的声音嘶哑。在案件审理过程中，被告代理人想通过提问中的预设达到她的目的——让人们尤其是审判人员认为原告的声音嘶哑是在进医院之前就有的。不管原告证人回答"提出过"还是"未提出过"，都会给人留下一个印象——"她进来的时候就是声音嘶哑的"，除非原告证人特别指出"她进来的时候声音不是嘶哑的"。

其他的例子还有很多，如公诉人问"你是用什么鞋子打女婴的"就预设了被告人"打了女婴"等。

8.2.4 语境策略

要达到良好的言语效果，必须对各语境因素有一个充分的认识。这里所说的语境策略指的是利用某一语境因素（如权势）来达到言语目的。见下例：

自代：被告人，刚才你谈到你在立交桥上追赶摩托车的时候，你们很近，请你讲一下近到什么程度？

被：我们在喊他的时候，大概是在10～20米远的位置，他的车和我的车同是一个方向走的。

自代：我说的是你的汽车跟那个胡某某、罗某的摩托车保持了多远的距离？

被：因为我在主道上，他在边上。

自代：我请被告人回答清楚你们当时保持的到底是多远的距离？刚才我在问你的时候，你一直没有正面回答，那么现在我再问你，当时这个汽车跟摩托车是平行地行驶的，还是摩托车在前你在后，你能不能给法庭具体地讲一下？当时的情况是怎样发生的？

一般而言，法官为了体现其权威与公正，称自己为“法庭”、“本院”等。在上例中，自诉人代理人在连续问了两个问题都没有得到被告人的直接回答之后，便想利用“法庭”的权威迫使被告人作出直接回答，如“你能不能给法庭具体地讲一下？”。

8.2.5 话轮策略

1. 打断

打断是为了在对方偏离提问者的话题时进行阻止。

① 当对方或对方证人不正面回答问题或回答的内容偏离主题时，如：

公：你以往有讲过是用皮鞋、有用草鞋，现在说是布鞋△究竟是用的什么鞋？

被1：我没有用过什么草鞋，什么皮鞋呀，真的没有。就是我那个布鞋。▲

公：▼那你用的是布鞋？

被1：那种买来的布鞋，很薄的。我当时刚拖了地，进屋换了拖鞋。像布一样，在她脸上就这么擦了一下。▲

公：▼那么你生下来的女婴有没有哭？

在第一个问答回合中,被告人没有正面回答问题被公诉人打断,在第二个回合中,公诉人用的是陈述问句形式,被告人只要回答"是"或者"不是"即可,但她没有正面回答而是进行了补述且偏离了主题(见划线部分),因此再次被公诉人打断。

② 当对方或对方证人的回答不是沿着问话人的言语发展方向时,如:

公:殷某某,你跟张某是(31's)怎么认识的?是什么关系啊?

被:大概去年的10月份在迪吧摇头时认识的。

公:在迪吧里面认识的?

被:对,认识了以后,大家好像感觉还可以,然后就同居了,我把她当做女朋友,因为她以前经常吸食摇头丸,跟我在一起就贪图△我给她摇头丸吃,她可以不用花钱,再说跟着我多多少少可以有点生活开销吧。▲

公:▼那么张某有没有帮你卖过摇头丸?

可以看出,公诉人的第二个问句只是重述,因为公诉人用的是升调,一般情况下被告人回答"对"、"嗯"等就可以了,而这时被告人急于为自己辩解说了很多,这样就偏离了公诉人的言语发展方向,因此公诉人只好打断被告人继续他的讯问。

2. 插话

当一方的陈述内容与另一方想要构建的事件版本的部分内容冲突或者对他不利时,另一方在没有话轮的情况下会插话,如:

公:被告人林某某,下面公诉人就你的犯罪事实对你讯问。今天的法庭调查,也是给你一个机会,所以公诉人认为你必须如实地交代自己犯罪事实,对你的罪轻或者无罪你也可以提出辩解。听清楚了吧?

被:(不语7's)

公:审判长,公诉人认为今天~被告人林某某拒不交代自己的犯罪事实,沉默不语,说明自己对认罪的一种态度。请合议庭予以注意。

辩：审判长，我～反对公诉人刚才所提的这个看法。因为～被告人林某某是一位～文化水平比较低的～被告人，所以我们认为她会如实地讲清楚的。我们建议公诉机关把话讲慢一点，让林某某听得懂。

根据刑事案件的庭审程序规则，在法庭调查阶段，先由公诉人对被告人询问，再由辩护人发问，也就是说，在公诉人询问阶段辩护人是不能发言的。在上例中，被告人的沉默使得公诉人的询问难以继续，因此公诉人提出了被告人的认罪态度不好，这一结论有可能影响到合议庭量刑时对被告人不利，因此辩护人插话，以说明事实来为被告人申辩。

3. 同时说话

同时说话是指在对方还没有结束话轮时就说话。同时说话与打断或插话一样，都属于话轮转换策略，但同时说话的目的有的是为了修正前一说话人话轮中不明确或有出入的内容，如：

审：原告臧某某，你本人是否有交通费损失？

原代2：免了，不主张。

审：不主张交通费损失？好，原告当庭放弃交通费损失。

原代2：‖不，她本人的这块我们免了，1500元是不能放弃的。

还有的同时说话可以表明被提问一方的言语合作的态度。

公：有相关的书面凭证吗？

被：‖有聘书的。

公：<u>有聘书？</u>

被：对。

公：现在聘书～呢？

被：聘书后来经过迟某退给他了。

公：<u>迟某退给他了？</u>

被：‖对。

4. 第三话轮追加

在一方对另一方的质证过程中，举证的一方总是试图让对方承认一些相关的事实，以限制对方证言的范围。而每一项事实只有在对方给出确切答案后才能被证实，举证的一方很清楚这一目标，因此当他的提问得到非常确切的答案后会用“好”、“嗯”等来回应。律师可以将“追加”的第三话轮用做对审判人员的一个信号，表明对方回答内容对案件评议的意义。

公：你能清楚地记得智某当时是跟你有书面的协议聘你为某学校的常务校长的吗？

被：对。

公：嗯。另外，你说（1's）研修艺术学校跟你有口头承诺，这份口头承诺是在什么情况下承诺给你的？

上例中公诉人用第三话轮来向审判员表示通过被告人的确切回答对所提问内容已经进行了确认。

如果一方用“预设”来提问，对方回答时对预设部分表示赞同，这时提问的一方会使用第三话轮来表示确认。

5. 回答中的补述

一方面，提问的一方尽力使用咄咄逼人的提问来控制另一方，另一方面，回答的一方会抓住回答的话轮机会对所提问内容进行补述（尤其当所提问的内容牵涉责任的归咎时），他首先回答问题，然后再补充叙述一些信息进行辩解或说明，如：

公2：你知不知道这是什么意思？

被：当时我想象中可能是打架的。

公2：打架的？

被：嗯。我只是到那儿忽然碰到，之前我是一点点都不知道。如果说我要商量了，我也就知道了，那我当时就也在场，我也都参与了。

上例中的第二个回合是重述形式，被告人回答了“嗯”之后就可以了。划线部分属于被告人回答问题之后的额外叙述，被告人一般通过补述向法庭说明事件的经过或原因来为自己辩解。

8.3　法庭言语活动中的论辩策略与对策

上面两节讨论了法庭言语活动中比较常见的语言策略和言语策略，这一节主要想说明的是第二节中各个策略并不是孤立的，有些策略之间可以成为互为攻守的对策，我们不妨设想有图 8-1 模式：

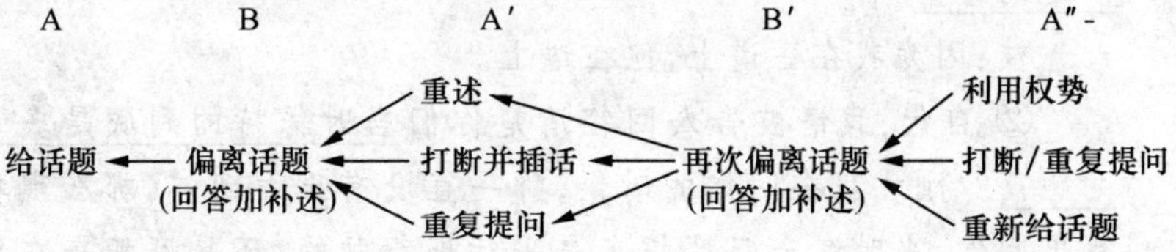

图　8-1

在上图中，A/B，A′/B′，和 A″—表示连续的三个回合。这一模式可以有几种不同的体现形式，请看下例一：

① 审：原告，在事故发生的当时，安全管理员是否在现场？

被代：嗯～我想（3's）向法庭讲述一下，他的货场管理情况△安全管理人员是进行巡视的，主要是管理货场不被……▲

② 审：▼在检查？

被代：嗯，对，不在现场，在其他地方在巡视，货场很大，一起分散在几个地方。▲

③ 审：▼是不是在事故发生现场？

被代：不在事故发生地点。

在第一个回合中，审判员通过提问给出话题，被告代理人针对审判员的提问未从正面回答，偏离了话题，因此被审判员打断；第二个回合是一个重述结构，被告代理人回答之后（“嗯，对”）进行补述（“不在现场，在其他地方在巡视，货场很大，一起分散在几个地方”），偏出话题范围再次被审判员打断；在第三个回合中，因为被告代理人的偏离话题和回答之后的补述，审判员的第一个问题没有得到直接回答，因此审判员重复第一个问题再次对被告代理人提问，直到得到确切回答。三个回合中审判员和被告代理人使用的策略有：

A	B	A′	B′	A″
给话题 —	偏离话题 —	打断/重述(确认) —	回答加补述 —	打断/重复提问

图 8-2

例二：

① 自代：我说的是你的汽车跟胡某某、罗某的摩托车保持了多远的距离？

被：因为我在主道上，他在边上。

② 自代：我请被告人回答清楚你们当时保持的到底是多远的距离？刚才我在问你的时候，你一直没有正面回答，那么现在我再问你，当时汽车跟摩托车是平行地行驶的，还是摩托车在前你在后，你能不能给法庭具体地讲一下？当时的情况是怎样发生的？

被：我没有追上摩托。

③ 自代：你的车跟这个摩托车是不是平行的？

例二中控辩双方使用的策略有：

A	B	A′	B′	A″
给话题 —	偏离话题 —	重复提问 —	再次偏离话题 —	给出新话题

从上例可以看出，法庭言语活动中的论辩策略可以被双方交互使用，当一方使用某一策略时，另一方可以相应地选择另一策略作为对策。根据对语料的分析研究可以看出，如果被告(人)认罪态度较好，就会在会话中表现出合作态度，审判员或公诉人问什么就回答什么，会话进展顺利；如果被告(人)认罪态度不好，就会使用各种策略对案件事实或相关内容进行否认或回避，表现在语言使用上就是一些语言策略和言语策略的运用，对此，控方也会运用相应的语言策略或言语策略来达到他们指控的目的。但是，不管被告(人)是认罪还是不认罪，法官判案的基础一般是经过质证的案件事实本身，对于被告(人)来说，语言策略或言语策略只起辅助作用。

第9章

法庭论辩策略分析

第八章讨论的是庭审中论辩的语言策略和言语策略，属于微观层面的策略。庭审话语作为一个宏观话语结构，在谋篇方面也有一些策略。另外，在庭审这一独特的场景，言语结果将直接影响到诉讼双方的切身利益，所以法庭论辩策略显得尤为重要。

9.1 论据的充分性

诉讼双方在法庭上论辩的一个主要目的是"说服"法官，因此他们的叙述要让法官觉得可信。诉讼参与人只有拥有足够的证据，在论辩的时候论据充分，才能达到这一目的。

9.1.1 论据充足

《刑事诉讼法》第162条规定：人民法院对"案件事实清楚，证据确实、充分，依据认定被告人有罪的，应当作出有罪判决"。"证据确实"指证据的真实可靠性与确定性，是对证据质的要求；"证据充分"是指证据要达到证明对象和证明过程所需要的量。[1] 在民事案件中也一样，需要原被告双方有充分的证据，用事实说话。请看下例：

---

① 参见《论刑事诉讼中的证据》，http://www.docin.com/p-55016043.html。

审:首先就马某起诉一案,出示相关的证据。

出示的第一份证据是双方所签订的婚庆服务协议书。

对协议书中几条基本条款,被告方是否认可?

被代:认可。

审:下面出示原告认为由被告方拍摄的存在严重质量问题的照片。双方看一下大屏幕。

以上是原告认为××婚庆公司所拍摄的图像严重模糊的照片。

下面出示的是原告认为拍摄质量效果极差的照片。

原告出示有问题的照片一共超过50张,法庭就不逐一出示了。对刚才出示的照片,被告公司有什么质证意见没有?

首先,这些照片是你们工作人员所拍摄的婚礼现场照片,对这一点有什么异议没有?

被代:我认为出示的前六张确实存在一定的模糊和不清楚,但至于后面的照片,由于婚礼会场很拥挤,碰碰撞撞,造成模糊是一定的。它并不像照相馆里边照相,我摆好姿势,调好灯光去照。

审:后几张呢?

被代:后几张我觉得存在一定的环境因素。如果要相当清楚的话照片肯定不能受环境的影响。

审:法庭调查结束,下面进行法庭辩论。

被代1:结婚现场是热闹喜庆的,这肯定会造成一定的(混乱),我想原告也没有给摄像师提供专业的通道和站位。而且根据新郎新娘移动的方式,我们要跟着边走边拍摄,这是不可避免的。

原代2:本案被告婚庆公司是一个专业的公司。现场的情况是屡见不鲜的,不应当以现场的混乱作为摄影摄像模糊的对抗理由。而且请法庭注意一下,在婚庆公司(合同)的第一页第三款,服务费用及支付方式第一款当中,签订的是5280元,加上380元。由此可见,第三款的签订也就变成了婚庆公司的额外的服务费用。由此婚庆公司更应对本案在合同履行当中所造成的图像瑕疵承担相应的违约责任。

证据1:双方所签订的婚庆服务协议书,证明了原告马某对照片的质量有特别的要求并在协议书上有所体现。

证据2:原告认为由被告方拍摄的存在严重质量问题的照片,证明照片图像模糊不符合合同中的规定。原告还出示了她认为拍摄质量效果极差的照片,这些照片一共超过50张。

证据3:(协议)第三款的签订也就变成了婚庆公司变的额外的服务费用。

结论:由此婚庆公司更应对本案在合同履行当中所造成的图像瑕疵承担相应的违约责任。

上例中原告出示了三份证据,证据1的协议书为立论基础,证据2论证了被告的违约事实,证据3则是进一步的论据论证,它们互相印证,环环相扣,很有说服力。

9.1.2 直击要害

庭审中,产生僵局、双方对峙的情况时有发生,有的被告(人)信奉"只要不开口,神仙难下手"、"多说不如少说"、"多说罪重,少说罪轻",因而不仅翻供,而且拒供,想出一整套方法来对抗。这时就需要相对方有策略地调动对方多说、重复说,扰乱对方的"防御系统",再瞄准其暴露出的弱点加以突破。笔者认为,拒供或翻供只是一种表面现象,事实上任何被告(人)总是想方设法为自己辩解,并企图让审判人员对其同情信任,由这一本质决定,只要条件具备,他非要开口不可,始终不开口是不可能的,关键是要下工夫调动他开口。①

下面例子中的被告人,在公诉人对其进行法庭询问时,她对自己打自己刚出生的女婴(因为想要男孩)、用塑料袋塞到女婴口中等手段令其窒息死亡等的犯罪事实一一予以否认,说小孩一出生就没有哭,是没气的,已经死亡了的。这使得公诉人的询问几乎无法进行。这时,公诉人改变了询问策略:

---

① 参见《论公诉策略》,http://blog.sina.com.cn/s/blog_4a3a1e47010004ji.html。

公:▼那么你生下来的女婴有没有哭?

被1:没有。

公:自始至终都没有哭,是不是?

被1:是。

公:你的意思是自始至终都没有哭过?

被1:没有,我真的没有听到她哭。

公:那你在2004年11月13日17时至20时40分向本案的侦查人员的供述是"你讲一讲女婴生下来以后有没有哭过?",你的回答是"是哭了一两声"。

……这是供述,里面并且有你亲自按印,你今天为什么要改变供词?

上例中公诉人针对"女婴生下来时有没有哭"的提问,步步逼近,被告人一再回答"没有哭过",以为这样可以蒙混过关,最后公诉人利用已经掌握的被告人自己在向侦查人员的供述"是哭了一两声"这一直接证据,对其进行了反驳。

9.1.3 利用对方证据

在法庭论辩的过程中,掌握充分的证据是基本要求,但是如果能将对方的证据为己所用,则会达到事半功倍的效果。下面的例子是一个侵犯录音制作者著作权纠纷案,某唱片有限公司诉三个公司的侵权行为,三被告分别是:第一被告为某文化发展公司(经营网站,提供涉案歌曲);第二被告为某通讯公司分公司(为第一被告提供网络服务平台);第三被告为某省通讯公司。

由于考虑到第一被告的赔偿支付能力有限,原告把作为第二被告的总公司——某省通讯公司告上了法庭。但是第二被告和第三被告认为他们只是提供了网络平台,没有提供下载的歌曲,不应该承担侵权责任,并出具了一份与第一被告的合作协议书。

被2:该协议表明第二被告只是提供了相关的技术支持并没有提供相关的深度链接的下载服务,所以不应当承担侵权责任。

原代:在这里我特别强调他说的协议是音乐栏目合作协议。

从这个协议的第一段,我们很清楚地可以分辨出甲乙双方的关系。它不是一个服务器的租赁关系,它是这么说的:“甲乙双方通过友好协商一致认为可以利用甲方在音乐方面的优势和乙方在网络技术方面的优势,合作建立一个以国内为主的音乐站点,并逐步使其发展成为国内影响最大、最具权威的音乐网站。”

由此可见,它有一个合作的目标,要共同建立一个“国内最大、最具权威的音乐网站”,如果是租赁协议,任何一个租赁的代理商都不会跟承租者来订这么一个具有具体发展方向的协议。

第一条合作方式写的是“共同建立保定热线音乐栏目”,很清楚是在某热线建立一个音乐栏目。下一句话很重要,“某热线音乐栏目顶部广告位归乙方所有”,乙方就是第二被告、第三被告,这一点很重要。如果要是一个租赁协议,它不会换取对方的具体广告位。因为广告做多少完全和你内容办得好坏有直接关系。那么在这里可以看到第二被告第三被告直接参与了这个栏目的开办。这边还有一句话,“栏目风格与经营某热线其他栏目一致”更说明了这一点。

被告的证据反而让原告用来印证自己的立场:他们共同经营一个音乐网站,是共同侵权。可以说这是“以子之矛,攻子之盾”,使对方失去辩论的锐气和主动权,从而收到较理想的辩论效果,也更有说服力。

9.2　叙述的完整性

在法庭论辩时,“证据确实、充分”还是不够的,证据之间的连贯性更加重要。证据具有客观性,但是证据并非纯粹客观的东西,而是人的主观认识与客观事物相互结合的产物。例如,当事人陈述和证人证言显然是有关人员主观上对客观存在的案件事实的认识结果。正因为如此,当事人陈述和证人证言等证据中才存在着不符合案件事实的可能性。①

① 参见《论刑事诉讼中的证据》,http://www.docin.com/p-55016043.html。

9.2.1 叙事的统一性

庭审叙事具有多样性。事实在进入司法程序审查之前,是以零碎素材的形式散见于日常生活的。未确定明确的主题——查出案件事实之前,素材之间只保持着平等的相互作用,并无主次之分。但是当有了明确主题后,情况就发生了变化:零散的素材必须以一种令人信服的方式整合起来,而且还要传达出一定的法律意义——说明一定的人是否侵权、有罪或无罪、罪轻或罪重等。这种整合过程自然会牵涉整合的规则、整合的方法、整合的认定等诸多问题。法庭上的法官、原告、被告甚至第三方或证人都有可能根据自己的观念逻辑,提出基于自己的认识形成的事实判断,所以说庭审叙事有其多样性特征。①

对于如何确定庭审中叙述的事实的真伪,贾峥(2007)进一步认为,判断的准则是:叙事完整统一度。对叙事而言,只存在完整统一与否的问题,并非对与错、好与坏、善与恶、真与假的问题,叙事的本体始终围绕着完整统一性展开。完整统一性要求叙事符合一切可能性的逻辑与经验:材料充分、匹配恰当、连贯一致、闭合、因果等多种因素。对客观事实再现中的叙事性价值正是这种初始愿望,即一种让事实显示出(不管真实还是虚假)符合生活与法律要求的"实在之事"。凡是没有合适的开头、缺乏逻辑的过程、让人生疑的过程、支离破碎的证据罗列,在任何时候都会面临着虚假的质疑。

9.2.2 叙事的逻辑连贯性

证据确实的认定主要有以下两个方面:① 证据必须能反映案件的客观事实,这是确实的基础;② 证据与案件事实、证据与证据之间的关系明确,具有关联性。证据之间逻辑关系明确,在对事实的证明上无断层存在,具有一定的完整性。

而对证据充分的认定,则有以下两点:① 从纵向看,案件发生的各个环节均要有相应的证据证明。如果还有一部分证明对象没有得

① 参见贾峥:《叙事话语中的事实求证》,载《法学论丛》2007年第1期。

到证据证明,就意味着证据收集不全,数量没有达到充分所要求的度。② 从横向看,证明案件事实的不同证据本身也要有其他证据加以证明。一个证据本身即使反映的内容符合案件的事实,但也不能证明自身的真实性,司法人员也不能凭空断定它的真实性,而需要运用其他证据加以佐证。[①] 可见,证据的"确实"和"充分"都强调证据之间的逻辑性和关联性。

20世纪下半叶英美证据法学理论上一个趋向是逻辑学、心理学、数学等法学以外的学科对证据法学领域的大举"入侵",跨学科的研究方法受到推崇。理查德·莱姆伯特(Richard Lempert)指出,"证据正在从一个关注规则解说的领域转变为一个关注证明过程的领域"[②]。

由此也可以衍生出另一种论辩策略,就是针对对方在构建法庭事实中的各个叙事因素,进行各个击破,使对方的叙述不连贯或缺乏逻辑性,从而达到制胜的目的。

9.2.3 突出事件场景及原因

叙事性文学作品中,由人物在一定场合相互发生关系而构成的生活情景就是场景;一篇小说就是由一个接一个的场景接续而成的。从广义上说,它泛指一定场合下的情景。那么,可以把场景理解为是社会环境(场合)和自然环境相加的结果。在第七章中,笔者把时间、地点、人物、事件原因、事件经过和结果等确定为法庭叙事的六个基本要素,而其中的时间、地点、人物关系等就是构成场景的前提。当叙事引入了场景,情况就会变得复杂得多。因此,在一个案件的时间、地点、人物、事件经过和结果等都已经被确认的情况下,论辩双方都会从突出事件的场景和事件的原因入手,说明事理,以博得审判人员以及旁听人员等的同情和理解。

场景是叙事文本中故事的情节、人物活动的场所。在法庭叙事中,场景并不是直接诉诸视觉的"视像",事实上,听众什么也看不见,

---

① 参见《论刑事诉讼中的证据》,http://www.docin.com/p-55016043.html。

② 转引自封利强:《从"证据法学"走向"证明法学"》,载《西部法学评论》2008年第6期。

只有语言构筑的场景,它的真实程度在于合理和可信。而且,在法庭这一第一性现实的场景中,又有当下存在的真实的听众,所以叙事者可以关注现场听众的兴趣来叙述。同样,事件的原因也有其可延伸性。因此,突出叙述场景及原因也是一个常用的法庭论辩策略。

9.3 法理的关联性

9.3.1 紧扣法理论证

“以事实为根据,以法律为准绳”是法庭论辩须严格遵循的原则。以下案例中的原告王先生,于2003年和妻子卖掉了旧房,买了一套190平方米的跃层住房,因为岳父提出给他们出新房装修的钱,妻子要求在房产证上写上父亲的名字。令王先生意想不到的是,不知何时妻子又背着自己办理了产权重新分配。现在这套房子和王先生没什么关系了。他们夫妻另外的两处住房,包括当初王先生父亲送给他们的一处房产,也不知去向。对此,妻子只是轻描淡写地说送给了朋友。整件事情事先没有一点征兆。她转移这些财产,他都被蒙在鼓里。直到自以为一切办妥以后,妻子提出了离婚。新房装修时,他整整忙了三个月,入住时妻子以王先生和其岳父母不和为由,让他先在外面住一段时间,谁想,从此王先生再也进不了自己的家门了。他现在身无分文,无立足之地,跟着父母住。所幸的是法院并没有支持他妻子的离婚请求。但是他们夫妻间的矛盾由此也白热化了。他把妻子和岳父告上了法庭,要讨回属于自己的财产。

审:▼法庭调查结束!下面进行法庭辩论。首先由原告发表辩论意见。

原代1:我国《婚姻法》第19条规定,夫妻关系在存续期间所得财产,有书面约定的从约定,没有约定的从法定。现在,第一被告在夫妻关系存续期间,擅自处分夫妻共同财产,我国《民通意见》第89条有明确规定,在共同共有关系存续期间,部分共有人擅自处分共有财产,一般认定为无效。

被1代:原告和第一被告之间到目前为止仍然是夫妻关系,不存在财产分割问题,也不存在财产侵犯的问题。对方代理人刚才谈到了共同财产如一方擅自分割,法院应当认定无效。那是什么情况?那是在婚姻案件处理过程当中,是在离婚的时候有一方恶意地转移财产,法院对这类财产进行分配的问题,本案并不是离婚诉讼,而是出资转让问题。

被2代:我们认为,原告在逻辑上试图以共有财产的相关法律条文来达到否定《公司法》的对股权转让的相关法律规定,试图凌驾于公司的股东会的决议之上,试问,如果是这种无理的要求能得到法院的确认,那么我们公司——一个合法成立的公司如何依据《公司法》来正常地经营?其他股东的合法权利如何得到保障?

原代1:第二被告提出,因为~原告不是本案的股东,如果~他可以提出异议,以后公司就无法运行了,这个观点也是错误的。~公司正常转让股权,法律并不禁止,比方说~,今天第二被告善意地~合理地~支付对价,拿到了这份股权,他不知道原被告夫妻之间的矛盾,不知道自己和原告之间的矛盾,那么,你是善意取得,可以,完全你可以取得这部分股权。但是~现在被告是善意的吗?虽然~被告现在在形式上是合法的,经过了工商登记,经过了~公证部门的公证,但是~这并不能成为你们规避法律的理由和依据。

审:下面休庭十分钟,由本庭对本案进行全面地评议。

上例中原告律师紧扣我国《民通意见》第89条"在共同共有关系存续期间,部分共有人擅自处分共有财产,应被认定为无效"这一点进行辩论,最后原告的诉求得到了法院的支持。

9.3.2　引用法条论证

在论辩过程中,如果能引用法律条款加以论证,做到有理有据,就能让对方无反驳之余地;辩论者若不仅对每一条法律序码说得出来,而且对每条中的第几款、第几项也能背得出,并掌握其内涵和实质,以及与相关条款的内在联系,进而阐明这些条款与本案事实准确无误的关系,就能在辩论中胸有成竹,游刃有余,比较容易化“险”为夷,转“败”为胜。

辩:对于起诉的第二项,(被告人犯有)故意杀人罪的第一项:杀害冯某某,辩护人认为本起犯罪基本事实不清、证据不足。

公2:被告人宋某某作为黑社会组织的组织者、领导者,又是该起案件的组织策划者,虽没有亲手杀人,但根据《中华人民共和国刑法》第294条第1款、最高人民法院《关于审理黑社会性质组织犯罪的案件具体应用法律有关问题的解释》第3条第1款的规定,对黑社会性质组织者、组织领导者应当按其所组织领导的黑社会性质组织所犯的全部罪行处罚,因此也构成故意杀人罪。

9.4 谋篇的策略性

辩论的双方,在参加法庭辩论之前,都必须做好思想上、材料上和口语表达的充分准备。尤其是刑事诉讼中公诉人和辩护人,辩论前都要依法查阅卷宗、询问或会见被告人和进行必要的调查,撰写好公诉词和辩护词,一般还经过本部门集体讨论,准备好对对方可能提出的问题的回答。

9.4.1 主题明确

以下例子将说明在法庭上,如果诉讼主题不明确,哪怕证据确实、充分,事实清楚,原告也不能得到赔偿或补偿。该案例中,由于婚庆公司载着新郎、新娘的喜车突然失控,冲出车道,撞到了路边的电线杆上。原告杜某认为,婚庆公司既然与他们签订了租车合同,如违约,就应该赔偿2800元的租车费用。同时婚庆公司派出的车辆发生了意外事故,造成了婚礼上的惨剧,不但给新郎、新娘身体和财产造成了伤害,同时还带来了终身的遗憾和无法弥补的损失。因此,婚庆公司也构成了侵权,应当对其身体、财产、精神的损失都作出相应的赔偿。原告在庭审中出示了所有的证据:

审:第一份证据是婚庆服务协议书。

第二份证据是杜某的交款收据,一共是两张。

(证明杜某与婚庆公司存在车辆承租关系。)

第三份证据是事发当天杜某以及张某在顺义区医院的诊断证明。

原2代:下一份证据是被告△原告的衬衣,你们看,这是当时事发后原告留下的血迹。

还有这是事发当天新娘的血迹。

(证明杜某在婚礼当天发生车祸后,他和妻子的身体均受到了损害。)

审:对上述证据,婚庆公司有异议没有?

被代1:没有。

审:好,杜某还有其他证据向法庭出示吗?

原2代:嗯有~。这是一个新脸盆,但是由于这起事故,现在已经无法正常使用了。

审:当时为什么在婚礼的车上要带两个脸盆呢?

原2代:这是风俗习惯,它是女方的一个陪嫁品。

原2:按风俗就是说女方的脸面问题。

审:继续出示证据。

原2代:嗯~台灯一台。这个~下面已经没有了。

审:下面已经没有了?就是灯泡没有了?

原2代:下面没有了,只剩下灯罩了。这个台灯也是当时一个陪嫁品。

原2:台灯在地方习俗中有长明灯长寿的意思,在行程中都应该抱着的。长明灯要是坏了,这表示以后不可能长寿了。

被代1:玻璃(罩)倒没碎,下面的倒碎了。我想大家都知道,台灯下面的部分应该比玻璃罩更加坚固的东西,灯罩一点没损坏下面反而倒坏了,不知道这是什么意思?

审:法庭的调查结束,下面进行法庭辩论。

本案中原告的诉讼请求是:

第一,判令被告给付原告2800元;

第二,判令被告给付45000元精神损害赔偿;

第三,判令被告给付原告物品损失价值470元;

第四,本案诉讼费用由被告承担。

但是由于原告是按违约提起诉讼的,而不是按侵权提起的诉讼,按国家现行法律和司法解释,只有当按侵权提起诉讼时才考虑精神损害赔偿。

法院最后判决,依照《合同法》第107条、122条,婚庆公司只退还违约费用、车辆服务费人民币2800元,而对于杜某所要求的身体、财产、精神等损失的赔偿则不予支持。

9.4.2 自然叙事结构

自然叙事结构是指情节结构、话语结构等比较紧凑的叙述结构。因此采用自然叙事结构的话语比“非自然叙事结构”的话语更“强势”。律师通常会用自然叙事结构让审判员跟上他的事件版本结构的叙事,尤其在最后陈述时,其目的是将他陈述的事件的版本“自然化”。与此相反,有些律师会通过中断对方的图式或预先准备好的叙事顺序,使对方的回答呈“非自然叙事顺序”。

9.4.3 控制语速

在法庭论辩中善于利用语速快慢和声调高低也很重要。辩论中的口语表达,应以中速为宜,但也应当有所变化。做结论可以用稍慢的语速,略高的声调,以取得一种斩钉截铁、字字千钧的表达效果;向对方连续反诘的时候,可以逐渐加快语速,使对方在快速回答中露出破绽或出现失误,以便取得反击的机会。

法庭辩论时既要事先准备好反驳对方的意见,也要在庭审时即席争辩,后一种敏捷性的要求更高。敏捷性主要体现在对对方反驳的话听得清,思维能准确抓住症结,并迅速作出回答,而且言辞中肯、流畅、声音响亮。作为法庭辩论的一方,如没有足够思想准备,并能作出相应的辩驳反应，往往会在辩论中失利。[①]

律师也特别强调在法庭论辩中控制语速的重要性，尤其是放慢语速。放慢语速的话可以让对方及法官——法庭言语的最主要听者——听清自己的论辩意见；更主要的是从谋篇的角度来看，在对方咄咄逼人时，可以给自己一个缓冲的余地，不至于乱了阵脚。

9.5 论证的情理性

在刑事诉讼中，控辩双方的论辩焦点是被告人有罪或无罪、罪轻或罪重。在事实面前，如果被告人确实有罪，公诉人会以罪重来论辩，而被告人或辩护律师则会要求减轻处罚，此间，双方都会运用情理来论辩。

9.5.1 以情动人

律师在法庭上的论辩不可能面面俱到，必须抓住重点，选择论辩的“主攻方向”。如果是进行刑事辩护，可根据案件的具体情况确定下述某一方面作为辩护的重点：

① 从认定事实方面进行辩论。如果起诉书对被告提出的根据与事实全部不符，可以作无罪辩护；如果部分不符，可以作减轻罪责的辩护，或要求法庭延期审理，补充调查。

② 从适用法律方面辩护。如果起诉书所认定的罪名与犯罪事实、性质、情节不符（例如过失杀人起诉为故意杀人），均可提出辩护。

③ 从适用刑罚方面进行辩护。根据法律和被告犯罪的事实，考虑在适用刑罚和量刑上是否恰当，如果法庭对被告判处的刑罚过重，可以作减轻刑罚的辩护，或者根据被告人具有犯罪中止、自首、悔改等表现和情节，作出要求从轻、减轻或者免于刑事处罚的辩护。[②]

第①、第②点已经在前文有所论及，这里将着重论述第③点。笔者曾在英国旁听庭审，法庭上公诉人出示了道路摄像，展示了被告人

---

① 参见《司法口才》，http://hi.baidu.com/%CE%AA%C1%CB%C3%E7%C3%E7%BA%CD%CE%D2/blog/index/5。

② 同上。

违规逆向行驶,造成多次车祸,损失严重等事实。这时,被告人的辩护律师认同了事件的真实性,同时向法庭提出被告人为七十多岁高龄老人,身体状况欠佳,归案后认罪态度好等可以从轻处理的情节或理由予以辩护,整个陈述是以情动人。

9.5.2 音色的感染性

音色,是指发音的感情色彩与质量。音色的感染力是法庭论辩的一个重要方面,也是公诉语言的音色标准与要求之一。在语音表达中,应以情为主、以声为辅,根据法庭环境即语境的不同,因案而宜,采取恰当的形式,注意语势变化、降调与重音处理、语速变化、呼吸控制、体语技巧等,以不同的声调表达不同的思想、不同的感情。具有斗争性、说理性是公诉语言的重要特征,任何语音表达技巧都应为此服务。无论是需要表达愤怒与控诉,还是表示同情与悲哀,都应赋予语音强烈的感情色彩,以最大限度感染出席法庭的每一个人,使狡辩者感到可畏、受教育者感到可敬、裁决者感到可信。①

> 公:为获取不法利益,该组织视暴力为万能法宝,对妨碍其组织利益的人无所不用其极。纵观他们十年的发展史,可以说,是十年的鱼肉良善史、是十年的血腥掠夺史。十年中,他们干下了一桩桩令人发指的罪行,聚敛了数以万计、百万计甚至千万计的不明之财。十年罪恶伴随着十年残暴,其社会危害的长期性和疯狂性是一个不争的事实。

上例是一次公审特大涉黑团伙案。该组织依托其开办的托运部,吞并异己、霸占市场,以暴力威胁等手段,垄断某市某路布匹批发市场、某纺织品大世界、某水果批发市场等,获取非法经济利益,具备了一定的经济实力。该组织拥有枪支弹药,进行故意杀人、故意伤害、抢劫、绑架、聚众斗殴、寻衅滋事、敲诈勒索等违法犯罪活动,严重破坏社会生活经济秩序。看到例子中公诉人的修辞手法的运用,相信读者能想象他义正言辞的论辩情形。

---

① 参见《论公诉策略》,http://blog.sina.com.cn/s/blog_4a3a1e47010004ji.html。

第10章 影响法庭言语效果的因素分析

策略原则是庭审中的询问四原则之一(另外还有① 相关原则,指询问只能在起诉书指控范围内进行,不允许超越起诉书指控的内容,不着边际地询问。② 法定原则,指询问应围绕犯罪构成要件,紧紧抓住主要犯罪事实和情节,以及可能成为辩论焦点的问题,有针对性地重点询问。③"瞻前顾后"原则,指庭审中的询问,应充分考虑到庭前的预测与计划,是为"瞻前";同时询问,也应顾及紧随其后的举证、质证和辩论,为下一步工作尽可能扫清障碍,夯实基础,是为"顾后")。正因为询问是一门斗争艺术,所以司法人员会根据具体案情和被告人的不同特点,如性别、年龄、心理素质、职业、文化程度、个性、智商、反应灵敏度、经历等,确定询问策略与技巧。[①] 因此可以说,性别、年龄、心理素质、职业、文化程度、个性、智商、反应灵敏度、经历等这些因素会影响到法庭言语的效果。下文主要讨论职业因素、文化因素、社会关系、受教育程度、性别和年龄、弱势群体等几个因素。

10.1 职业因素

在法庭上,法律职业人员这一职业因素在言语效果方面是非常明显的。从前几章的论述可以看出,法律从业者因为熟悉法律,熟悉司

① 参见《论公诉策略》,http://blog.sina.com.cn/s/blog_4a3a1e47010004ji.html。

法程序尤其是审判程序,对法庭审判的语境因素运用自如,语言策略以及论辩策略的学习和积累等,使得他们的法庭言语效果远远好于非法律职业人员。请比较以下两个案例中律师和一般人员在庭审中的言语效果。

1. 律师的法庭言语

审:现在开庭!

无锡市某区人民法院民事审判庭,根据《中华人民共和国民事诉讼法》第120条的规定,对原告单某与被告无锡市某商区有限责任公司人身损害赔偿纠纷一案进行公开审理。本案属一般侵权损害赔偿纠纷。下面进行法庭调查。

首先,由原告陈述诉讼请求。

原代:诉讼请求:

第一,判令被告赔偿原告医疗费13947.67元,营养费3000元,护理费2000元,残疾用具费5000元,继续治理费20000元,并按照伤残评定的等级给付残疾人生活费、补助费和赔偿金,参照事故发生地市民平均生活费标准计算。

第二,诉讼费由被告承担。

原告法定代理人依照我国有关法律规定,特向贵院起诉,请求判令被告承担全额赔偿责任。

审:是否陈述完毕?

原代:陈述完毕。

审:下面由被告进行答辩。

被代:单某之损害行为与某商区无关,其损害行为只能由其自行负责。务请法院依法驳回原告的请求。谢谢!

从上例中律师的法庭言语效果看,原告律师的诉讼请求条理清楚,用词专业,表达清楚明确。被告律师言简意赅,态度明确,因为他很清楚这只是庭审程序中的调查阶段,具体的理由可以在辩论阶段再进行陈述,这时只要表明自己的立场和态度即可。可见,双方律师的言语都达到了很好的效果。

2. 非法律职业人员(原被告)的法庭言语

审:现在开庭。

今天上午,依法公开审理原告张某、孙某与被告王某一般相邻纠纷一案,本案适用简易程序,由审判员王某独任审判,由书记员李某担任本庭记录。此案由我们两位承办,双方当事人有无异议?

就是说,是否提出申请回避?

原告提出吗?

原1:(沉默)

审:就是案件由我们两位承办有没有意见?

原1:没意见。

审:被告?

被:没有。

审:下面我就有关庭审的情况作一下说明。

咱们今天开庭审理的目的,就是通过案件审理,查明案件事实。整个过程都是在审判员的主持下进行的。这就要求双方当事人在法庭上所作的陈述及提供的证据必须真实可靠。以上..双方都听清了吗?

原1、原2:听清楚了。

审:下面开始法庭调查。

首先由原告把起诉书的事实理由、诉讼请求向本庭作一下陈述。被告方注意听,在原告陈述的过程中不得插言,原告陈述完毕后再由你进行答辩。开始吧。

原2(念):二原告认为,南北所走过道,被告超出宅院砌墙基。二原告必须在此通过。被告在西侧于今年3月在过道上垒建墙基,给原告造成了通行障碍。请求法庭给予判决。

审:就事实原告张某还有补充吗?

原1:没有了。

审:没有我就对本案你们陈述的事实与理由就有关情况来问一下。

今天我们是现场开庭,你们双方如何居住啊?

原1:他~他~他说吧。

原2:你说,问你呢。

原1:我说就是拆。

审:我问你们双方如何居住?怎样居住?

原2:就是我在后边。

审:就是你们俩住后边?

原2:是。

审:就是~你们俩在北边居住。

原1、原2:对,北边。

审:被告在南面居住。

原1、原2:嗯,对。

审:你们走路通过的是被告的西墙外的胡同?

原1、原2:对对对。

审:你们除这个通行路线以外还有其他出入大街的路吗?

原1、原2:没有。

审:没有了?只这一条通大街。

原2:对。

审:起诉方刚才谈到你们发现被告是在今年3月下旬垒的墙?

原1:对。

审:具体时间是什么时候?

原1:没记住是哪天,忘了。

审:没记得,是吧?

原1:嗯。

审:你们认为被告垒墙以后,给你们出入造成哪些不便呢?

原1:这车通过时打那就不能拐弯了,转过去会撞墙。

审:你们驾的是什么车呀?

原1:我这是12的。

审:12的什么车?

原1:就三把子。

审:就三把子农用车?

原1:对,三把子。

审:孙某某有吗?

原2:孩子出来进去的,有一回就在拐弯栽倒一回,差点撞到西墙上,因为他正好方向相反。

审:就是被告垒完了墙之后,对你们出行会有不便,特别是刚才原告张某某说的这个▲

原1:‖对

审:农用车出入造成通行不便?

原1:‖对~对。

审:两位还有其他吗?

原1:没有了。

审:就这么些情况了?

被告针对原告的诉讼请求,进行答辩。

被:我的认识是因为原来我这个98年我买的这个房,所以用砖在这占用着,始终就是这样砌过来的。

从上例中,可以看出很多言语效果较差的现象,有时甚至影响审判的进行,如:

① 原被告对庭审术语不熟悉:当审判人员问原告"此案由我们两位承办,双方当事人有无异议?"时,原被告都不明白怎么回事,审判员只好解释说"就是说,是否提出申请回避? 原告提出吗?",原告还是不明白,保持沉默,审判员只好继续解释说"就是案件由我们两位承办有没有意见?",这时原告才说"没意见"。

② 原被告对庭审程序不熟悉,尽管审判员对他们进行了指导,说"下面开始法庭调查。首先由原告把起诉书的事实理由、诉讼请求向本庭作一下陈述。被告方注意听,在原告陈述的过程中不得插言,原告陈述完毕后再由你进行答辩。"但是当审判员在法庭调查阶段,开始询问事件经过及细节时问原告"你们双方如何居住啊?",二原告因为都不知道审判程序,所以也不知道应该怎样回答,互相推诿,原告1指

着原告2说“他～他～他说吧”，原告2则说“你说，问你呢”，最后原告1没有就问题进行回答，直接说出他的诉讼请求或者说是他希望审判员给予的判决结果“我说就是拆”。

③ 原被告表述不明确：虽然原告2事先对诉讼请求有所准备，所念的内容语言简练，但是话语的条理不清，逻辑混乱，诉讼请求也不明确。请看具体内容：“二原告认为，南北所走过道，被告超出宅院砌墙基。二原告必须在此通过。被告在西侧于今年3月在过道上垒建墙基，给原告造成了通行障碍。请求法庭给予判决。”

首先，“南北所走过道，被告超出宅院砌墙基。”南北是谁所走的过道？被告超出谁的宅院砌墙基，与案件又有什么关系？其次，“二原告必须在此通过”，是从过道通过呢，还是从墙基通过？再次，“被告在西侧于今年3月在过道上垒建墙基，给原告造成了通行障碍。”西侧是指在哪个位置的西侧？过道西侧，还是他家宅院西侧？最后，“请求法庭给予判决。”要求判决的结果是什么？也就是自己的诉讼请求是什么？

如果根据庭审的各叙事因素和事件的逻辑联系，应当把原告所述的诉讼请求改成以下内容：“二原告认为，被告于今年3月在其宅院西侧，超出自家宅院范围，在二原告出入的必经之地——南北过道上——私自垒建墙基，这给二原告的驾车出入（农用车）造成了妨碍。因此二原告提起诉讼，请求法庭判令被告对私自所建、影响二原告通行的墙基予以拆除，以恢复二原告的正常通行”。这样表述的条理会清楚很多，还能表现出原告的有理有据。

再看被告对原告的诉讼请求进行的答辩意见：“我的认识是因为原来我这个98年我买的这个房，所以用砖在这占用着，始终就是这样砌过来的”。它也是表述不清的一个例子，表现出反驳原告的论据不充分。

④ 原告用词不精确。用词的精确性是法律语言的一个重要特征和基本要求，请看审判员和原告的一段对话：

审：我问你们双方如何居住？怎样居住？

原2：就是我在后边。

审：就是你们俩住后边？

原 2：是。

审：就是～你们俩在北边居住。

原 1、原 2：对，北边。

审：被告在南面居住。

原 1、原 2：嗯，对。

当审判员问原被告双方如何居住时，原告用词义比较模糊的“后边”来回答。“后边”的词义模糊，是因为它的方位是不明确的。而为了说明被告垒建墙基给原告造成出入不便，双方房子的位置很重要，根据我国房屋坐北朝南位置的偏向，如果原告房屋在被告房屋的北边，原告出行必须朝南走。这样，被告所建的墙基才有可能给原告造成不便，也因此产生了原被告之间的争议。

⑤ 原告对庭审纪律不了解。下例中原告 1 随意在审判员说话的时候打断并同时说话，这在审判中是不允许的。

审：就是被告垒完了墙之后，对你们出行，特别是刚才原告张某某说的这个▲

原 1：‖ 对

审：农用车出入造成通行不便？

原 1：‖ 对～对。

值得一提的是，第二个例子中的审判员因为是法律职业人员，他的言语表现了很好策略性，程序性也很强，所以尽管原被告的言语有种种不足，但是在他的指导和引领下，最后还是圆满地完成了审判任务。

10.2 文化因素

在前文中我们提到过 Diana Eades（1995）在 Cross Examination of Aboriginal Children 一文中列举了土著人在交叉询问过程中使用的“不必要的合作”、“沉默”以及“对视”等行为，而这些行为因为文化差异在交叉询问过程中使土著人处于不利地位。“不必要的合作”是指土著人不管是否同意对方所说的话或有没有理解对方的提问都用“yes”回答所有问题(或用“no”回答否定问句)的倾向。这一点很容易被交叉询问的律师利用而使土著人处于劣势。在土著英语中,在回答问题之前的沉默是可接受的,但在法庭上,从一个律师在交叉询问中的一句话“We have to take your silence as ‘no’, don’t we?”可见不同文化对沉默的理解。另外,土著文化认为在说话时直视一个比自己年长的听话者是不礼貌和不敬的,而在交叉询问中,对方律师认为土著人觉得自己在撒谎而不敢直视他。

我国幅员辽阔,是个多民族的国家,各地区的社会文化不尽相同。庭审中不可避免会遇到社会生活中隐含的风土民情,尤其是在少数民族聚居区,还有就是如上海、广州等国际大都市,外来人员(包括国内和国外的)很多。如果诉讼双方都能了解一些对方的生活习惯和民俗风情,就能避免一些误解。

10.3 受教育程度

在10.1节的案例中,非法律职业人员的原被告都是没有受过多少教育的农民,他们言语能力较差,表现为不能精确使用词汇、语句表达不流畅、话语逻辑联系不紧密、言语目的不明确等。

另外,上文中也提到过非法律职业人员话语效果相对较差的原因还在于对法庭言语语境因素的认识不足,如一个从未受过教育的刑事被告人林某某,因为年轻被一男子所骗而怀了孕。她在自己的宿舍产下一男婴,因为怕事情败露而将男婴窒息杀死。在庭审过程中,她觉得自己很冤屈,所以针对公诉人的询问不愿作出回答,让人觉得很不合作;针对公诉人的指控也采取否认的态度而不是根据事实为自己申辩。而在另一个刑事案件的审判过程中,被告人是一个大学生,他对审判人员使用礼貌用语,针对公诉人的举证回答“不认可”或“认可”时有所补充,认罪态度好并积极配合,愿意承担民事赔偿,因此为自己赢得了轻判的判决结果。以林某某在庭审中的表现为例:

审:被告人林某某,你对起诉书指控的犯罪及罪名有没有不同意见?

被:(摇头)

审:没有是吧?

现在由公诉人对被告人进行询问。

公:被告人林某某,下面公诉人就你的犯罪事实对你询问。今天的法庭调查,也是给你一个机会,所以公诉人认为你必须如实地交代自己犯罪事实,对你的罪轻或者无罪也可以提出你的辩解。听清楚了吧?

被:(不语)7's

公:审判长,公诉人认为~被告人林某某拒不交代自己的犯罪事实,沉默不语,说明自己对认罪的一种态度。请合议庭予以注意。

辩:▼审判长,我~反对公诉人刚才所提的这个看法。因为~被告人林某某是一位~文化水平比较低的~被告人,所以我们认为她是会如实地讲清楚的。我们建议公诉机关把话讲慢一点,让林某某听得懂。

公:被告人林某某,公诉人在~审查起诉阶段对你进行讯问,你都能用普通话很流利地跟公诉人进行交流,交代你的犯罪事实。今天~我用普通话讲,你听得清楚吗?

被:你声音大一点,我听不到!(语气抵触)

公:听不到是吧?

审:那你大声一点。

公:被告人林某某,今天法庭上你对自己作案事实详细的阐释以及你自己的认罪态度,对你的定罪量刑意义非常重大,你应该好好地把握这个机会。我讲的你听清楚了吗?

被:(稍微点了点头)

公:嗯,如果你听清楚的话,你大声地讲出来好不好?

被:‖我认罪。

公:‖你如果点头的话~只有法官能看得见,后面法庭上的其他观众没办法听清楚。

被：我认罪，我知道错了。(语速快)

公：那下面还是用普通话对你进行询问，你可以听得懂吗？

被：(点头)

公：你知道你今天为什么会站在被告庭上接受审判吗？

被：(沉默)5's

公：那么下面你将你作案事实向法庭如实地交代。

审：你把作案事实说一下。

被：(2's)我不是故意害的。

审：你把过程说一下，我们就会判断是不是故意的，是不是过失的。

被：(3's)

审：你不说，法庭怎么知道你是故意的还是什么原因。

被：因为那个孩子死了。

审：啊？

被：因为那个孩子死了我就扔掉了。

公：下面公诉人再次询问你。起诉书指控你故意杀人，你有没有什么意见？

被：(2's)什么？

公：有没有什么意见？有意见你可以陈述。

被：‖你说什么？你说什么？你再说一遍。

公：啊？

被：你说什么你再说一遍。

公：嗯～起诉书指控你故意杀人罪，你有什么意见？

被：我的意见是我不是故意的。

公：这个是～你的意见。为什么公诉机关会起诉你故意杀人罪？

被：我不知道。

公：你不知道哦？那么你交代一下这个男婴为什么死？你为什么怀孕？怀孕完以后什么时间生下这个男婴？你对这个男婴

是怎么处理？你把这个过程交代一下。

被:因为生出来死了我就扔掉。

公:生出来就扔掉是吧？在什么时间生的？

被:(3's)时间我忘了。

公:啊~？是不是你在看茶叶店的时候,是不是？

被:(点头)

公:是？你要回答是或者不是,不能光点头,知道吧？

被:(沉默不语)

公:那你交代一下当时你怎么样生下这个小孩。

被:肚子痛了以后就生了。

公:啊？

被:肚子痛了以后就生了。

公:就是一个人生下来的,是吧？

被:哎。

公:那生下来以后,这个男婴什么反应？

被:嗯？

公:生下来这个小孩怎么反应？

被:没什么反应了。

公:没什么反应？

被:不活了。

公:啊？

被:不会动了。

公:不会动？那你怎么样将这个小孩处理？

被:我发现死了我就装在袋子里面扔掉。

公:扔在哪里？

被:扔在对面。

公:你过去在公安机关所交代的情况跟今天不一样。公诉人提醒你,公诉机关对你这个认定是有确实充分证据的。对故意杀人罪,最直接的就是判死刑。但是公诉机关认定你犯罪情节较轻,也是从你~自己有不幸的方面去考虑的,所以给你认定了故意杀人罪的最轻的量刑。这个量刑还要三年以上十年以下徒刑。公诉人希望你能在这个量刑幅度内争取从轻处罚。现在公诉人对你进行询问,你~没有如实交代自己犯罪事实,公诉人将根据你的交代、你的证据向合议庭提供。这样的话,你就失去你如实交代自己犯罪事实的这种有利机会。▲

被:▼我做了我都说了,我没有改口供。▲

公:‖你是否能够受到从轻处罚,也就在于你自己要把握。有没有听清楚?

被:(沉默)

公:审判长,公诉人鉴于被告人今天对自己的犯罪事实△不能如实交代,认为有必要宣读被告人多次在公安机关以及对检察机关的供述。请合议庭准许。

审:可以。

被:‖我怎么做我就怎么说了,我没做就不说了,我没做我没必要说嘛。

在上例中被告人的34个话轮中,沉默、停顿以及其他点头或摇头等(非)言语形式18次,约占总话轮的53%,见表10-1:

表 10-1

被告人庭审(非)言语形式(共34话轮)	次数	所占比例(%)
沉默	4	11.76
停顿	4	11.76
摇头或点头	4	11.76
插话	1	2.94
同时说话	3	8.82
抵触语气	1	2.94
语速快	1	2.94
总计	18	52.92

通过统计我们可以看出,她的这些(非)言语形式占总话轮的一半以上,在庭审中一般被看做是不合作,所以言语效果很差。公诉人在

被告人第一次沉默之后就提醒法庭“公诉人认为今天～被告人林某某拒不交代自己的犯罪事实，沉默不语，说明自己对认罪的一种态度。请合议庭予以注意。”时实际上也是对被告人的警告，但是被告人显然没有注意庭审这一特殊语境中自己的言语行为会给自己带来什么后果。

另外，在其他47的话轮中，她的言语效果也不尽如人意。她是不幸的也很冤屈的，但是她没有把握话轮机会，从陈述事实、原因以及被强暴这件事情对她造成的伤害等角度辩论，而是把自己的情绪带到法庭上。事实上公诉人也体谅了她的苦处，并劝诫她“公诉人提醒你，公诉机关对你这个认定是有证据△确实充分的证据。对故意杀人罪，最直接的就是判死刑。但是公诉机关认定你犯罪情节较轻，也是从你～自己有不幸的方面去考虑这个问题，所以给你认定了故意杀人罪的最轻的量刑。这个量刑还要三年以上十年以下徒刑。公诉人希望你能在这个量刑幅度内争取从轻处罚。现在公诉人对你进行讯问，你～没有如实交代自己犯罪事实，公诉人将根据你的交代、你的证据向合议庭提供。这样的话，你就失去你如实交代自己犯罪事实的这种有利机会。▲”时，却被她打断“▼我做了我都说了，我没有改口供▲。”可见，她对司法程序也是一无所知。

10.4 年龄因素

根据A. Daniel Yarmey (1984)[①]的研究，在庭审中，法官必须考虑陈述的准确性和完整性以及证人的可信度，尤其是那些与年龄有关的“不可靠的记忆”，比如智力还未充分发育的儿童以及随年龄增大而记忆力衰退的老人们。就儿童证人而言，美国大多数的州都认为一个儿童有能力作证的绝对最低年龄为4岁，Stafford认为儿童能力测试的四个基本要素为：① 能表现出知道，或在指示下能知道说真话的义务；

---

① See A. Daniel Yarmey, Age as a Factoe in Eyewitness Memory, Wells, Gary L. & Elizabeth F. Loftus, ed., *Eyewitness Testimony: Psychological Perspectives*, Cambridge: Cambridge University Press, 1984.

② 在涉案事件发生时其智力足以观察并表达此类事件发生经过；③ 足以记住所观察之事件的记忆力；④ 具有把所观察之事件的记忆用语言真实表达的能力。儿童的作证能力取决于他们对法庭上宣誓的作用和他们对有要说真话的职责的一般理解。尽管 Stafford 提醒法庭要注意在法庭上使用诱导性提问的危险性，但同时他也承认有时候法庭也会觉得对儿童进行诱导性提问也很必要。

Cohen 和 Harnick (1980)[①]分别对 9 岁组、12 岁组和大学生组做了调查研究。他把一个长为 12 分钟的两个描述小案件的细节的片段播放给这些受试者看，然后问了他们 12 个问题。这些问题都是测试他们对电影片段展示的事件的回忆的。每个受试者都被问了 11 个诱导性问题（如“那个年轻女子在上车时手上拿着报纸，是吗？”——而事实上她手上拿的是购物袋），和 11 个非诱导性问题（如“那个年轻女子上车时手上拿着什么东西”）。测试结果显示，最小年龄组的受试者对假性诱导性提问作出肯定回答的人数要比其他两组的人多得多，而 12 岁组和大学生组两个组的受试者的受影响程度没有区别。这些结果显示 12 岁儿童在作证时，跟年轻人一样有能力抵制诱导性问题。

因此可以说，儿童是易受诱导影响的，除此之外，他们还存在人际间的权势问题和被胁迫问题。现实生活中，儿童通常比成人更不具权势，在使用语言来维持平等权势关系时也更不具技巧。Mark Brenna (1994)[②]提出在性侵犯（sexual abuse，尤指成年人对未成年人所实施的非法性行为）案件的审判中，对儿童的提问存在以下几个问题：首先，儿童有可能被吓得保持沉默；语言学上的问题有胁迫和复杂问题。就胁迫而言，提问时问题可以变得对信息更有控制力。Brennan 引用了下例一个包含了几乎所有相关信息的是非问句，该律师还用了两个胁迫性的反义问句：

---

① See Cohen, R. L., Harnick, M. A., The Susceptibility of Child Witneses to Suggestion, *Law and Human Behavior*, 1980, Vol. 4, pp. 201—210.

② See Gibbons, John, *Forensic Linguistics: An Introduction to Language in the Justice System*, Oxford: Blackwell Publishing, 2003, p. 203.

C：Now you had a bruise, did you not, near one of your breasts, do you remember that?

Child(12 yrs)：No.

(律师：现在你有一个伤痕，是吗？在你的一个乳房的边上，你还记得吗？

女孩(12 岁)：没有。)

该女孩的回答对她的案子来说是毁灭性的，因为它暗指她没有被擦伤，或者不记得事件的细节了。

其次，是语言学意义上的复杂问题，包括由许多从句组成的复合语法结构，下面是 Brennan(1994)①所举的例子，是一个针对 10 岁女孩所提出的极具句法复杂性的提问：

C：Well I know, I understand what you say you have been talking to her today but you see what I am asking you is this, that statement suggests that you said those things that you now say are wrong to the police. Now did you say it to the police or did you not?

(律师：好我知道，我明白你说你今天已经跟她说过的那句话，但你知道我现在问你的是，那句话表明你对警察说过的你现在说的那些是不对的。那么你对警察说没说过？)

另一个困难来自于技巧性语言的使用，以及其他一些"律师腔调"的不必要的词汇复杂性，如下例的"withdraw"、"whereabouts"、"in relation to"：

C：You went to, went and got into the car outside your home, I **withdraw** that, **whereabouts in relation to** your home and did you get into the car on this morning?

Child：Well on the, when?

① See Brennan, Mark, The Battle for Credibility-themes in the Cross Examination of Child Victim Witnesses, *International Journal for the Semiotics of Law*, 1994, Vol. 23, No. 1, pp. 71—91.

该儿童的回答很明显表明他对律师的问话没有理解。

最后(同时也是跨文化问题),Brennan 指出,有些问题经常要儿童提供一些他们不可能提供的有关时间和地点的具体信息,如:

C: I am sorry, you might not understand me, the first time and then it's finished, **how long until the next time** that your father put his penis in your vagina?

(To child aged 7 years.)

根据以上分析,Brennan 认为儿童证人的可靠性被语言技巧和提问风格系统性地毁灭了。事实不可能在这样的过程中搞清楚。

10.5 性别因素

这里尤其指性侵犯案件中的女性。Janet Cotterill(2007)[①]主编的论文集 *The Language of Sexual Crime* 中论述了在强奸案的审判过程中妇女作为受害者的状况。Matoesian (1993)[②]提供了很多对被强奸妇女的交叉询问笔录,其中充斥权势语言特征,其目的是胁迫证人在对他们之间分歧比较大的事件的叙述时达到一致。他描述了律师是怎样阻止证人进行连贯("多元")叙述的,包括打断和抢走证人话轮;律师用沉默来强调一些特定的陈述或者对证人的可信度产生怀疑;运用强制提问形式(coercive question forms);控制话题和信息等。他还举例说明律师之所以使用上述手段是为了把强奸事件构建成一个艳遇的事件版本,而且被害人在该版本中成了一个自愿的参与者,有时还是毒品或酒精爱好者。在下例中辩护律师(CD)在前面的辩护中就想试图确立"参加派对"(partying)具有"毒品或酒精使用还很有可能有性活动"的意思:

---

① See Cotterill, Janet, ed., *The Language of Sexual Crime*. Antony Rowe Ltd, Chipponham and Eastbourne, 2007.

② See Gibbons, John, *Forensic Linguistics: An Introduction to Language in the Justice System*, Oxford: Blackwell Publishing, 2003.

CD: O. K. you went outside and you waited for at least ten minutes for one of these friends to emerge, is that correct?

W: Mmhmm ~

CD: Who were you waiting for?

W: I don't remember who it was.

CD: Aren't you just trying to come up with an excuse for why you had? To wait outside there?

W: No,

‖

CD: Weren't you in fact waiting outside for somebody to go pardying with anybody?

CP: Objection yer honour.

J: Overruled.

W: No.

(辩护律师:好的,你走了出去而且你还至少等了十分钟就等其中的一个朋友出现,是这样吗?

证人:嗯 ~ ~

辩护律师:你在等谁?

证人:我不记得是谁了。

辩护律师:你难道不是就你为什么必须等在外面编个借口吗?

证人:是。

‖

辩护律师:难道当时你在外面等某个人事实上不是想随便找个人一起去派对吗?

公诉人:反对,法官。

法官:反对无效。

证人:是。)

请注意上例中律师英语反意问句的使用——期望的回答是"不",

(第三话轮后)违反话轮规则(同时说话)无视该妇女“是”的回答——不容她说明,以及间接地把证人构建成一个有乱性倾向的人。

Gibbons 进一步认为,律师在为被指控性侵犯的人辩护时的惯用手法是向妇女询问她们以前的性经验。这个策略有几个目的:第一,这会让人觉得该妇女在那种情形下跟以前一样是自愿的;第二,它意欲唤起人们对有多个性伙伴的妇女的世俗偏见。对一个早就因为性侵犯而饱受精神创伤的妇女的私生活的侵犯可能是一个成功的策略(因为它也许能使她产生强烈的感情反应——而这会让她的证词显得不那么可信,或者它能让她拒绝合作——这会对该女性的案件产生很负面的影响),但它是不合法的。考虑到妇女的创伤和羞辱,通过这种策略获得的信息是否合理,这是很值得怀疑的。

律师对一些有关性侵犯细节的询问同样也被用做一种策略,而不是真正为了得到一些基本信息,这种询问对女性来说也是一种羞辱和再次伤害。一些女性组织已经就交叉询问中这些问题提出过强烈抗议。在澳大利亚,有些法官也因为他们在一些性侵犯案件中的处理方法而受到指责——对女性批评的麻木,对男性被告的明显偏向,尤其是不能阻止对那些早已在身体上受到侵犯的妇女的胁迫和羞辱。

10.6 其他因素

1. 听力障碍

聋哑人有一套自己的语言——手语。手语并非口语的符号变体,而是一种完全不同的语言,地域变体的程度也很高。它的词汇、句法以及形态都与当地及周边地区的口语有很大差别。聋哑人通常把自己看做是一个有不同文化的独立群体。

就专门性而言,手语中并没有专门术语,因为根本就没有手语化的法律制度。在这种情况下,聋哑人通过“指拼”(finger spelling)和“唇形”(lip shapes)从口语中“借用”单词。有时,这种“借用”过了头,以至于手语成了被手势复制的口语,这样一来,几乎没有口语能力的聋哑人可能就理解不了。就文化水平而言,聋哑人的文化水平相对较低,这使得他们掌握不了书面语的语域(通常是一些应用操作型文书),所以手语翻译的作用也很有限。根据 Brennan & Brown (1997)[①]的研究发现,英国手语中连表示尊称的及其他显示权势关系的标记词都没有,使得如"法官阁下"这样的称呼形式都很难用手语表达,而且有时候显得聋哑人的手语证词很欠妥当和尊敬。这意味着前文讨论的法庭言语的专业性、书面性和权势等几个主要特征在聋哑人的庭审言语中是缺失的,而这将导致聋哑人在各类法律语境下的严重交际困难。

除了法律语域问题之外,聋哑人在庭审中的主要问题还与翻译有关。值得一提的是,除了语言学问题之外,聋哑人必须一直看着译员,因此也错过很多源说话人(source speaker)的非言语线索,而且聋哑人站立的位置有一定的要求,不能太远,角度要对,这样才能看清手语翻译。[②]

Ceil Lucas (2003)[③]的 *Language and the Law in Deaf Communities* 也论述了聋哑人在庭审中必须在手语译员的帮助之下才能进行的尴尬及问题。

2. 第二语言

对一个非母语国家的法律制度不了解,在接触法律的时候可能会有交际问题,主要表现在:

- 明显地表达不理解
- 询问该说什么
- 用道歉来回答:"不好意思"、"能再说一遍吗"
- 弄清对方的提问

① See Brennan, M., Brown, R., *Equality Before the Law: Deaf People's Access to Justice*, Durham: Deaf Studies Research Unit, University of Durham, 1997.

② See Gibbons, John, *Forensic Linguistics: An Introduction to Language in the Justice System*, Oxford: Blackwell Publishing, 2003.

③ See Lucas, Ceil, *Language and the Law in Deaf Communities*, Gallaudet University Press, 2003.

- 不回答或者答非所问

在非母语国家的庭审中，当事人使用第二语言时在言语上有明显的权势不对等，确认的事实是被“强加的”，这表现在律师通常使用只要回答“是”或者“不是”就可以的陈述问句。[1]

---

① See Gibbons, John, *Forensic Linguistics: An Introduction to Language in the Justice System*, Oxford: Blackwell Publishing, 2003.

第 11 章 结论

前面十章分别分析了法庭言语的各个主要方面，其中还应该有法庭翻译部分，但是由于笔者没有法庭口译的实践经验，所以不敢妄加评述。

11.1 本书在语言学理论中的地位

近几年来，随着交叉学科研究方法的盛行，很多语言学研究学派都把自己的理论用于分析法庭言语，找出他们的理论在新领域研究中的新发现。本书的目的是运用各种语言学理论对法庭言语的各个方面进行本体研究，以揭示它的特点。

11.1.1 法庭言语的总体分析

在第三章中提到，Deborah Schifffrin（1994）①较为详细地介绍了六种话语分析的方法，它们是：① 言语行为理论；② 互动社会语言学；③ 交际人种学；④ 会话分析；⑤ 语用学；⑥ 变异分析等。总体来说，这些方法可以归结为重结构和重功能的两大类别。2000 年，杨信彰在 James Paul Gee 所著的《话语分析入门：理论与方法》（*An Introduction to Discourse Analysis: Theory and Method*）一书的导读中指出，"从方法

① See Schiffrin, Deborah, *Approaches to Discourse*, Oxford UK & Cambridge US: Blackwell, 1994.

上看,话语分析可分为结构分析法、认知分析法、社会文化分析法、批评分析法和综合分析法五大类”。其中综合分析法是指“根据自己的理论基点和分析目的,将上述的两种或两种以上的分析法结合起来,对话语进行综合分析”的方法。

本书是用话语综合分析法对法庭言语总体进行分析的一种尝试,其中有对法庭话语语篇结构的静态描写、言语功能分析、言语特征分析、语境因素分析等,也有对法庭言语角色之间的互动研究以及法庭各言语角色在言语活动中的策略研究。

11.1.2 法庭言语的法律语言学研究

法律语言学是法学和语言学的交叉学科,可以说,它的发展得益于多种学科提供的理论和观点。就法庭言语研究而言,涉及的学科有法哲学、语言哲学、民事/刑事诉讼法学、普通语言学、社会语言学、语用学、篇章语言学、会话分析等。但是法律语言学必须基于法学的基本原理研究语言,因此必须遵从法学规律,而不是简单地用语言学理论来套用法律语言的研究。

本书的目的是把语言学理论应用于法庭言语的研究:根据庭审程序,用语篇的结构分析法来描述法庭话语语篇的结构特征;通过总结法庭言语行为功能来分析在这些功能作用下的法庭言语的言语方式;在分析了法庭言语活动中的语境因素(尤其是法庭言语活动中的制度性语境因素)之后总结出法庭言语的特征;运用社会语言学理论中的权势和亲和关系等来研究法庭言语活动中各言语角色之间的互动关系;在互动的基础上分析控辩双方的论辩策略,包括语言策略和言语策略的总结等。得出的结论是法庭言语的形式或功能上的特征和法庭言语活动的规律,因此本书是从法律语言学意义上的研究。

11.1.3 法庭言语的制度性特征分析

本书对法庭话语的制度性特征、法庭言语活动中的制度性语境因素以及法庭言语中言语角色的制度性特征等都进行了分析,还试图建构在充斥权势的法庭言语语境中具有不同程度话语权的言语角色之间的互动模式,总结各个言语角色在制度性语境作用下的言语特征,等等。法庭言语具有比较典型的制度性特征,因此对法庭言语的制度性特征进行研究有助于制度性话语研究的进一步深入。

11.1.4 法庭言语的叙事学研究

本书中对法庭言语的叙事学研究是个突破,它的意义重大,主要表现在以下几点。

1. 本书的理论意义

① 本书是语言学、文学和法学的多学科交叉研究:叙事研究首先是作为文学要素发展起来的,因此叙事学通常被用于文学作品的研究;法庭话语的研究又属法学与语言学的交叉学科——法律语言学的一项重要研究内容。本书拟从叙事学角度出发,同时运用语言学理论,尤其是认知语言学、话语语言学等对法庭审判中的话语进行分析研究,从多角度探讨法庭审判中的叙事特征及其模式,其研究结果对相关的各学科理论及其应用都有一定的意义。

② 构建法庭审判话语中的叙事理论并分析其特征,是对叙事学理论和应用的一种发展:1969 年,法国当代著名结构主义符号学家、文艺理论家茨维坦·托多罗夫在《〈十日谈〉语法》中,第一次提出"叙事学"这个称谓,标志着叙事学作为一门独立学科的产生。后来,俄罗斯形式主义学者对故事和情节的"二分法"直接导致了结构主义叙事学研究范畴的不同侧重,并且使结构主义叙事学研究范畴从 20 世纪 60—70 年代关注故事/话语转向 70 年代之后的"融合性"叙事学研究。这一阶段的叙事学有很明显的受语言学影响的痕迹。

之后,受解构主义思潮的直接影响,叙事学从 20 世纪 80 年代末开始进入后现代叙事理论阶段。这时,它已经不仅仅是关于文学叙事作品里诸如叙述者、叙述视角、人物、情节等叙述手段的工作原理的学科,而是扩大为包括小说、神话、日记、游记、谈话、电影、广告、戏剧、档案、诉状等一切语篇中叙述者、叙述视角、作者、读者、人物、情节、声音、时间、空间等叙述手段与政治、经济、文化、法律、道德、伦理、阶级、种族、性别等社会要素之间的互动关系。

"叙事无处不在。"现在叙事学已经成了一个多学科研究方法,并被广泛用于各个领域的研究。从以"叙事"为关键词在"中国期刊全文数据库"中的搜索结果看,有文学、诗学、民间传说、神话等的叙事研究,以及教育、心理、新闻、主持人、广告、医学、道德、教学、思想政治、和法律叙事研究等。

2. 本书的应用价值

① 揭示法庭话语中的叙事在构建法庭事实时的运作机制、衔接方式、叙述模式等。在一系列违法事件发生后,受到侵犯的一方或公诉人会向法庭提起诉讼,要求对方对所造成的损失或所犯的罪行作出赔偿或受到法律制裁。诉讼就是从被侵犯人或公诉人对事件的叙事开始的。但诉讼双方因为有极大的利益冲突关系,对所发生的事件的叙述版本可能完全相反。

对于法庭审判过程中的法官而言,他必须兼听双方的叙述,进行确认、审查、评价等,从而断定事实,作出判决。可见,在听取诉讼双方的叙述之后,法官的脑海中也形成了一个事件版本,他在最后作出判决的时候也是以叙述的形式来表达对事件的认定结果的。

法庭审判中还有诉讼双方对己方证人的直接询问以及对对方证人的交叉询问,有时到庭作证的证人不止一个,那么在这种情况下,诉讼双方是如何在提问中构建他们的叙事版本的?他们的事件版本的各个要素是怎样进行有效衔接以达到"说服"法官的效果的?

最后,事件本身的事实在法庭上的叙述还要受法律框架的约束,因此还有事件事实和法庭事实之分。比如,当被告人同时对原告进行人身伤害和名誉损毁时,如果原告只对被告提出人身伤害罪诉讼,法官根据"不告不理"的原则,只会对被告人的人身伤害罪进行审判,这样的话原告的叙事只能围绕人身伤害来展开。另外,根据证据法的原则,如果原告不能举证证明被告对原告的侵犯是真实的,那么即使侵犯行为真正发生,事件事实也构成不了法律事实。

从以上分析可见,法庭审判中的叙事有它结构上的、形式上的以及语境上的等独特性和制约性,对法庭话语的叙事分析也有其特殊的意义和价值。

② 对法庭审判的司法实践意义。我国从1997年开始实行司法改革,其中民事审判方式改革的三个内容是:强化庭审功能、强化当事人的举证责任和强化合议庭(包括独任审判员)责任。其中,强化庭审功能是审判方式改革的核心。法庭审判过程中各种论辩策略的使用有可能直接影响审判的结果。而作为法庭整体话语策略之一的叙事,在此背景下,其研究更具有实践意义。

11.2 对法律职业人员言语规范作用及审判方式改革的启示

11.2.1 法律职业人员的言语规范

通过对语料的分析,可以看出一些法律职业人员的言语不规范的现象。

1. 用词违反相关审判原则

我国《刑事诉讼法》第12条规定:"未经人民法院依法判决,对任何人都不得确定有罪",这一规定使无罪推定原则在我国得以确立。根据无罪推定原则,可以得出这样两个结论:一是证明被告人有罪的责任由控方承担,被告人不承担举证责任;二是被告人是否有罪应由审判机关依法律程序作出。但在刑事案件的审判过程中,有些公诉人和审判人员的用词不恰当,与该原则相违背,例如:

公:被告人林某某,下面公诉人就你的犯罪事实对你询问。在今天的法庭调查当中,也是给你一个机会,所以公诉人认为你必须要如实地交代自己犯罪事实,那么对你的罪轻或者无罪也可以提出你这个辩解。听清楚了吧?

该例中公诉人在刚开庭时就让被告人"如实地交代自己犯罪事实",也就是说在庭审刚开始就确定她是"有罪",这与"无罪推定,疑罪从无"原则是相违背的。

另外如某审判人员在宣布开庭时,说:"把被告人林某某押入法庭!",也是从一开始就把被告人作为制裁的对象。应把这句话改成

“把被告人林某某带入法庭”。

2. 违反法律语言的“精确”原则

公:你讲的没有哭声、闭气,是不是指小孩不行啊?

被1:是。

在这之前,公诉人就被告人是否故意杀害小孩进行了询问,对小孩出生的时候是否是已经死亡的这个事实的认定比较关键,这里公诉人用了“不行”,没有明确表示“已经死亡”的意思。

3. 语误

在审判人员于法庭上宣读的一份谈话笔录中,有这样一句话:

问:你进去时有无看见铁盖上有字?

答:我当时没有看到字。

法庭话语属口头书卷语体,其中保留了一些书卷体的词汇。在该例子中,审判人员在转写证人的证言时,用书卷体词汇“有无”来代替“有没有”或“是否”。但是“有无看见”属语误,因为“有无”后面一般不跟动词使用。

4. 方言的使用

审:那你当时~~在干什么?哦,在◎#%※(伺候月子)(旁听人员大笑),不对,你丈夫在伺候你月子。

审判人员在庭审过程中使用方言,并因此引起旁听人员的哄笑,这使得法庭气氛很不严肃,有违法官话语严肃性的话语基调。

5. 使用复合式问题

所谓复合式问题是指一句问话中包含着两个以上的问题。例如:

公:告诉法官当时你在何处以及你是否正和一名男子交谈,他的名字叫什么?你们谈话的内容是什么?

证:好的。他说他的名字叫王某某。请再重复一下你的问题好吗?

因为证人难以记住太多的问题,所以这种问题几乎总会导致意思不完整的回答。因此,在交叉询问中最好还是一次只问一个问题。

6. 使用混乱性问题

所谓混乱性问题是指因问话中用语不当而导致回答含义不清的问题,或者违反逻辑要求的问题以及假定未经证明之事实进行询问的问题。例如:律师在未证明被害人曾吸过毒的情况下问:"被害人,你什么时候不再吸毒?",这种问题有强迫和诱导回答的因素,所以应予禁止。

另外,询问问题时应用简单的、明确的语言,尽量避免用生僻的专业术语。

7. 随意打断

审:那怎么会有自愿地就给你印这种名片呢?
被:是啊,他说你得弄个嗯~▲
审:▼不用讲了,我明白了。
被:嗯。
审:辩护人有什么意见吗?

上例中审判人员在提问之后,被告人还没有回答完毕,审判人员就强行打断,并带有不耐烦的情绪。

11.2.2 对我国现行法庭审判方式的思考

杜金榜(2004)①认为,法哲学是法学的理论的一般概括,是来源于法学实践并反过来指导法学实践的、起统领作用的学科。在法哲学的讨论范围内,正义、自由、平等、权利、道德、习惯等是十分重要的概念。

法哲学的诸多观点和概念给法律语言学研究提供了准则和启示。正义、自由、平等,是法追求的目标,也是法律语言学的宗旨。法的这些目标体现在语言中,在法律语言研究中,忽略这些目标,研究就失去了意义。

通过对法庭言语各个方面的分析研究,结合我国的诉讼程序看,我国现行的法庭审判方式还有很多方面并没有能够完全体现公平、公

① 参见杜金榜:《法律语言学》,上海外语教育出版社2004年版。

正的原则,这主要表现在以下几点:

1. 刑事诉讼中控辩双方言语角色之间权势不对等导致不公正

从法庭言语角色关系的分析可以看出,刑事诉讼中控辩双方的权势是极其不对等的。从我国目前的审判方式看,主要有以下几点:

① 刑事诉讼中控辩双方的权势极其不平衡。公诉人与被告人不处于同等地位,这是由公诉人的职能决定的。王俊民(1999)[①]认为:"在我国刑事诉讼中,我国的检察机关在性质、地位等方面与西方国家的检察机关有很大区别。我国《宪法》规定:人民检察院是国家的法律监督机关。检察机关派员出席法庭的任务,除了支持公诉外,更重要的是肩负着监督人民法院审判活动是否合法的责任。《刑事诉讼法》明文规定人民检察院与人民法院在刑事诉讼中是分工负责、互相配合、互相制约的关系,不是服从与被服从的关系。除此之外,检察机关在审判中绝不仅仅是一个控方当事人。出庭的检察人员是检察机关的代表,以国家公诉人的身份支持公诉,实施法律监督,与被告人不是处于同等地位。"

② 我国实行的是职权主义的审判结构(即庭审方式)。职权主义诉讼模式在确认当事人负有举证责任的同时,法院保有查证、询问等权力。法官可以随时参与到对被告人的质询中,这种庭审制度是"询问式"或"质问式"的。这将法官直接置于被告人的对立面,事实上形成了法官与检察官一起共同对付被告人的情况。

③ 在对话语权起很大作用的知识(包括法律知识和案件情况)掌握方面的不平衡。黄妙辉认为:"公诉人和职业法官整体上具有丰富的法律知识,且具有充分的司法经验和广泛的司法手段,具有较强的查明真相的能力。在刑事诉讼中,追究犯罪的一方是公、检、法机关及其办案人员,他们具有较强的业务能力和较丰富的法律知识,以及相当的技术手段,处于主动进攻的态势;而被追诉一方中的犯罪嫌疑人、被告人一般是个人,即使是共同犯罪案件,也因其多数人文化素质不高、人身自由受到限制,处于被动状态。就我国刑事诉讼法规定的侦

① 参见王俊民:《中国审判方式改革理论实践回顾与前瞻》,载王立民编:《中国审判方式改革研究》,上海社会科学出版社 1999 年版,第 1—27 页。

查、检察、审判人员的职权与被追诉者享有的权利观之，前者力度大于后者。这将直接影响控辩双方在法庭上的话语权。”

④ 我国的职权主义的审判结构注意充分发挥法官的主动性和职权作用。从话语权的角度看，此种诉讼结构的不足之处是：庭前审查移送主要证据复印件或照片。法官是在研究了诉讼机关移送材料的基础上审判，易受控方的不当影响，造成先入为主，又因法官主持法庭审判的进行，而被告人不能按自己的意愿提出和调查证据，可能出现限制被告人及辩护人在庭审中发挥积极性的情况，不利于保障被告人的辩护权，案内证据难以充分调查。这从实质上破坏了法官中立地位和控辩双方的平等地位。

因此不管是在权势上，还是在法律知识上，或是在对案件情况的检察手段及了解方面，被告人都处于极其不利的地位，结果是被告人话语权极其有限，整个法庭的话语模式呈二对一（公诉人和法官对辩护人或被告人）的格局，而不是法官处于中立地位的控辩双方的抗衡。

2. 证人、被害人、当事人不到庭

按照诉讼法，一切证据都必须经过法庭质证才具有效力。但是，我国的审判实践中证人不出庭的现象时有发生，质证失去对象。有时被害人、当事人也不出庭，法庭只出示被害人、当事人等的书面陈述。请看下例：

审：下面宣读单某某谈话笔录：

（念）笔录时间：2001 年 12 月 14 日上午

地点：本院民庭

承办人：付某某、徐某某

陈述人：单某某。9 岁，在凤祥小学读书，住某某村

在场人：钱某某（单某某之母）

问：单某某，你是否记得在何处触电？

答：在一排铁盖中间触电的，铁盖是可以打开的。

问：你进去时有无看见铁盖上有字？

答：我当时没有看到字。

问:你现在几年级?

答:二年级。

承办人书写“有电危险”四个字,交由其辨认,问其是否认识。

答:认识。

问:是什么字?

答:“有电危险”。

问:你有无开铁盖?

答:开的。

问:怎么开?

答:用手。

问:当时有几个人?

答:连我有两个人。

问:平时老师有无教育你要注意安全?

答:有的。

问:父母有无教育你出去玩时要注意安全?

答:没有。

问:出事时另外一个小朋友在何处?离你有多远?

答:他在我前面走,也在铁盖上走,离我不远。

比划的一个距离大约是1.5米左右。

问:那个地方是否小朋友都可以去的?

答:是的,以前我经常和小朋友一起去的。

签字:单某某、单某某、钱某某

2001年12月14日。

请原告发表质证意见,有无异议?

原代:没有异议。

审:被告有无异议?

被代:没有异议。

审:对于单某某的笔录双方无异议,本庭予以认定。该证据可以证明单某某认识“有电危险”四字的事实。

下面法庭调查几个问题:……

该例子可以说明这样几个问题：

① 书面证言是经过记录的人转写的，不是真实话语的记录。

以上是法官在调查取证过程中，对一个在某港务商区玩耍时因掀起电缆盖板而触电的被害人——一个九岁儿童单某某的调查笔录。审判人员以书面证言的形式在法庭上宣读，其中的“是否”、“有无看见”等都是书卷体词汇，针对法官的提问“你进去时有无看见铁盖上有字?”，单某的回答“我当时没有看到字。”句式非常完整。这些迹象表明，这份书面证言是经过记录的人转写的，不是真实话语的记录。

② 对一些证据不能当场认定。如“有电危险”，对于一个九岁的儿童认得“有电危险”四个字还是不够的，这四个字小孩是认识的，但它们内部的含义，所隐含的危险是什么、风险是什么，可能孩子还不清楚。所以认识和明白这四个字的含义是两个截然不同的概念。“有电”，何处有电？本身没有说清楚；“危险”，是何种危险？生命的危险还是财产的危险呢？也不清楚。如果当事人到庭，律师就可以通过询问来说明这一点，而不是像在法庭上发生的那样直接被法庭认定。

③ 证人、被害人、当事人等不到庭，就不能进行交叉询问。而且在做笔录时只注重一些案件事实的某些方面而忽视另一些内容，笔录还缺乏当时的语境因素。

④ 影响证人以书写方式正确陈述的因素主要还取决于书写能力、理解能力、书写环境、书写时的心理状态、书写态度等。其中任何一个因素都会影响书面证言的可靠性。如该笔录中“有无看见”、“有无教育”等是语误，是不规范用法。

因此，证人、当事人、被害人不出庭严重影响法院庭审功能的发挥。控辩双方的争辩就缺少证据支撑。证人不出庭作证，法官的听案、审案、断案就只能建立在书面证言的基础上，这样势必使得庭审走过场，流于形式。

因此，必须确保证人、当事人、被害人出庭，使证人在庭审过程中接受控辩双方的交叉询问，这有利于发现证人作证不实的问题。加之通常情况下证人出庭作证有利于排除合理怀疑，能使其他证据得到相互印证和补强。因此，只有证人、被害人、当事人出庭作证，其证言的真实性才能得到保证，案件的事实真相的揭露才能得到保证。

3. 被告人不享有沉默权

请看下例：

审：被告人林某某，你对起诉书指控的犯罪及罪名有没有不同意见？

被：（摇头）

审：没有是吧？

现在由公诉人对被告人进行讯问。

公：被告人林某某，下面公诉人就你的犯罪事实对你讯问。今天的法庭调查，也是给你一个机会，所以公诉人认为你必须如实地交代自己犯罪事实，对你的罪轻或者无罪也可以提出你这个辩解。听清楚了吧？

被：（不语）7's

公：审判长，公诉人认为今天～被告人林某某拒不交代自己的犯罪事实，沉默不语，说明自己对认罪的一种态度。请合议庭予以注意。

此例中的被告人是一个没有文化的妇女，更不熟悉诉讼程序，人身自由受到限制，处于被动状态。而在我国的刑事诉讼中，追究犯罪的一方是侦查机关及其办案人员，他们具有较强的业务能力和较丰富的法律知识，以及相当高超的技术手段，处于主动进攻的态势。被告人在庭中无法充分、有效地实施防御，抗御能力较弱。被告人不享有沉默权，且首先由公诉人讯问，容易使其成为控诉双方的证据来源，很难具有完全的当事人地位，而在当事人主义下，被告人均享有免于自证其罪的特权。

4. 审与判相分离

开庭审理即人民法院在当事人和所有诉讼参与人的参加下，全面审查认定案件事实，并依法作出裁判的活动。因此，从总体上看，审判是一个以言行事的"大言语行为"，其目的是"全面审查认定案件事实"、"适用法律"、"作出判决"。

但事实上，我国法院及法官重视与追求的都是实体法价值，忽视程序法的价值与作用,审判委员会讨论决定及议案的方式可以说正是这种司法观念的最好反映与体现。但是随着我国司法制度改革的提起与推进,审判委员会权力过大,其不足与弊端也日渐明显,由此产生言语活动和言语结果相隔离的问题。具体说就是审理权和裁判权分离,“审而不判”和“判而不审”。这类现象会从实质上影响到审判的质量。

11.2.3　英美法系当事人主义审判方式的思考

英美法的审理是在审判之前当事人及其律师在法院监督之下作了准备,审理时当事人向法院提出全部事实和法律材料。在大多数情况下,审理开始时法官对案情一无所知。英美法系当事人主义审判结构的优势在于:其一,控辩双方为维护己方利益,对于犯罪是否成立都十分关心,在举证和调查证据上,都力求使之对本方有利,这有利于调动当事人举证和调查证据的积极性;其二,控辩双方对同一证据的交叉询问,有助于对证据进行全面、深入地考察;其三,法官不主动干涉当事人调查证据的活动,从而使其中立性更具有保障,避免因过于主动而在调查中逐渐偏向某一方,损害审判的公正性。

在法庭审判结束时,先由陪审团作出裁决,再由法官进行量刑判决。陪审团是由在开庭前从选民中随机选出的一定数量的陪审人员组成的,他们以无记名投票和少数服从多数的方式,对案件中的重要证据是否采用和案件的最终定性发表意见,参与案件的审理,法官不对案件的性质和重要证据是否采用发表意见,只考虑审判的程序组织和采纳陪审团的定性意见依法量刑和判决。法官的庭审活动局限于对法庭的组织、引导和量刑,其最终裁判的依据是陪审团的裁决。①

但在此审判结构下,由于法官对控、辩双方的活动持消极态度,案件的审理主要依赖并局限于双方律师在法庭上的调查和辩论,证据调查的基本方式是主询问和反询问,技术性很强,非职业的陪审团易受

---

① 参见杨春静:《建立中国特色公民陪审团制度之必要性》,http://www.chinacourt.org/public/detail.php? id=183861。

双方辩驳策略、技巧和情绪的影响从而左右案件处理结果，加之有的当事人故意隐瞒某些证据，也易导致诉讼的拖延，不符合迅速审判的原则，且为当事人收买、贿赂证人及隐匿罪证提供了更多机会，易使陪审团精力分散，犯罪者利用这些求得胜诉，故轻纵罪犯的可能性也较大。

难怪 Jef. Verschueren(1999)①认为，在英美法系的当事人审判方式下，无论是控方还是辩护方，法庭话语角色主要关心的都不一定是寻找"实情"，而是寻求取胜的策略。在这一过程中，语言是实现他们自己满意的结果的最有力工具。因为，从结构上看，审判由不同类型的话语和话语束聚集而成：多种独白式话语（法官发布指令、陪审团的辩论结论）和对话式话语束（询问证人）——所有这些在篇章结构上互相联结起来（如在系列讯问、陪审团对先前陈述的概括等中）。从语境上看，参与者的角色界定分明（被告、法官、原告、辩护律师、陪审员、证人、专家证人）。这些具有公共制度特征的角色是根据每个人可用的话轮或话轮类型（或言语体裁类型）的预先分配情况来定义的：法官发布指示，律师提出（制度上允许的）问题和反对对方的问题，证人回答律师的问题，陪审员主要是静听（在大部分审判过程中始终作为见证人，在双方律师辩论总结时作为直接受话者，在审判结束时作为集体发话者）。总体交际的动态性是由话语结构和参与者角色结合一项要履行的任务——就被告的罪行或清白作出判决——决定的；对这些结构和角色，不同的参与者都有相当强的意识程度。结果审判过程以控方与辩护方间的竞赛形式出现：控方律师的任务就是要证明被告有罪，而对辩护方来说只要能就被告的罪行提出合理怀疑就足够了。

英美法系当事人主义审判方式下，有一些针对陪审团的策略，其中有：

---

① See Verschueren, Jef., *Understanding Pragmatics*, London and New York: Edward Arnold Publishers Ltd., 1999.

1. 人称代词

O'Barr (1982)[①]认为用"we"来指称陪审团可以强调他们之间的共同点;用"you"既可以用来指整个陪审团也可以指陪审团个体成员,意思模糊,因此他们都觉得是称呼自己;通常用"they"指称一个不知道或不相干的群体。如他举的一个重复使用"you"的例子:

Ladies and gentlemen, in **your** examination before **you** were selected as jurors, I asked whether **you** could put aside feelings of prejudice, passion, revulsion and pity, and decide this case on the evidence. Each of **you** swore **you** would do just that . . . **You** made that pledge.

2. 利用陪审员的偏爱

John Gibbons (2003)[②]观察到律师有故意利用陪审员的文化和种族的倾向的现象。

3. 使用平行结构和重复

Pamela Hobbs (2003)[③]认为,交叉询问中的律师会在提问中设计预设,并且在重述时以限制证人回答的方式来达到让证人对相关内容默许的目的,这样律师就能成功地"制造"一系列证人认可的"事实"。而且,这些"事实"被天衣无缝地联结在一起,形成一个衔接的整体,其联结方法是通过使用平行结构。平行结构可以产生一系列结构相当的重复形式,通过重复可以把信息组织在一起而且还具有其编导的效果。

Brandon: To uh perhaps condense that, down t'something that the jury can understa: nd, hh without the precipitous delivery, you b'lieve this child would have been neurologically intact. C'rect?

---

① See O'Barr, William M., *Linguistic Evidence: Language, Power, and Strategy in the Courtroom*, San Diego: Academic Press, 1982.

② See Gibbons, John, *Forensic Linguistics: An Introduction to Language in the Justice System*, Oxford: Blackwell Publishing, 2003.

③ See Hobbs, Pamela, "You must say it for him": Reformulating a Witness' Testimony on Cross-examination at Trial, *Text*, 2003, Vol. 23, No. 4, 477—511.

Dr. Gable: Probably.

Brandon: . Hh. Ah, 'n' another way of stating that is, you don't b'lieve that the brain was damage:d, at least in connection with the labor, before the time of the precipitous delivery.

Dr. Gable: That's right.

该例子中,律师用了两个问题,也可以说是对同一个问题问了两次,尽管形式有所不同。第一个问题是肯定的"如果不是因为贸然的接生,你认为这个孩子的神经应该是完好无损的",第二个问题是否定的"你不认为(孩子的)大脑是在贸然接生这个时间之前被损伤的"。律师重复了"贸然接生"这个词并把它与平行结构"你认为"/"你不认为"联结在一起,这事实上不仅让证人接受律师在重述中的预设,并继而马上确认他确实是这样认为的(That's right.)。这样,律师编导了让证人认可关键事实的一幕。

关键词或词组的重复是法律职业人员使用最广的策略之一,而且经试验证实重复确实能影响人们相信这是真的。正如 Irving Younger 所说,"如果陪审员听到一次,他们可能相信也可能不信。如果他们听到两次,他们可能就相信了。如果他们听到三次,他们肯定就信了。"

因此也有人反对陪审制,其理由概括起来主要有以下几点:其一,陪审团易受传媒及公众情绪的影响,与司法的客观、冷静与持重的特性不符;其二,陪审团的平民、大众意识与司法的专业化、精密化趋向不符;其三,陪审审判费时耗钱、延误诉讼,缺乏效率;其四,陪审团具有明显的种族、阶层、地域,以及文化色彩,不利于公正司法。

11.2.4 我国庭审方式改革方向

结合我国的审判方式和英美法系的审判方式,笔者认为改革应坚持的准则在于合理配置法院职权与当事人诉权,不应陷入任一极端。我国审判方式改革的方向是:

1. 实行起诉书一本主义(即在开庭以前,法院所拥有的卷宗材料仅有起诉书和答辩状,对于其他证据一概由当事人在法庭上提供),只移送起诉书而不得移送其他任何证据，以贯彻控审分离原则，彻底杜绝使法官产生预断和偏见，影响法官中立和审判公正的弊端。这种改革的理由除便捷诉讼以外，还在于防止法官形成先入为主的偏见，以期提高审判工作的公开性、民主性、高效性。

2. 规定直接言词原则，强制证人出庭制度。这可以防止刑事诉讼中控方任意以提交书面证言代替传唤证人出庭，使被告方询问无法实施或被告方证人拒不出庭作证，难以促使法庭将其证人纳入法庭调查范围，使辩护方抗辩能力偏弱的现状得以改善。为实现这一原则，首先应规定证人出庭作证，应赋予法官强制证人出庭作证的权力。

3. 赋予被告人沉默权，改善被告人的诉讼地位。被告人享有沉默权，已成为现代各国进行民主、科学的刑事诉讼的一项最低标准。一些国际法律文件如《世界人权公约》、《公民权利和政治权利国际公约》等甚至将被告人的沉默权纳入公民政治权利、人权等范畴看待，我国也应顺应历史潮流，对被告人的此项权利作出具体规定，加强对被告人权利的保护。

4. 完善陪审员制度，建立严格的评议程序。西方国家陪审团评议的形式已经历了很长的历史发展阶段，已很成熟和完备。我国虽然也设立了人民陪审员制度，但仍存在很多缺陷。另外在合议时也可借鉴西方国家的评议方式，由合议庭成员无记名投票，决定被告人是否构成犯罪及构成何罪，罪名确定后再从审判长提议判处的最高刑开始，逐次无记名投票决定应当判处的刑罚，最先出现多数票的刑罚即应当为判处的刑罚，以消除评议阶段主观随意性大的问题，使审判的最后阶段建立在群策群办、理性选择的基础上，并逐渐消除审判委员会对法官独立所造成的干扰。

我国庭审改革及其他诉讼制度的改革应以大陆法系的职权主义诉讼模式为基本的参照体系，改革不能仅从方便法院办案角度出发，而应对当事人诉权与法院审判权两方面同时进行合理设置，并使庭审制度改革与其他诉讼制度及非讼制度改革相互协调。[①]

---

① 参见龙宗智：《刑事庭审制度研究》，中国政法大学出版社 2001 年版。

11.3 本书研究的局限性和对未来研究的展望

1. 语料有限

本书所涉及的语料只有民事案件和刑事案件两类,没有行政诉讼案件。而且在法庭旁听案件审理时,因为绝大多数的案件都是在很长时间之后才能有判决结果,所以当场听不到判决,感觉整个审判很不完整。另外,法庭上不能录音,不可能一字不落地记录下庭审中的全部话语。

中央电视台12频道转播的《庭审现场》节目,又因为播出时间受限制,庭审中有很多内容被删减,所以对节目录像之后转写过来的语料也有一些不完整。

2. 对法庭审判没有切身体验

虽然笔者在进华东政法大学当教师之后,学校组织过所有新教师旁听法律课程,笔者也听过几次课;在决定做法庭言语研究这个课题之后,也阅读了法理学、民事诉讼法学、刑事诉讼法学、宪法学等相关书籍;在旁听庭审时,也与法官进行接触,但是因为还不是法律从业人员,总体感觉对法庭审判没有切身体验。

3. 就法庭言语活动本身还有很多值得研究的内容

本书力求全面地对法庭言语的各个方面进行总体研究,但还有一些方面没有涉及,如法庭翻译、法官对陪审员的法律适用说明等。而且本书在分析话语角色的互动时,没有能够考虑他们的社会属性特征的个体差异,如受教育程度、社会背景、民族差异、年龄等。这些都有待于以后进一步的研究。

附录

附录一　民事诉讼案例

（根据中央电视台12频道《庭审现场》整理）

医疗纠纷案

所有电台主持人都是通过声音与观众交流的，如果嗓子出问题，无疑是职业生涯的结束。可是某广播电台的优秀播音员袁某，感觉嗓子不舒服去医院就诊，专家门诊医生告诉她，她的声带上长了一个包块，虽然她现在的这个年龄不太可能但是也不排除可能是恶性的，因此必须做手术。当时，医生给她说她的手术对于他来说，就像拿筷子吃饭那样简单。

袁某接受了手术治疗，但是术后嗓音一直无法恢复，讲话特别困难、气短、淤血，特别难受，不能说话。这下她有些慌了，在家人的陪伴下，在省内省外几位专家处进行了多次鉴定。可得出的结论让她彻底懵了：喉肌无力、声带出血、声带水肿！她曾经拥有一份美好的事业，她的播音作品获得过国家和省级的各种奖励。正当她想在自己热爱的事业上实现更高的梦想的时候，这次的小手术，却让她不得不离开自己喜爱的事业。

她与医院进行协商，但是医院认为自己没有任何责任。袁某无奈之下，向市中级人民法院提起诉讼。2004年12月15日，市中级人民法院公开审理此案。

审：原告袁某，被告某某省第一人民医院。下面进行法院调查。由原告向法庭陈述你方的诉讼请求、案件事实和理由。

原代：诉讼请求如下：2003年3月3日，原告咽部不适，去被告专家门诊就诊。张副主任诊断为慢性咽喉炎、声带息肉，须手术治疗。3

月4日上午10点30分,原告在院方没有做任何手术前检查,也没有授意她签手术同意书的情况下,被医生贺某某带到门诊手术室,做了手术。手术结束后,一个月来,原告连说话都很吃力。经被告方耳鼻喉科陈某某、李某某两位主任检查,皆认为声带呈菱形裂缝、喉肌无力、关闭不全。原告因无法承受这一结果而出现郁抑性精神障碍。由于被告方手术医生违反通行医疗规范的错误行为,给原告造成了严重的伤害,致使原告作为播音员、节目主持人的职业被毁,在经济上和精神上造成了巨大的损失,我方的诉讼请求是:

1. 依法判令被告赔偿原告医药费2133.30元,后期治理费39060元,经济损失1138800元,精神抚慰金200000元,律师费55200元,共计人民币1435193.30元;

2. 由被告承担本案诉讼费。

为了维护法律的尊严,维护原告的合法权益,特具告向人民法院起诉。请求依法判处。宣读完毕。

审:被告,根据原告的陈述,进行答辩。

被代:原告所起诉的事实和理由完全违背客观事实,与本案的客观事实根本不符。第一,她说因为咽喉不适,去被告医院专家门诊就诊。但是本案的事实是,早在3月3日原告到被告医院就诊之前的一个多月,原告就已经(2's)声音嘶哑,咽部疼痛、说话费力、严重干燥、咽部有异物感,并且也到省里的几大医院看过。是在这些医院看了,没有任何好转的情况下,到了被告医院,也就是说原告向法庭陈述的理由和事实仅仅是一个故事。因此他的陈述与客观事实不相符。

第二,原告在她的诉状上称3月4日上午10点30分,原告在院方没有任何手术前检查也没有授意她签手术同意书的情况下,就被医生贺某某带到门诊。好像给大家一个感觉就是被告如此草菅人命,如此不负责任。但是事实并非如此,经过法庭的调查,我们将向法庭出示在手术以前被告医院给原告就她的声带息肉(1's)做手术所必须要做的检查记录。我们认为,原告的陈述是与客观事实不符的。某某省第一人民医院在为原告做手术的整个过程当中,没有违反任何诊疗常规,没有给原告造成任何损害。因此我们请求法庭依法驳回原告的诉讼请求。完了。

审:下面由本诉讼原告袁某针对你方的诉讼请求提交相关的事实证据。

原代:她爱人已经在庭外等候了。这个在庭前我们已经报告书记员了。

审:好。证人王某某,根据法律的规定,证人在法庭上的陈述、作证,必须如实,不得捏造、虚构。如有虚构,将追究法律责任,包括刑事责任在内。原告△证人是否听清楚?

证1:听清楚。

原代:证人王某某,问你几个问题,希望你如实向法庭陈述!

嗯,第一个问题是~2003年(2's)3月(1's)4日(1's)上午(1's)你在什么地方?

证1:嗯,我在(2's)陪着袁某做手术。

原代:手术前的3月3日,到手术的3月4日的上午,医院有没有给袁某做过什么检查?

证1:嗯~3月3日是我陪着袁某去医院看的,看张某某主任,挂的专家号。看了以后他说有包块,要做手术。袁某就说"我是搞播音的",张某就说很多人做了手术后都没什么问题,小手术,一个星期就可以出院了。所以我们就住院了。

原代:小手术? 那么医生有没有给袁某做过什么检查?

证1:当时就是在那个门诊的做了那种镜子。▲

原代:‖医生看(1's)喉鼻时戴在头部的那个镜子? ▲

证1:‖对对对。

原代:看了一下?

证1:对。

原代:那么后面检查有没有做过?

证1:没有。

原代:那么4日早上有没有做过呢? 在手术之前?

证1:3号下午收进去以后,办完入院手续,我就回家拿东西了。4号一早开了个检查单,去做的检查。9点钟左右,她就打电话来跟我说,今天上午就做手术了。我问她为什么这么仓促,她说医院上午有空,就来做,打电话给我我就赶紧过去。

原代:在手术前,医生有没有向你们讲过(1's)就是说这种声带手术如果做了以后会不会有什么其他的并发症啊、或者有什么嗯~副作用啊、或者有什么其他影响?

证1:没讲过。

原代:麻醉之后再做手术的过程有多长时间?

证1:大概有(2's)40来分钟吧。

原代:有40来分钟?▲

证1:嗯。

原代:这段时间中,做手术的人和非手术的人有些什么反应?

证1:因为我们一直在等着,后来另一个床位还问过护士,她说那个贺医生现在不在。那么我们就等了一会儿。后来那个贺医生有说有笑地出来了。把我们带进那个做手术的房子里去。

原代:这个当中医生有没有出去过?

证1:一开始做医生就找那个(1's)包块的位置。后来那个贺某某的手机响了。响了好长一会儿。然后他走到门口,挂了电话又回来,继续找。因为找的过程中袁某感觉很疼,整个过程都在发抖,我一直都在握着她的手。手术以后大概两个星期左右,袁某发声依旧很困难。但他们就开了出院通知单(1's)让结账去了。我们很惊讶,这个(1's)连话都不能说呢怎么就(1's)出院了。

原代:嗯,审判长,我的问题问完了。

审:好,被告方,对刚才证人陈述有无异议?

被代:有,因为原告进来的时候就是声音基本嘶哑的,少数人做了以后声音仍然嘶哑,这没办法恢复。请问原告是否向医院里边的主任或者是主管医生询问过嗓音恢复不了的原因呢?

证1:嗯~她不是声音嘶哑了来看的。她咽喉不舒服使整个一个声音的质量不像以前了。

被代:你看,这样吧,因为法庭的这个~▲

证1:‖另外,另外一个呢~▲

被代:我问你什么,你针对我的问题回答我,好不好?▲

证1:‖我指出你刚才问的过程当中有些问题,▲

被代:应该说我问你。▲

原代:‖审判长,我们对被告代理人的发问方式提出异议。我们认为有什么可以单刀直入直接问证人,不需要提示和诱导。▲

被代:‖那么我再重复一遍我的问题。▲

审:‖好,抓紧时间。

被代:我再重复一遍我的问题。手术以后,病人嗓音没恢复,你有没有向主任或者是主管医生提出过?

证1:走的时候没有,后来我交涉过。

被代:嗯。

证1:病人说话都困难,一直呼吸都很不顺畅。

被代:嗯,证人的意思是实际上是向对方交涉过了。

证1:对。

被代:交涉过了,吗?

证1:嗯。

审:好,证人可以退庭。

原告,你方所提供的证据材料当中,有一份是录音带是吧?

原代:对,录音带。

审:你是否需要播放?

原代:嗯,需要播放。

[(音质优美)这里的时间没有秘密,因为这是88.7的春天,连风都透明。

(声音嘶哑)这里的时间没有秘密,因为这是88.7的春天,连风都透明。]

原代:嗯,这个节目录音就是袁某声音前后的一个对比。

审2:被告,对于原告刚才申请法庭播放的录音,你方有什么质证意见?

被代:有。术前是音质优美,术后就变成了声音嘶哑,这给大家形成一个误导。但是我们想提请法庭注意的是什么?袁某本人签过字的、手术前一个月就已经是声音嘶哑、咽部疼痛、咽部干燥、咽部异物感，那么术前一个月的录音在哪儿？我想我们每个人都是有鉴别能力的。我们既然都坐在法庭上面，对时间都是有逻辑性的。如果你当初声音是非常清晰的、非常甜美的，你到我们医院治疗什么？你的声音没有嘶哑，你到我们医院看什么？你自己为什么病人自述上要写嘶哑一个月呢？所以我们认为这个比较是对法庭的一个误导，我们不认可。

原代：其他证明和证书也都证明了袁某在工作当中的一些情况。证实她是个非常优秀的播音员，而且她从事的职业就是靠嗓音作为基础。她跟普通的患者是绝对不同的，另外某某广播电台经济生活频道证明，袁某和另外一个同事陈某某创作的参评节目《某某某某》，录制于2003年(1's)3月1日，并于同年获得第二届云南省残疾人(2's)事业好新闻广播二等奖，这个证明就是在2003年的3月4号的手术前，当时袁某整个身体状况是很好的。

被代：我们认为袁某曾经的工作表现如何出色，曾经得过什么奖，这个跟本案无关系。我作为医生我必须一视同仁，当然，原告方作为一个播音员，嗓音对你意味着什么我们清楚得很。但是这些证据跟本案没有任何关系。

审：原告的举证和质证就到这里。下面由被告举证。

(被告方出示袁某的就诊病历和专家会诊证明。)

被代：这份证据材料我们要证明的是原告到被告处就诊的时候，就已经出现了声音嘶哑一个多月、咽部疼痛、说话费力、咽部干燥、咽部异物感等症状。这些内容都不是我们编造出来的，是原告到医院看病，向医生陈述的，并且陈述了之后，医生记录以后，经过原告本人签字的。

原代：应当说看到被告方提供的这份证据清单，我们非常非常气愤。▲

审：‖原告代理人，法庭提醒你直接陈述你方的质证意见。

原代：好的，我们(2's)用比较平和的语言来表述。我们认为被告方第1到第10号证据，都是人为编造的假证据。我说几点理由：第一,从时间上看,袁某到被告医院的时间是3月3号下午,而住院病历从3月3号的上午就开始了!做假做到这样的水平我觉得太差了。第二点,贺某某医生的签名,跟我前面提过的证明是一致的。贺某某在好多地方做记录医生的签名,这些签名肯定跟后面的签名不是同一个人的。换句话说,作为记录医生,他没有在这地方签名。谁在这签的名?从医院来讲,如果篡改了病历是怎么样的结果?这必然导致对方没有办法客观地判定医疗过程是否符合有关的操作规程?是否因应当承担责任?

被代:那么我们请原告出示病历被篡改的证据。这个病历什么地方被篡改的?篡改了多少次?篡改的这个内容是否影响医生误诊的等整个诊疗过程?还是这些鸡毛蒜皮的比如说日期写错了啊或者其他方面影响了?究竟是怎么篡改的?你一句话"篡改了病历",篡改病历有好多种,篡改了一个字、篡改了一句话、篡改了一个日期、篡改了大部分病历甚至整个病历都被篡改。

审:原告,你具体地举证一下你认为篡改了什么?▲

原代:‖嗯。好的,在病历的第1页中,这个~很明显啊,贺某某~本人的签名和第~3、4到26页当中贺某某的签名肯定不是同一人,如果说被告方有异议,我认为可以通过法庭作笔迹鉴定。

被代:在一般的病历上比如化验单和血液报告单,由一个医生签了字,虽然这些不是贺某某一个人的签名,但是它的内容都是客观真实的,不存在篡改病历的问题。

审:嗯~双方所争议的贺某某签名的真假问题以及病历是否存在篡改伪造的问题,双方都充分发表了自己的意见,交由合议庭来评议。

被代:我们要向法庭提交的第14份证据材料是(1's)全国知名权威专家的会诊记录。在这份会诊记录里边,我们可以清楚地看到(1's)被告为原告所做的手术,术前诊断是正确的,手术也是得当的,而且术后没有给原告的声带造成任何损害。原告之所以嗓音嘶哑,是由于她长期播音(1's)用嗓的原因导致咽喉炎的。

原代:省内专家的会诊记录(1's)中,没有任何一个专家在上面签过字。被告方口口声声说这个就是会诊专家的意见,未免太过于荒唐了吧?

审:好。在~诉讼过程中,双方已向法庭提交了鉴定申请。现在鉴定机构出具了鉴定结论,下面(1's)请鉴定人出庭,就整个鉴定情况向法庭作一陈述。

证2:今天鉴定人有两位,我姓钟,钟某某,她叫傅某某,我们都是某某省法庭科学技术鉴定研究所的。我是鉴定中心的主任,她是鉴定中心的法医。

(鉴定研究所对原告嗓音损伤程度、原告是否是有精神疾病、被告治疗与原告嗓音之间是否有因果关系进行了司法鉴定。)

整个鉴定过程由法医傅某某进行说明。

证3:中心于2004年6月24号接到市中级人民法院的委托,对袁某目前是否患有疾病、病情程度如何形成鉴定,下面是被告医疗行为与袁某损害结果之间是否有因果关系形成的鉴定,鉴定结论一:某某省第某人民医院在为袁某提供医疗服务过程中,没有尽到手术前的告知义务。

鉴定结论二:袁某患情绪障碍与术后嗓音没能恢复心情不好有关。

证2:94年我国颁布的《医疗机构管理条例》规定:在做手术或做特殊检查和在一些特殊的治疗之前都要向患者说明治疗的过程及她中间所承担的△应该有的风险,以及这个手术后期的预期效果怎么样都要向对方作一个陈述。

被代:我想请问一下,对于门诊就能做的,不需要麻醉医师在场的手术医院要作什么样的告知?

证2:依照我国《医疗机构管理条例》,还有《医疗事故处理条例》中的第133条的规定,做手术时,要告知病人,说明手术的过程,还有手术的预后效果是什么情况等。因为袁某的特殊职业,其对声音的希望值是非常高的。所以事前谈话更应多一点。因为我们知道,医学层面而言手术总是有风险的,并不是手术效果一定是好的。手术的预期的效果怎么样,无论是大手术还是小手术都应该向病人交代清楚。

被代:无论是大手术还是小手术?▲

证 2:对。

被代:都应该做一个告知义务?

证 2:对。鉴定中,法院没有发现手术同意书上的签字,所以作为完整病历的话这一部分的确是一个缺陷,所以针对这个问题,我们认为医院的证明是伪造的。

(针对鉴定二。)

证 2:经过司法鉴定,袁某患了情绪障碍,她的情绪障碍在精神病学上是叫做功能性的情绪障碍,是一种分离性的。这种分离性精神疾病是与未恢复心结有关系。嗯~所谓的心结,只有少数人会得。主要跟自己的心理体质有关系。比如说,面对同样的外来刺激的时候,每个人的反应是不一样的。

被代:那么按照精神病的国家标准,精神情绪障碍是否属于精神病?

证 2:现在精神病的分类已经有很多种了。现在很多的心理障碍,包括神经症,都包括在精神病内,所以说我们现在所说的精神病的概念是很广的,包括神经障碍也是。

被代:那么精神病可以装出来的吗?在鉴定的过程中你能否鉴定出来精神病是装出来的还是本身就是个精神病?

证 2:应该说大部分是可以鉴定出来的。

(袁某的声音嘶哑是慢性咽炎以及声带关闭不严所致,被告摘除息肉手术时并未伤及声带,所以声音嘶哑与被告没有关系。)

第三点,她的声音嘶哑是慢性咽炎、声带关闭不全所致,与有关的医疗行为无因果关系。这里医疗行为指的是手术。

原代:嗯,鉴定人,对于这个方面的问题我想请教一下,这个~声带关闭不全,它是一种生理上的功能的一种现象,是吧?

证 2:她声带关闭不全是在做一个喉镜检查的时候看见的。它是一种临床的一种现象。引起声带不全的原因有很多,有很多种。上述我说的,是第一种,水肿之后声带的一种,第二种情况是一种功能性的,所谓的功能性的话,是跟人的心理有一定关系,这叫功能性的。还有一种情况是喉肌无力症,就是由肌肉力量原因而产生了一种关闭不全。引起关闭不严的原因有很多种。

原代:如果说在有炎症的情况下,原告的手术△能不能做?

证2:嗯~在急性炎症的情况下是不能做的。如果是慢性炎症是可以做的。

原代:喉肌无力,有可能导致关闭不全,是这个意思吧?

证2:喉肌无力是有可能的,但袁某的声音嘶哑我们排除三种情况,一种是声带的损伤,另外一种肌肉不够,还有一种情况是她的喉肌问题。

审:法庭调查到此结束,好,下面进行法庭辩论。

(1. 被告方是否应当承担民事赔偿责任?)

原代:通过今天法庭调查查证并经鉴定人出庭作证,已经证明了整个医患过程当中,确实医方存在过错。但手术本身损害基本没有。然而,就目前造成病人的情况看,病人受到的损害结果跟被告方的医疗行为不当是密不可分的。

被代:医院没有任何责任。袁某的声音嘶哑不是医院的医疗行为造成的。在手术以前袁某就存在声带上的息肉、声音嘶哑的问题。这是她本身职业带来的。

原代:作为播音员,在3月1日,袁某还做过节目。一个手术后却患上了精神疾病。

在这样的情况下我们认为由于被告方的行为才在客观上对原告造成两个损害结果,一个是原告嗓音不能恢复的,二个是原告精神受到损害的。

被代:袁某目前的情绪障碍跟本案没有任何因果关系。其应该调整自己的心态,配合治疗。

原代:刚才法医指出的是作为一种特殊的职业的人群,袁某跟普通的工人是不一样的。▲

审:‖原告代理人。

原代:作为一个专业医疗机构,对待特殊人群,必须尽到高度注意,法定告知义务。而这个过程中被告方没有严格履行法律规定。

被代:在告知义务方面,门诊的副主任医生实际上已经尽过告知义务了。

审:双方的争议法庭听得很清楚,鉴于双方在法庭调查上一轮的辩论当中,充分阐述了各自辩论意见,双方如有新的观点可以在向法庭提交的书面代理词中予以阐述。法庭辩论到此结束。本案经合议庭会议之后,法庭将进行宣判。

原被告双方当事人到书记员处验看笔录,并核对无误后签字予以认可。本案庭审到此结束,现在宣布休庭。

(两个月后,也就是2005年2月17日某市中级人民法院作出了一审判决。)

审:原告袁某诉被告某某省第一人民医院医疗事故损害赔偿纠纷一案继续开庭。

经合议庭评议、确认下列案件事实:某某省第一人民医院在对袁某进行声带息肉摘除手术时,术前未向袁某告知少数可能出现的风险,以尊重袁某对手术知情与否的选择。故某某省第一人民医院侵犯了袁某的患者知情权,其医疗行为存在过错,应当依法承担相应的民事责任;其次,关于某某省第一人民医院的民事责任范围,袁某治疗的后果经某某省法庭科学技术鉴定研究所鉴定,与某某省第一人民医院的手术无因果关系,而系慢性喉炎及声带关闭不全所致,本案没有致病的损害后果。因此袁某请求术后医治声音嘶哑发生的医药费2133.30元以及其声音嘶哑而损失的118810元不属于侵犯其知情权所导致的损失范围,故本院不予支持。综上所述,依据《中华人民共和国民法通则》第98条、第106条第2款之规定,判决如下:

全体起立!

某某省第一人民医院于判决生效之日起10日内赔偿原告袁某精神抚慰金5万元,驳回原告袁某的其他诉讼请求。案件受理费17185.97元、鉴定费3000元由袁某负责30%系6055.79元,某某省第一人民医院承担70%系14130.18元。

(袁某不服,向某某省高级人民法院提起了上诉。)

附录二　刑事诉讼案例

（根据中央电视台12频道《庭审现场》整理）

招生陷阱案

王某原来是东北一家歌舞团的演员，2001年7月，王某从一张报纸的广告上得知某某市影视研修学院正在招生，为了进一步学习深造，王某来到了该市。在某某舞蹈学院，他找到了设在那里的某某影视研修学院的招生办公室，在那儿王某见到了一位叫罗某某的老师。

这位罗某某老师自称是某某影视研修学院和某某艺术学校两所艺术学校的负责人，他告诉王某，要想学舞蹈，他这儿请的全是舞蹈学院的老师，学影视表演则是电影学院戏剧学院的老师。

在罗老师的指点帮助下，王某很快就报了名，还通过了专业考试，最后王某被告知9月15日开学。2001年9月15日，王某按时来到某某舞蹈学院报到注册交费18000元。

交完了钱，让王某没有想到的是，他和十几个同学一起被拉到了某某工商大学的分校区。一到这儿，王某和同学们就发现了问题。那儿没有住的地方，也没有老师。

紧接着就有同学提出要求退学退费，可是让大家更没想到的是，三天后他们的校长罗某某找不到了。他们当天就报警了。

那罗某某到底是什么人呢？他到底是不是某某影视研修学院和某某艺术学校的负责人呢？公安局接警后经初步调查了解到：罗某某，天津人，大专文化，无业，他根本不是什么某某影视研修学院和某某艺术学校的负责人。2001年6月到9月，罗某某在某某舞蹈学院教学楼内租了一间办公室，冒充某某影视研修学院和某某艺术学校的名义对外招生，收取学费。据了解，某某影视研修学院是一所正规的民办艺术类高等院校。

如果是委托的话，他手里应该有某某影视研修学院的委托书、招生委托书，或者说如果合作的话，那也应该有合作意向方面的协议书，如果要是没有这两方面的证明，那肯定是不会有校方的委托，或者授权。

公安局民警在定性时基本上认为罗某某百分之百就是诈骗。

与此同时，罗某某在工商部门注册了一家名叫某某世纪精英教育研究所的机构，在招生收费过程中，罗某某曾经给一部分学生开具了这家教育研究所的收据，可是这家所谓的教育研究所根本就没有按照有关规定得到教育部门的批准登记。

某某市公安某分局民警认为，通过走访某某市教委、走访相关的一些单位，证明这个学院是不成立的，它没有资格招生。

在引起学生们的怀疑后，罗某某只好溜之大吉，据此警方初步认定罗某某涉嫌招生诈骗。此后警方开始抓捕罗某某，谁知罗某某这一跑竟跑了4年之久。2005年2月17日，罗某某被缉拿归案。

2005年10月31日，某某市某某区人民法院公开审理罗某某涉嫌诈骗一案。

审：现在开庭！

本法庭今天依法公开审理某某区人民检察院(1's)提起公诉的被告人罗某某涉嫌诈骗一案。下面开始法庭调查。

首先由公诉人宣读起诉书。

公：被告人罗某某涉嫌诈骗一案由(1's)某某市公安局某某分局侦查终结(1's)移送本院审查起诉。经依法审查，现查明，2001年6月至9月间，被告人罗某某以非法占有为目的，冒充某某影视研修学院常务校长、某某艺术学校常务校长，以招收学生收取学费为名先后骗取龙某某、吕某、刘某、王某、尹某、李某、孙某某、孙某某、胡某、陈某等人现金人民币18万余元，后逃匿。2005年2月17日，被告人罗某某被抓获，赃款(1's)均未归还。上述犯罪事实清楚、证据确实充分，足以认定。本院认为：被告人罗某某虚构事实，骗取他人财务数额巨大，其行为已触犯《中华人民共和国刑法》第266条之规定，构成诈骗罪。本院依据《中华人民共和国刑事诉讼法》第141条之规定(1's)特提起公诉,请依法判处。此致,某某市某某区人民法院。

[起诉书宣读之后,被告人罗某某对检方指控他涉嫌诈骗的犯罪事实予以否认。]

审:被告人,公诉人宣读的起诉书跟你收到的起诉书内容一致吗?

被:一致。

审:你对起诉书指控你涉嫌诈骗这个事实有什么意见吗?

被:起诉书中关于涉嫌诈骗的金额~不对。第二~关于我的行为是否构成诈骗?我自己也不清楚。因为~我~作为我(1's)本身用的是真身份证,而且~在整个经营过程当中是实实在在地干事,并没有冒充的行为。因为第一~我原来与某某艺校(1's)是有聘书的,而且也有~联合办学协议。第二~影视研修学院呢他们口头对我有承诺,聘任我为他们影视学院的副院长。

审:那么你说数额有异议是吧?

被:对。

审:你认为数额应该是多少?

被:14~万元左右。

审:14 万元左右?

被:对。

审:公诉人对被告人有发问的吗?

公:嗯~公诉人有几个问题,需要询问一下被告人。

嗯~被告人罗某某,刚才在法庭调查的过程当中,审判长问你你回答审判长说,第一,你认为犯罪数额不对,你说 14 万元左右你自己有什么依据吗?

被:有的。第一,胡某(1's)他~只交了 6000 元钱,

公:‖胡某只交了 6000 元钱

被:他作的是假证。另外还有一个学生,我记不清了,只交了 1200 元。

公:刚才你在法庭陈述中(1's)供述说某某学校聘任(1's)你为常务校长是吗?

被:对。

公:有相关的书面凭证吗?

被:‖有聘书的。

公:有聘书?

被:对。

公:聘书现在~呢?

被:聘书后来经过迟某退给他了。

公:迟某退给他了?

被:‖对

公:退给谁了?

被:退给一个叫某某的一个校长。

公:为什么要退给他呢?

被:因为后来没有给他招上生来。

公:没有给他招?

被:‖对。

公:没有招上生来所以就退给他了?

被:对。

公:你能清楚地记得某某学校当时是跟你有书面的协议聘你为常务校长的吗?

被:对。

公:嗯。另外你在说(1's)研修艺术学校跟你有口头承诺,这份口头承诺是在什么情况下承诺给你的?

被:这是他做广告以前。

公:做广告以前~怎么跟你承诺的呀?

被:他就是说让我到他那去当副院长,然后~

公:嗯?

被:他认为我会有生源。

公:是谁跟你说的呀?

被:一个姓吕的。

公:姓吕的跟你说的?。

被:对。

公:有书面的凭证吗?

被:没有。

公:没有书面的凭证?

被:但是~广告是他做的。

公:我问你,

被:嗯?

公:你给影视学校代为招生,

被:嗯嗯。

公:收取过学生学费吗?

被:我没有。

公:没有?

被:嗯。

公:那你给某某艺术学校代为招生收取过学费吗?

被:嗯~但是这钱不是我收取的,是智某过来收取的。

公:收取过几个学生的学费?

被:两个。

公:就只收取过两个学生的学费?

被:‖两个。

公:各是多少钱呀?

被:一个是16000,一个是~6000,那好像是。

公:那这才22000元钱。

被:对。

公:刚才你在法庭上供述,说是收了大概14万元左右的学费,那其余的钱是怎么收的呀?

被:其余的钱是这些学生交给某某精英教育研究所的。

公:‖这个研究所是怎么来的呀?

被:这个研究所是当时有一个办学~校的,叫陈某的人,拿我的身份证去办的。

公:跟你有什么关系吗?

被:他当时聘我跟他一块儿干。

公:跟他一块儿干的?

被:嗯。

公:叫陈某的人?

被:对。

公:收上来的这些钱的下落呢?

被:这些钱的下落(1's)只有经手老师知道~其中有的交给(某某)工商(大学)管理校区了。

公:嗯?

被:4~万多,45000还是46000啊。

公:那这笔钱是什么钱啊?

被:这笔钱,陈某让我们和工商校区弄了个联合办学协议。然后进来的学生给他一个毕业证,然后每一个学生交它一定的管理费。

公:嗯,剩下的钱呢?

被:剩下的钱他买了设备。

审:你刚才说~你招了十几个学生,收取学费了?

被:嗯。

审:是吧?

被:嗯。

审:按你这么说,

被:嗯。

审:是收了14万多?

被:嗯。

审:这是以什么学校的名义收的?

被:某某教育研究所。

审:那你跟这些学生都说明了吗?

被:说明了。

审:他们报考的是哪个学校啊?

被:我当时和他们说得很清楚,我说有三个单位,一个是某某艺校,一个是影视研修学院,一个是某某教育研究所。

审:‖什么? 叫什么?

被:某某教育研究所。

审:某某教育研究所?

被:对。

审:这研究所是怎么回事?

被:它是在工商办过执照的一个单位。

审:这是什么性质的单位呀?

被:~私营的。

审:你在研究所任什么职啊?

被:当时陈某和我说他请我给他干,让我替他负责这个研究所的正常运行。

审:你这个研究所是干什么的呀?研究什么的呀?

被:里边主营就是教育。

审:什么?

被:教育。

审:教育?

被:嗯就是教育培训。

审:在哪儿啊? ~有地址吗?

被:有执照。

审:我问你有没有地址啊?你办教育嘛,就得有相应的设施啊,教室啊,有设备有场地呀。

被:‖没有。他~只是办了一个执照。

审:只是办了一个执照?

被:然后就是~

审:‖那么你收取了学费的这些学生都明确说要到这个研究所来上学,是吗?

被:我~和他们说得很清楚。

审:你们这个研究所有没有办学的资格啊?

被:它上边办学范围是有的。

审:啊?

被:就是教育和培训。

审:教育和培训?

被:对。

审:你们到国家主管教育的行政机关备案过没有?

被:没有。

审:都没有?

被:没有,它只是经营范围内有。

审:那你向有关部门咨询过吗?了解过办学需要什么手续吗?

被:嗯~没咨询过。

审:你以前办过学吗?

被:没有。

审:你没办过。

被:没有。

审:下面进行法庭举证质证。

审1:首先由公诉人就起诉书中指控的事实向法庭提供证据。

公:第一份证据是未到庭学生龙某的证言。龙某,女,21岁,她的证言主要证实了在2001年8月份被一名叫罗某某的男子诈骗学费18000元的事实经过。该人证言节述如下:我是在2001年8月通过媒体广告获知某某艺术学校在某某区舞蹈学院教学楼一层的一间办公室招生,招生的负责人是该校的副校长,叫罗某某。我于2001年9月15日前往该处,当时(1's)自称是该校副校长叫罗某某的男子亲自接待了我,他当场(1's)答应招我为该校表演精英班的学员,我当面将18000元的人民币交到他本人手中,他清点后让一个和他一起在场的工作人员,迟某给我开了一张盖有“某某教育研究所”财务专用章并有迟某本人签字的收据。当时我问罗某某财务章为什么盖的不是某某艺术学校的章,罗某某说这两个机构都由他负责,是一回事,印章不是问题,并告知我已经正式被招收为某某艺术学校表演精英班的学员,当时告诉我们这个班是两年制大专班。结果他只安排了我们进行了两三天的军训后就不来学校了。到第四天我们才知道上当了。他某某艺术学校的副校长是冒充的,所以跑了。

审:被告人你有什么意见吗?

被:第一,关于某某艺术学校,我没有承诺他们发的是大专班的某某艺术学校的毕业证;第二,她说学费交给我,那是不可能,因为我和每一个学生都说过,我说我不收费,因为我怕以后钱有什么问题,所以我除了收过一个学生学费以外,其他人的我都没收过。

审:那辩护人呢?

辩:没有。

公:下面向法庭宣读的是未到庭证人尹某的证言……

(接着公诉人又向法庭宣读了其他9名受骗学生的证言,这些证言证实的内容与第一份龙某的证言基本相似,被告人罗某某对其中两份证言提出了异议。一份是胡某的证言。)

胡某的证言证实了其被骗取18000元。

审:被告人有什么意见吗?

被:假证。第一,他根本就没有交那么多钱,第二,他~▲

审:▼交了多少?说清楚。

被:他交了6000元钱。

审:6000元钱?

被:因为他报的专业是声乐。

审:不是18000元,是吧?

被:‖对。

(另一份是陈某的证言。)

公:陈某的证言证实了她在2001年9月份被自称是某某影视研究学院的(1's)一个叫罗某某的男子骗取18000元学费的事实经过。

审:被告人有什么意见吗?

被:我没有收她钱。

(接下来公诉人向法庭出示了三所学校有关负责人的证言,首先是曹某某的证言,曹某某是某某影视研修学院的常务副院长,他证实某某影视研修学院没有聘请过罗某某为副院长,他们虽然曾经和罗某某口头约定让其代为招生但罗某某并没有为他们招到学生,其次罗某某继续以某某影视研修学院的名义招生收费,是在他们不知道的情况下干的。某某影视研修学院是北京一所正规的民办艺术类高校,专业以影视表演、影视制作、影视武打特技等为主。)

证:……今年7月份,罗某某以某某艺术学校校长的身份主动找到我校,说要帮助我们招生,并且谈了向我校索要代理招生费的事宜,我校口头答应让他为我校代招大专生,他们学校每帮我校招收一名学生,我校给他500到800元的招生费,我校就按照双方的口头约定,在今年7月初,以我校的名义登了一期向全国招收影视表演专业大专生的广告。我校在8月13日左右,派了一个出纳到他们招生点办公收取我校影视表演专业学生的报名费。但是去了一个多星期没有见着学生报名,我校就将这名出纳撤回学校了,此后,罗某某在该招生点对向来我校表演专业报名的大专班的学生称我校派他在某某工商大学成人教育学院内办精英班。并且把原本报我校的学生骗到另外进行军训,并以某某艺术学校和某某教育研究所的名义向其中12名学生每人收取了18000元的学费。我校在此前根本不知道这个情况,这些事是罗某某瞒着我校干的,直至学生家长对罗某某的行为感到怀疑,向我校询问情况我才发现的。

审:被告人有什么意见吗?

被:有。第一,我没有以他们学校的名义去另处招生开学;第二,就是他说学费也不对。因为我跟学生说得很清楚,某某教育研究所和分校区工商学院签了一份联合办学协议,根本就不存在以他们的名义办学。

审:那么辩护人有什么意见呢?

辩:没有。

审:继续。

公:下面是未到庭证人胡某的证言。(胡某是某某工商大学成人教育学院分校区的负责人,他证明,罗某某曾租用该校的教室宿舍。2001年9月,罗某某招生收费后,租车把他招来的十几名学生拉到了某某工商大学成人教育学院的分校区,也正是在这儿,罗某某露出了马脚,只好拿着收来的学费逃之夭夭。)胡某的证言是这样的:今年(2001年)8月,我校负责招生的人跟我说,他认识一个叫罗某某的,是某某艺术学校的常务副校长,他有30个学生,想在我们学校租教室,我觉得说可以,然后杜某某和罗某某说,收了他10000元的定金,后来有人给我校打电话,问我校是否有艺术系,罗某某是不是工商大学的。我们说,我校没有艺术系,也没有罗某某这个人。我马上把罗某某找来,严格禁止罗某某以我校名义招生,我们只是向他出租礼堂的舞台和一间教室,为学生提供住宿。

在9月中旬的时候,罗某某把学生直接拉到了学校去,他一共招了16个学生,收了44800元的租金。我们给他找了一间教室三间宿舍。后来的学生说找不到罗某某,罗某某怎么也联系不上了。我们(1's)就让学生报了警。

审:被告人对他讲的有什么意见没有?

被:有意见。我们俩~本身就是有一份联合办学协议的,现在只是这份协议还没找到。

审:辩护人有什么意见没有?

辩:没有。

审:继续吧。

公:第三份是智某的证言。(智某是京华艺术学校的校长。他也曾让罗某某代为招生,但罗某某并不具备收取学费的权力。某某艺术学校也是一所民办的艺术类学校。2001年6月到9月,罗某某曾以该校常务副院长的名义招生收费。)

该证言节述如下,2001年3月下旬,罗某某带了七八名学生到我校,说想办一个影视班。我没有同意。后来双方商量,由罗某某帮助我校对外招生。今年7月份,我看到罗某某在报纸上登的广告,发觉不对,马上让他过来。他说生病在天津住院,到现在没有见到他的人。对于这件事,我校只是口头委托罗某某代招生,他告诉我说没有招来人,而实际招收了很多学生,并收取学费,私刻公章给学生开收据,后携款潜逃。这种行为属于违法行为。智某的证言节录宣读完毕。

审:被告人有什么意见吗?

被:他只是为了把自个儿择清楚,但实际上我和他确有聘书,而且还有联合办学协议。而且~聘书有复印件在舞蹈学院的办公楼里留有底案,用~毛笔写的。另外我也没有去私刻他的公章。

审:辩护人有什么意见吗?

辩:嗯~智某证实罗某某私刻公章的行为是不属实的,这一点。没有别的意见。

审:你有某某艺术学校的公章吗?

被:我~没有。

审:你用过这个章吗?

被:我也没用过,因为所有的财务我都不管的。

(最后,公诉人向法庭出示了一组书证和相关的鉴定结论。)

公:下面向法庭出示的是一份罗某某名片的复印件。这份复印件上证实在名片上(1's)清楚地记载着罗某某自称自己的头衔是某某艺术学校的常务校长,以及某国际影视联合会负责人等相关名衔。

审:对这个有意见吗?

被:没什么意见。这不是我印的,是△别人印的,印着玩的。我也没说什么。

审:你印过这种名片吗?

被:我没印过。

审:这是你使用过的名片吗?

被:他们印完我使用过,

审:嗯?

被:使用过。

审:那怎么解释上面这些内容?

被:他们是瞎印的,但是某某艺术学校和影视研究学院绝对没瞎印。

审:谁没事给你印名片啊? ▲

被:▼ ‖ 那是(1's)因为~

审:‖ 还给你编了好多的没有的头衔啊?

被:6月份时,有一个姓王的老师他搞的。

审:谁让他去搞的啊?

被:我也没让他去搞,因为我平常不用名片。

审:那怎么就会有人自愿地就给你印这种名片呢?

被:是啊,他说我得弄个名片。▲

审:▼不用讲了,我明白了。

被:嗯。

审:辩护人有什么意见吗?

辩:没有。

审:继续吧。

公:下面向法庭出示的是三份收据。这三份收据证实的是被告人罗某某在假冒某某艺术学校招生时,给李某、胡某、龙某,还有一个叫陈某等人开具的收据,上面都盖着章,而且通过其中一份收据可以佐证,被告人罗某某当时在法庭供述上说他收取胡某的学费是6000元并非18000元,可是这份收据上清楚地写明胡某18000元学费。

(法警向被告人出示收据。)

审:你看对吗这个收据?

被:收据对,但是这个钱数~不对。

审:没收那么多钱就给人家开收据吗?

被:因为怕他学生互相乱说,说他没有交钱就上,那样其他学生会乱的。我说的都是事实,确实胡某没有交这么多钱。▲

审:▼但你说的这个事实不符合~常理呀,我交你6000元,你给我开18000元的收据?

被:不是,这是怕学生们互相发现问题,所以就给他收费搞了一致化,我没有骗人的。

审:辩护人有什么意见吗?

辩:没有。

公:下面向法庭出示一份面试通知书的复印件。这份复印件证实的就是被告人罗某某假冒某某艺术学校校长发给被害人胡某的面试通知书,上面有校长罗某某的签字,并盖有某某艺术学校的章。

审:被告人有什么意见吗?

被:没什么意见。

审:是你签的吗?

被:是我签的。

审:辩护人有什么意见没有?

辩:没有。

审:继续吧。

公:下面向法庭一并出示的一份是准考证复印件及一份文检鉴定书,这两份证据所证实的是~盖有某某艺术学校章的发给证人王某的一张准考证。经某某市公安局刑事科学技术鉴定研究所鉴定出具的文检鉴定书,证实在该准考证上,以及另外一张在叫陈某盖有某某艺术学校收~据的章上,都盖有某某艺术学校的章,经某某市公安局刑事技术鉴定~其与真实的某某艺术学校的章不是同一枚,由此佐证,这张准考证上的章和收据上的章都是伪造的。

审:被告人有什么意见吗?

被:这~我不知情,他说的这两个章都是陈科给我的。

审:辩护人呢?

辩:没有。

审:继续吧。

公:下面向法庭出示一份某某教育委员会社会力量办学管理办公室所出具的证明。这份证明出具的时间是2001年9月27日,证实的主要内容是在某某市申请设置批准的高等教育机构中,没有某某教育研究所这个机构。证实的内容就是这样。

审:被告人有什么意见吗?

被:没什么意见。

审:继续吧。

公:被告人的身份情况,在刚才的法庭调查中已经核实完毕,在此不再赘述。控方的所有证据出示完毕。

审:好,被告人辩护人有证据向法庭提交吗?

辩:没有。

审:被告人有吗?

被:没有。

审:都没有是吧?那被告人辩护人是否申请通知所有的证人到庭调取新的物证,申请重新鉴定或者勘验,有上述申请吗?

辩:没有。

审:(看被告人)你呢?

被:没有。

审:都没有是吧?

那么法庭~调查结束。

下面继续法庭辩论,首先由公诉人发言。

公:审判长、人民陪审员,今天某某市某某区人民法院依法公开审理被告人罗某某诈骗一案,下面发表如下公诉意见:

第一,被告人罗某某的行为已经触犯了《中华人民共和国刑法》第266条之规定,构成诈骗罪,依法应当受到刑法处罚。在刚才的庭审活动中,我们已经清楚地得知被告人罗某某冒充某某影视研修学院及某某艺术学校的常务校长,以招收学生收取学费为名,先后骗取龙某等16名学生现金人民币18万余元后逃匿,直到2005年2月份,才被警方抓获。这期间时间长达4年之久。被告人罗某某被抓获后,虽然一直辩解自己和一个叫陈某的人共同办学,并被某某艺术学校聘为该校的常务校长,其收取学生的学费以后,也将全部钱交给了陈某。但是通过公诉人出示的相关的证据,并且经过庭审质证,已经充分证实被告人罗某某的当庭供述只是一种无理的狡辩,他的当庭供述与公诉人所出示的相关证据是相悖的。由此可以证实,被告人罗某某的当庭辩解只是意图逃避法律的制裁。因此认定被告人罗某某实施了上述的诈骗行为有充足的证据。

第二,被告人罗某某诈骗数额已经属于我国《刑法》诈骗数额巨大,依法应当处以3年以上10年以下有期徒刑,请合议庭予以考虑。

审:好,下面由被告人作自行辩护。被告人有什么要辩解的,说吧。

被:我觉得我的认罪态度应该是积极的,但是其中存在一些责任划分的问题。第一,在本案当中我觉得证据存在问题。嗯~存在假证假消息导致一些误解,一些假证据在审案中频频地出现。第二,钱数上出入很大,总和绝对没有18万,充其量是14万左右。另外,在整个教学过程中就花了四五万,加上买设施也花了将近两三万块钱,最后也就剩下两三万了。如果我要是想诈骗的话,拿着钱当天就可以跑,没有必要还认认真真地在那儿工作。最后是因为退不起陈某学费,我才没办法,只能退避。但是不管怎么样,给学生造成了伤害,我只希望在我有生之年,能弥补这些受过伤害的学生们,这就是我的想法。但是不该是我的责任的,我不予认同。

公:被告人罗某某在刚才的自行辩护中,一直强调公诉人所出示的证据有虚假的成分,公诉人在此需要说明,这些证据都是公安机关按照法定的手续和法定的形式依法调取的。并且这些证言和书证之间也能够相互地印证。因此被告人罗某某所辩解的这些证言存有虚假的成分,只是被告人罗某某主观上的一种推理,没有任何的证据予以佐证。

另外,关于被告人罗某某所骗取的金额问题,公诉人只想说明一点,这16名学生被骗取的18万元现金,在他们证人证言中一笔一笔都说得很清楚。而且无论是从时间、地点、收款人以及罗某某所起的作用,还是罗某某自称的身份上面的细节,这些证据都能相互印证一致,因此公诉人认为这些证据是能够充分认定18万元这一金额的。

审:下面由辩护人发言。

辩:审判长、人民陪审员,就公诉机关指控罗某某犯有诈骗罪的这个罪名,辩护人不持异议。结合本案的情况,发表以下辩护意见:

第一,关于罗某某涉案的犯罪所得金额,辩护人认为认定过多。除了被告人当庭辩解外,学费的问题也尚有出入,辩护人认为因为现在还需更多证据来证实这个数额。第二,罗某某在这起诈骗犯罪中,他的主观犯意应是有临时起意的特点。起初他并没有想骗取这些学费,只是在招生的时候夸大了一部分事实。在招到这些学生之后,他本想正式办班,将来给这个学生联系好工作之后就设法免除了他当时招生的时的一些误导,但是没有等教学进行,其就被学生发现了这些不真实的情况,其为了逃避责任,加上另一案犯陈某也不见了,他就想到了逃跑。因此其犯罪目的是在情况出现变化之后才临时起意的。再之罗某某本次属于初犯,之前并无犯罪前科,那么综上,希望法庭在考虑对他量刑的时候给予从轻的处罚。

审:好。公诉人有什么新的意见吗?

公:关于被告人罗某某辩护人所说的其行为属于临时起意,这一点公诉人不能予以认同。因为在2001年6月到9月间这长达三个月的时间里,被告人罗某某是一直以某某艺术学校的校长和某某影视研究学院的校长身份进行招生的,并且收取了学生相关的学费,而且(1's)被告人罗某某在当庭的供述中所说跟一个叫陈某的人共同办学,在此(1's)公诉人想强调一点,这个陈某只是从被告人罗某某的口中来说出来的,而证人李某、高某等人,他们从证言中都证实从来没有听说过叫陈某的人。从这一点看,也可以证实被告人罗某某在主观上存在骗取他人财务的故意,并不是临时起意。最后,被告人罗某某骗取钱财以后,逃匿了将近有四年之久,而且直到现在这钱财一直没有归还,在客观上也给学生造成了巨大的财产损失。关于这一点,也请合议庭在量刑时予以考虑。

审:法庭辩论结束,下面由被告人作最后陈述。你站起来。

被:在这个案子中,我本身并没有想去诈骗,也没有想去干一些违法的事情,只是在无意当中,~基本上是被利用的情况下,违反了法律,加之我~本身对法律知识也淡漠。通过这件事我相信我也会给自己一个教训。在这里我想说,既然法律是公正的,我希望法庭把涉案金额能再了解准确详细。我相信我今天是怀着实事求是的态度面对这些受害人的,不管判我多长时间,这都是对我的惩罚,不管怎么样这都是我做错事了。

审:下面宣布休庭!合议庭评议,另期宣判。

(2005年11月28日,某某市某某区人民法院对罗某某涉嫌诈骗一案进行了公开宣判,判决中法院认定了被告人罗某某在2001年6月到9月间以招生办学为名,骗取龙某等16名被害人18万多元,其行为已构成诈骗罪,且其诈骗犯罪属于情节特别严重,因此法院判决如下:

一、被告人罗某某犯诈骗罪,判处有期徒刑11年,剥夺政治权利2年,罚金人民币2万元;

二、责令被告人罗某某退赔人民币180200元,发还被害人。)

参考文献

1. Arminen, Ilkka. 2000. On the Context Sensitivity of Institutional Interaction. *Discourse & Society*, Vol. 11, No. 4.

2. Austin, J. L. 1976. *How to Do Things with Words*. Oxford: Clarendon Press.

3. Bennett, W. Lance & Feldman Martha S. 1981. *Reconstructing Reality in the Courtroom: Justice and Judgment in American Culture* (*Crime, Law, & Deviance Series*. Rutgers University Press.

4. Berk-Seligson, Susan. 1990. *The Bilingual Courtroom: Court Interpreters in the Judicial Process*. Chicago: The University of Chicago Press.

5. Bhatia, Vijay K. 1993. *Analysing Genre: Language Use in Professional Settings*. London and New York: Longman.

6. Bix, Brian. 1993. *Law, Language, and Legal Determinacy*. Oxford: Clarendon Press.

7. Bogoch, B. 1994. Power, Distance and Solidarity: Models of Professional-client Interaction in an Israeli Legal Aid Setting. *Discourse and Society*, Vol. 5, No. 1.

8. Brennan, M. & R. Brown. 1997. *Equality before the Law: Deaf People's Access to Justice*. Durham: Deaf Studies Research Unit, University of Durham.

9. Brennan, Mark. 1994. The Battle for Credibility-themes in the Cross Examination of Child Victim Witnesses. *International Journal for the Semiotics of Law*. Vol. 23, No. 1.

10. Brooks, Peter & Pawul Gewirtz. ed. 1996. *Law's Stories: Narrative and Rhetoric in the Law*. New Haven and London: Yale University Press.

11. Brunner, Jerome. 2002. *Making Stories: Law, Literature, Life*. Harvard University Press.

12. Cavalieri, Silvia. 2009. Reformulation and Conflict in the Witness Examination: the Case of Public Inquiries. *International Journal for the Semiotics of Law*, Vol. 22, No. 2.

13. Chang, Yanrong. 2004. Courtroom Questioning as a Culturally Situated Persuasive Genre of Talk. *Discourse & Society*, Vol. 15, No. 6.

14. Charrow, R. P. & V. R. Charrow. 1979, Making Legal Language Understandable: A Psycholinguistic Study of Jury Instructions. *Columbia Law Review*. Vol. 79, No. 7.

15. Ciapuscio, Guiomar E. 2003. Formulation and Reformulation: Procedures in Verbal Interactions between Eexperts and (Semi-) Layperson. *Discourse Studies*, Vol. 5, No. 2.

16. Cohen, R. L., & M. A. Harnick. 1980. The Susceptibility of Child Witneses to Suggestion. *Law and Human Behavior*, Vol. 4, No. 3.

17. Conklin, William E. 1998. *The Phenomenology of Modern Legal Discourse: the Judicial Production and the Disclosure of Suffering*. Aldershot: Ashgate, Dartmouth Publishing Company.

18. Conley, John M., William M. O'Barr, and E. Allan Lind. 1978. The Power of Language: Presentational Style in the Courtroom. *Duke Law Journal*, Vol. 1978, No. 6.

19. Cotterill, Janet. ed. 2002. *Language in the Legal Process*. New York: Palgrave.

20. Cotterill, Janet. 2004. Collocation, Connotation, and Courtroom Semantics: Lawyers' Control of Witness Testimony through Lexical Negotiation. *Applied Linguistics*, Vol. 25, No. 4.

21. Cotterill, J. 2006. *Witness Examination*. Elsevier Ltd.

22. Cotterill, Janet. ed. 2007. *The Language of Sexual Crime*. Antony Rowe Ltd, Chipponham and Eastbourne.

23. Coulthard, Malcolm. ed. 1992. *Advances in Spoken Discourse Analysis*. London and New York: Routledge.

24. Coulthard, Malcolm. ed. 1994. *Advances in Written Text Analysis*. London and New York: Routledge.

25. Cuenca, Maria Jocep. 2007. Contrasting the Form and Use of Reformulation Marker. *Discourse Studies*, Vol. 9, No. 2.

26. Cuenca, Maria Jocep. 2003. Two Ways of Reformulation: a Contrastive Analysis of Reformulation Markers. *Journal of Pragmatics*, Vol. 35, No. 7.

27. Cuenca, Maria Jocep. 2007. Contrasting the Form and Use of Reformulation Markers. *Discourse Studies*, Vol. 9, No. 2.

28. Cunningham, Clark D. 1989. A Tale of Two Clients: Thinking about Law as Language. *Michigan Law Review*, Vol. 87, No. 8.

29. Danet, Brenda. 1980. Language in the Legal Process. *Law & Society Review*, Vol. 14, No. 3.

30. De Jongh, Elena M. 1992. *An Introduction to Court Interpreting: Theory & Practice*. University Press of America.

31. Domnarski, William. 1996. *In the Opinion of the Court*. Urbana and Chicago: University of Illinois Press.

32. Drew, Paul & John Heritage. 1992. *Talk at Work: Interaction in Institutional Settings*. Cambridge: Cambridge University Press.

33. Dunstan, R. 1980. Context for Coercion: Analyzing Properties of Courtroom "Questions". *British Journal of Law and Society*, Vol. 7, No. 1.

34. Eades, Diana. 1995. Cross Examination of Aboriginal Children—The Pinkenba Case. *Aboriginal Law Bulletin*, Vol. 3, No. 75.

35. Eber, Dena Elisabeth & Arthur G. Neal. ed. 2001. *Memory and Representation: Constructed Truths and Competing Realities*. Bowling Green, Oh: Bowling Green State University Press.

36. Elwork, Sales, & Alfini. 1982. Toward Understandable Jury Instructions. *Judicature*, Vol. 65.

37. Endicott, Timothy A. O. 2000. *Vagueness in Law*. Oxford: Oxford University Press.

38. Fairclough, Norman. 1989. *Language and Power*. London and New York: Longman.

39. Fairclough, Norman. 1992. *Discourse and Social Change*. Cambridge: Polity Press.

40. Fairclough, Norman. 2003. *Analysing Discourse: Textual Analysis for Social Research*. London and New York: Routledge.

41. Fasold, Ralph. 1990. *The Sociolinguistics of Language*. Blackwell Publishers Ltd.

42. Gee, James Paul. 1999. *An Introduction to Discourse Analysis: Theory and Method*. London: Routledge.

43. Gibbons, John. ed. 1994. *Language and Law*. London and New York: Longman.

44. Gibbons, John. 2003. *Forensic Linguistics: An Introduction to Language in the Justice System*. Oxford: Blackwell Publishing.

45. Gnisci, Augusto. 2004. The Organization of Questions and Answers in the Thematic Phrases of Hostile Examination: Turn-by-turn Manioulation of Meaning. *Journal of Pragmatics*, Vol. 36, No. 5.

46. Gonzalez, Luis Perez. 2006. Interpreting Strategic Recontextualization Cues in the Courtroom: Corpus-based Insights into the Pragmatic Force of Non-restrictive Relative Clauses. *Journal of Pragmatics*, Vol. 38, No. 3.

47. Goodrich, Peter. 1987. *Legal Discourse: Studies in Linguistics, Rhetoric and Legal Analysis*. London: Macmillan.

48. Gulliver, P. H. 1979. *Disputes and Negotiations: a Cross-cultural Perspective*. Orlando: Academic Press, Inc.

49. Gumperz, John. 1982. *Discourse Strategies*. Cambridge: Cambridge University Press.

50. Hale, Sandra Beatriz. 2004. *The Discourse of Court Interpreting: Discourse Practices of the Law, the Witness and the Interpreter*. John Benjamins Publlishing Company.

51. Harris, Sandra. 1984. Questions as a Mode of Control in Magistrates' Court. *International Journal of the Sociology of Language*, Vol. 1984, No. 49.

52. Harris, Sandra. 2001. Fragmented Narratives and Multiple Tellers: Witness and Defendant Accounts in Trials. *Discourse Studies*, Vol. 3, No. 1.

53. Harris, Sandra. 2003. Politeness and Power: Making and Responding to "Requests" in Institutional Settings. *Text*, Vol. 23, No. 1.

54. Harris, Sandra. 2008. *Telling Stories and Giving Evidence: the Hybridization of Narrative and Non-narrative Modes of Discourse in a Sexual Assault Trial*. In Thornborrow & Cooks.

55. Hayden, Robert M. 1987. Turn-taking, Overlap, and the Task at Hand: Ordering Speaking Turns in Legal Settings. *American Ethnologist*, Vol. 14, No. 2.

56. Heffer, Chris. 2005. *The Language of Jury trial: A Corpus-Aided Analysis of Legal-Lay Discourse*. Antony Rowe Ltd, Chippenham and Eastbourne.

57. Herman, Vimala. 1995. *Dramatic Discourse: Dialogue as Interactions in Plays*. London and New York: Routledge.

58. Hickey, Leo. 1989. *The Pragmatics of Style*. London and New York: Routledge.

59. Hill, Jane H. & Judith T. Irvine. ed. 1992. *Responsibility and Evidence in Oral Discourse*. Cambridge: Cambridge University Press.

60. Hobbs, Pamela. 2003. "You must say it for him": Reformulating a Witness' Testimony on Cross-examination at Trial. *Text*, Vol. 23, No. 4.

61. Hobbs, Pamela. 2002. Tipping the Scales of Justice: Deconstructing an Expert's Testimony on Cross-examination. *International Journal for the Semiotics of Law*, Vol. 15, No. 4.

62. Jackson, Bernard S. 1986. *Semiotics and Legal Theory*. London, Boston: Routledge & Kegan Paul.

63. Jackson, Bernard S. 1991. *Law, Fact and Narrative Coherence*. Deborah Charles Publications.

64. Janney, Richard W. 2002. Context as Context: Vague Answers in Court. *Language & Communication*, Vol. 22, No. 4.

65. Kapardis, Andreas. 1997. *Psychology and Law: a Critical Introduction*. Cambridge: Cambridge University Press.

66. Kedar, Leah. ed. 1987. *Power through Discourse*. Westport, Connecticut: Greenwood Pub. Group.

67. Kerr, Norbert L. & Robert M. Bray. ed. 1982. *The Psychology of the Courtroom*. San Diego: Academic Press.

68. Kevelson, Roberta. 1988. *The Law as a System of Signs*. New York and London: Plenum Press.

69. Kovecses, Zoltan. 2002. *Metaphor: A Practical Introduction*. Oxford: Oxford University Press.

70. Labov, W. & J. Waletzky. 1967. Narrative Analysis: Oral versions of personal experience. In J. Helm (ed.), *Essays on the Verbal and Visual Arts*. Seattle: University of Washington Press.

71. Labov, W. ed. 1972. The Transformation of Experience in Narrative Syntax. In W. Labov (ed.). *Language in the Inner City: Studies in the Black English Vernacular*. Philidelphia: University of Pennsylvania Press.

72. Labov, W. & Waletzky, J. 1997. Narrative Analysis: Oral Versions of Personal Experience. *Journal of Narrative and Life History*, Vol. 7.

73. Lakoff, G. & Mark Turner. 1989. *More Than Cool Reason*. Chicago: The University of Chicago Press.

74. Leo, Richard A. & George C. Thomas III. ed. 1989. *The Miranda Debate: Law, Justice and Policing*. Boston: Northeastern University Press.

75. Levi, Judith N. & Anne Graffam Walker. ed. 1990. *Language in the Judicial Process*. New York: Plenum Press.

76. Levinson, Stephen C. 1983. *Pragmatics*. Cambridge: Cambridge University Press.

77. Liebert, Wolf-Andreas, Gisela Redeker & Linda Waugh. ed. 1997. *Discourse and Perspective in Cognitive Linguistics*. Amsterdam/Philadelphia: J. Benjamins Pub. Co.

78. Loftus, E. F. 1979. *Eyewitness Testimony*. Cambridge, MA: Harvard University Press.

79. Lucas, Ceil. 2003. *Language and the Law in Deaf Communities*. Gallaudet University Press.

80. Luchjenbroers, June. 1997. "In your own words...": Questions and Answers in a Supreme Court Trial. *Journal of Pragmatics*, Vol. 27, No. 4.

81. McHoul, Alec & Mark Rapley. ed. 2001. *How to Analyse Talk in Institutional Settings*. MPG Books Lrd, Bodmin, Cornwell.

82. Manoliu-Manea, Maria. 1994. *Discourse and Pragmatic Constraints on Grammatical Choices: a Grammar of Surprises*. Amsterdam: Elsevier.

83. Matoesian, Gregory M. 1993. *Reproducing Rape: Domination Through Talk in the Courtroom.* Cambridge: Polity Press.

84. Martin, J. R. & David Rose. 2003. *Working with Discourse: Meaning beyond the Clause.* London and New York: Continuum.

85. Matsumoto, Kazuko. 1999. "And-prefaced Questions in Institutional Discourse". *Linguistics*, Vol. 37, No. 2.

86. Maxwell, Atkinson J. 1979. *Order in Court: the Organization of Verbal Interaction in Judicial Settings.* Basingstoke, Hampshire: Macmillian Academic and Professional Ltd.

87. McMenamin, Gerald R. 2002. *Forensic Linguistics: Advances in Forensic Stylistics.* London and New York: CRC Press.

88. Michaels, S. 1981. "Sharing Time": Children's Narrative Styles and Differential Access to Literacy. *Language and society*, Vol. 10, No. 3.

89. Mishler, Elliot G. 1995. Models of Narrative Analysis: A Typology. *Journal of Narrative and Life History*, Vol. 5, No. 2.

90. Morrill, Calvin & Peter C. Facciola. 1992. The Power of Language in Adjudication and Mediation: Institutional Contexts as Predictors of Social Evaluation. *Law & Social Inquiry*, Vol. 17, No. 2.

91. Murrillo, Silvia. 2004. A Relevance Reassessment of Reformulation Markers. *Journal of Pragmatics*, Vol. 2004, No. 36.

92. Nleken, David. ed. 1996. *Law as Communication.* Aldershot: Dartmouth Publishing Company.

93. O'Barr, William M. 1982. *Linguistic Evidence: Language, Power, and Strategy in the Courtroom.* San Diego: Academic Press.

94. O'Barr, William M. & John M. Conley. 1998. *Just Words: Law, Language, and Power.* Chicago: The University of Chicago Press.

95. Ochs, E. *Narrative.* In van Dijk, T. A. (ed), 1997. *Discourse as Structure and Process.* London: Sage Publications.

96. Palmer, Gary. 1996. *Toward a Theory of Cultural Linguistics.* Austin: University of Texas Press.

97. Philips, Alfred. 2002. *Lawyer's Language: How and Why Legal Language is Different.* London: Routledge.

98. Philips, Susan U. 1984. Contextual Variation in Courtroom Language Use: Noun Phrases Referring to Crimes. *International Journal of the Sociology of Language*, Vol. 1984, No. 49.

99. Philips, Susan U. 1998. *Ideology in the Language of Judges: How Judges Practice Law, Politics, and Courtroom Control.* Oxford: Oxford University Press.

100. Posner, Richard A. 1997. Narrative and Narratology in Classroom and Courtroom. *Philosophy and Literature*, Vol. 21, No. 2.

101. Psathas, George. 1995. *Conversation Analysis: the Study of Talk-in-interaction*. London: Sage Publications.

102. Ross, Alain & Mike W. Chiasson. 2005. A Call to (Dis)order: An Ethnomethodological Study of Information Technology "Disruptions" in the Courtroom. *Information and Organization*, Vol. 15, No. 3.

103. Sacks, Harvey, Emanuel A. Schegloff, Gail Jefferson. 1974. A Simplest Systematics for the Organization of Turn-taking for Conversation. *Language*, Vol. 50, No. 4.

104. Sasson, Theodore. 1995. *Crime Talk: How Citizens Construct a Social Problem*. New York: Aldine de Gruyter.

105. Schiffrin, Deborah. 1994. *Approaches to Discourse*. Oxford UK & Cambridge US: Blackwell.

106. Searle, John R. 1979. *Expression and Meaning: Studies in the Theory of Speech Acts*. Cambridge: Cambridge University Press.

107. Searle, John R. 1995. *The Construction of Social Reality*. Allen Lane: The Penguin Press.

108. Shuy, Roger W. 1993. *Language Crimes: the Use and Abuse of Language Evidence in the Courtroom*. Cambridge, Mass: Blackwell.

109. Shuy, Roger W. 1998. *Bureaucratic Language in Government and Business*. Washington D. C.: Georgetown University Press.

110. Simon, Jonathan. 2002. Speaking Truth and Power. *Law & Society Review*, Vol. 36, No. 1.

111. Sinclair, J. McH & R. M. Coulthard. 1975. *Towards an Analysis of Discourse: the English Used by Teachers and Pupils*. Oxford: Oxford University Press.

112. Singer, Joseph William. 1989. Persuasion. *Michigan Law Review*, Vol. 87, No. 8.

113. Solan, Lawrence M. 1993. *The Language of Judges*. Chicago: The University of Chicago Press.

114. Solan, L. M. 1995. Judicial Decisions and Linguistic Analysis: Is there a Linguist in the Court? *Washington University Law Journal*, Vol. 73.

115. Stubbs, Michael. 1983. *Discourse Analysis: the Sociolinguistic Analysis of Natural Language*. Oxford: Basil Blackwell Publisher.

116. Stygall, Gail. 1994. *Trial Language: Different Discourse Processing and Discursive Formation*. Amsterdam/Philadelphia: J. Benjamins Pub. Co.

117. Stygall, Gall. 2001. A Different Class of Witnesses: Experts in the Court-

room. *Discourse Studies*, Vol. 3, No. 3.

118. Tannen, Deborah. ed. 1984. *Coherence in Spoken and Written Discourse*. Norwood, NJ: Ablex.

119. Thornborrow, J. 2002. *Power Talk: Language and Interaction in Institutional Discourse*. Harlow, England: Pearson Education.

120. Tiersma, Peter M. 1999. *Legal Language*. Chicago: The University of Chicago Press.

121. Toulmin, Stephen Edelston. 1958. *The Uses of Argument*. Cambridge: Cambridge University Press.

122. Van Dijk, T. A. ed. 1977. *Text and Context: Explorations in the Semantics and Pragmatics of Discourse*. London and New York: Longman.

123. Van Dijk, T. A. ed. 1985. *Handbook of Discourse Analysis: Discourse and Dialogue*. Vol. 3. London: Academic Press.

124. Van Dijk, T. A. ed. 1985. *Handbook of Discourse Analysis: Discourse Analysis in Society*. Vol. 4. London: Academic Press.

125. Van Dijk, T. A. 1997 (1). *Discourse as Structure and Process*. London: Sage Publications.

126. Van Dijk, T. A. 1997(2). *Text and Context: Explorations in the Semantics and Pragmatics of Discourse*. London and New York: Longman.

127. Van Roermund, Bert. 1997. *Law, Narrative and Reality: an Essay in Intercepting Politics*. Dordrecht, the Netherlands: Kluwer Academic Publishers Group.

128. Van Schooten, Hanneke. ed. 1999. *Semiotics and Legislation: Jurisprudential, Institutional and Sociological Perspectives*. Liverpool: Deborah Charles Publications.

129. Verschueren, Jef. 1999. *Understanding Pragmatics*. London and New York: Edward Arnold (Publishers) Ltd.

130. Walker, A. 1980. *Patterns and Implications of Co-speech in a Legal Setting*. In Robert Di Pietro (ed.), Linguistics and the Professions. Norwood, NJ.: Ablex Press.

131. Wells, Gary L. & Elizabeth F. Loftus. ed. 1984. *Eyewitness Testimony: Psychological Perspectives*. Cambridge: Cambridge University Press.

132. Winiecki, Don. 2008. The Expert Witness and Courtroom Discourse: Applying Micro and Macro Forms of Discourse Analysis to Study Process and the "Doings of Doings" for Individuals and for Society. *Discourse and society*, Vol. 19, No. 6.

133. Yarmey, A. Daniel 1984. Age as a Factoe in Eyewitness Memory, In Wells, Gary L. & Elizabeth F. Loftus. (ed.), *Eyewitness testimony: Psychological Perspectives*. Cambridge: Cambridge University Press.

134. Young, K. G. 1987. *Taleworlds and storyrealms: The phenomenology of narrative. Boston: Martinus Nijhoff.*

135. 常怡主编:《民事诉讼法学》,中国政法大学出版社1994年版。

136. 陈炯:《法律语言学概论》,陕西人民教育出版社1998年版。

137. 陈引驰:《"文学性"与文学文化》, http://www.casal.org.cn/harvard_yenching/hy5/publish/chenyingchi.htm。

138. 陈忠华、刘心全、杨春苑:《知识与语篇理解》,外语教学与研究出版社2003年版。

139. 崔峰:《敞开司法之门:民事起诉制度研究》,中国政法大学出版社2005年版。

140. 〔美〕大卫·宁:《当代西方修辞学:批评模式与方法》,常昌富、顾宝桐译,中国社会科学出版社1998年版。

141. 杜金榜:《法律语言学》,上海外语教育出版社2004年版。

142. 封利强:《从"证据法学"走向"证明法学"》,载《西部法学评论》2008年第6期。

143. 冯晓虎:《隐喻——思维的基础篇章的框架》,对外经济贸易大学出版社2004年版。

144. 〔美〕赫伯特·布曼:《中国庭审控辩技巧培训教程》,丁相顺、金云峰译,中国方正出版社1998年版。

145. 何兆熊:《新编语言学概要》,上海外语教育出版社2000年版。

146. 胡海娟:《法庭话语研究综论》,载《广东外语外贸大学学报》2004年第1期。

147. 胡壮麟编著:《语篇的衔接与连贯》,上海外语教育出版社1994年版。

148. 黄朝阳:《学术辩论和驳论性论文写作的根本方法》,载中国法律网。

149. 黄妙辉:《我国与西方国家刑事审判程序的比较》,载中国法律网。

150. 贾峥:《叙事话语中的事实求证》,载《法学论丛》2007年第1期。

151. 姜剑云:《法律语言与言语研究》,群众出版社1995年版。

152. 〔美〕肯尼斯·博克:《当代西方修辞学:演讲与话语批评》,常昌富、顾宝桐译,中国社会科学出版社1998年版。

153. 周庆生、王杰、苏金智:《法律与语言的新视野》,法律出版社2003年版。

154. 李振宇:《法律语言学初探》,法律出版社1998年版。

155. 李兴友、王运声编著:《公诉人·辩护人·被害人·被告人刑事法庭演讲词》,中国政法大学出版社1991年版。

156. 廖美珍:《法庭问答及其互动研究》,法律出版社2003年版。

157. 刘红婴:《法律语言学》,北京大学出版社2003年版。

158. 刘愫贞主编:《法律语言:立法与司法的艺术》,陕西人民教育出版社1990年版。

159. 刘蔚铭:《法律语言学研究》,中国经济出版社 2003 年版。

160. 刘作翔:《法律文化理论》,商务印书馆 1999 年版。

161. 陆文慧主编:《法律翻译:从实践出发》,法律出版社 2004 年版。

162. 马博森:《话语分析及其方法(概述)》,载《外语与外语教学》1999 年第 3 期。

163. 潘庆云:《跨世纪的中国法律语言》,华东理工大学出版社 1997 年版。

164. 任绍曾:《叙事语篇的多层次语义结构》,载《外语研究》2003 年第 1 期。

165. 沈宗灵主编:《法理学》,北京大学出版社 2001 年版。

166. 孙懿华、周广然编著:《法律语言学》,中国政法大学出版社 1997 年版。

167. 王德春:《语言学通论》,江苏教育出版社 1990 年版。

168. 王德春主编:《修辞学词典》,浙江教育出版社 2001 年版。

169. 王德春、陈晨:《现代修辞学》,上海外语教育出版社 2002 年版。

170. 王德春、陈瑞端:《语体学》,广西教育出版社 2000 年版。

171. 王国枢主编:《刑事诉讼法学》,北京大学出版社 1999 年版。

172. 王洁:《法律语言研究》,广东教育出版社 1999 年版。

173. 王洁主编:《法律语言学教程》,法律出版社 1997 年版。

174. 王洁:《演讲与论辩的艺术》,湖南文艺出版社 1992 年版

175. 王立民主编:《中国审判方式改革研究》,上海社会科学院出版社 1999 年版。

176. 王振华:《交叉质询双方的语言优势》,载周庆生、王杰、苏金智:《法律与语言的新视野》,法律出版社 2003 年版。

177. 吴伟平:《语言与法律:司法领域的语言学研究》,上海外语教育出版社 2002 年版。

178. 许家金:《从结构和功能看话语分析研究诸方法》,载《解放军外国语学院学报》2004 年第 2 期。

179. 〔古希腊〕亚里士多德:《修辞术 · 亚历山大修辞学 · 论诗》,颜一、崔延强译,中国人民大学出版社 2003 年版。

180. 余素青:《法庭辩论过程中的言语策略研究》,载杜金榜、余素青编:《中国法律语言学展望》,对外经济贸易大学出版社 2007 年版。

181. 赵日新主编:《庭审驾驭能力培训读本》,人民法院出版社 2005 年版。

182. 张保生:《法律推理的理论与方法》,中国政法大学出版社 2000 年版。

183. 张德禄、刘汝山:《语篇连贯与衔接理论的发展及应用》,上海外语教育出版社 2003 年版。

184. 郑庆君:《汉语话语研究新探》,湖南教育出版社 2003 年版。

185. 周庆生、王杰、苏金智主编:《语言与法律研究的新视野》,法律出版社 2003 年版。

186. 朱永生:《语境动态研究》,北京大学出版社 2005 年版。

后　记

本书是在笔者的博士学位毕业论文的基础上经过重大修改后完成的。自从 2003 年进入上海外国语大学学习之后，笔者从导师王德春教授的谆谆教诲和认真教学中获益匪浅。三年中王先生系统地为我们讲解了语言学的基本理论、语言学理论对应用的指导作用以及语言学内部各个领域间的相互关系等。王先生的教学宗旨是：不仅要授之以“鱼”，还要授之以“渔”。因此王先生除了教授理论知识之外，还指导了我们做了国俗语义学的课题研究，要求我们每个学期都要做几次学术报告，以培养我们语言学的治学和科研方法。每周一次的学术讨论课培养了我积极思维、迅速捕捉信息和即席发言的能力，每一次讨论后王先生的总结更是让人有豁然开朗、茅塞顿开的感觉。王先生全身心地投入于语言学事业的精神给我留下深刻的印象。他当时作为中国修辞学会的会长，除了积极开展修辞学会的一些工作之外，还关心扶持一些二级学会的发展和建设。他认为中国的法律语言学还处于起步阶段，需要有一些博士论文来充实这方面的研究。因为我的工作单位是华东政法大学外语学院，王先生就确定了“法庭言语研究”作为我的博士论文选题。在论文撰写过程中，无论是对论文纲目的设定，还是对重要观点的把握，都得到了王先生的悉心指导。导师开阔的知识视野和清正的做人风范是我以后努力的方向。在此，向导师致以由衷的敬意和感谢！

同时，我非常感谢上海外国语大学的外国语言学及应用语言学博士点的所有同学，他们是冯奇、李莉、周新玲、代树兰、邵军航、刘芳、张少云、陈丽江、奥其尔、黄慧、胡剑波、刘吉艳、王海、林玫等，每一次与他们的交流和讨论都让我对一些问题的看法更加全面和深入。在我汇报毕业论文的每一个章节时他们活跃的思维和深刻的见解让我深受教益。我感谢他们，跟我分享资料，为我审稿，帮我复印汇报资料等,还感谢他们对我的很多帮助和鼓励。三年的深厚情谊让我终生难忘。

我还要感谢华东政法大学的潘庆云教授,他经常送给我一些他的论著,阅读之后深受启发;感谢广东外语外贸大学的杜金榜教授,在我2004年12月到广外参加会议时介绍我认识他的两个博士生袁传有和张丽萍,他们当时为我从广外图书馆复印了大量的珍贵资料;我还非常感谢廖美珍教授,在我确立论文题目之后,他给了我一些很好的建议。我感谢我工作单位的王嘉褆院长和全体同事在我三年的读书期间对我的支持;也感谢上海静安区人民法院为我提供庭审旁听机会。当然,整个过程中我还得到了我的先生谢晓河的大力支持和帮助。

2009年2月至7月,我在杜金榜教授的推荐下有幸在英国阿斯顿大学(Aston University)的法律语言学研究中心进修,得到了指导老师Malcom Coulthard教授、副导师Tim Grant博士的精心指导,旁听了Kate Haworth博士指导的所有法律语言学硕士课程,Kryzstof Kredens博士也为我在研究中心的学习提供了极大的帮助。这期间收集的大量资料也是我对论文进行重大修改的基础。

在写作论文的过程中,我参考并吸收了很多有关专家和学者的科研成果,在此一并表示感谢。由于自己的理论水平有限,文中定有许多疏漏和不足,恳请各位专家批评指正,我将不胜感激。